广东第二师范学院"艺术+科技"设计创新团队资助项目

中国当代艺术语境下的艺术机构

OCAT馆群的理念与实践(2005—2020)

郭谦◎著

光明日报出版社

图书在版编目（CIP）数据

中国当代艺术语境下的艺术机构：OCAT 馆群的理念
与实践：2005-2020 / 郭谦著 . -- 北京：光明日报出
版社，2024. 6. -- ISBN 978 - 7 - 5194 - 8060 - 8

Ⅰ. G124

中国国家版本馆 CIP 数据核字第 2024AS5854 号

中国当代艺术语境下的艺术机构：OCAT 馆群的理念与实践：
2005—2020
ZHONGGUO DANGDAI YISHU YUJINGXIA DE YISHU JIGOU：OCAT
GUANQUN DE LINIAN YU SHIJIAN：2005—2020

著　　者：郭　谦	
责任编辑：史　宁	责任校对：许　怡　李佳莹
封面设计：中联华文	责任印制：曹　净

出版发行：光明日报出版社

地　　址：北京市西城区永安路 106 号，100050

电　　话：010-63169890（咨询），010-63131930（邮购）

传　　真：010-63131930

网　　址：http：// book. gmw. cn

E - mail：gmrbcbs@ gmw. cn

法律顾问：北京市兰台律师事务所龚柳方律师

印　　刷：三河市华东印刷有限公司

装　　订：三河市华东印刷有限公司

本书如有破损、缺页、装订错误，请与本社联系调换，电话：010-63131930

开　　本：170mm×240mm	
字　　数：225 千字	印　　张：12.5
版　　次：2024 年 6 月第 1 版	印　　次：2024 年 6 月第 1 次印刷

书　　号：ISBN 978 - 7 - 5194 - 8060 - 8

定　　价：85.00 元

目 录
CONTENTS

第一章

绪　论

第一节　研究背景与动机

一方面，当代艺术愿意超越传统艺术系统的约束，且其超越的动机是想改变主流的社会环境，是想让世界变得更美好（换言之，这种超越是具有道德动力的），那么人们是欢迎这种超越的；另一方面，人们又哀叹超越艺术系统的努力似乎永远也无法突破美学之藩篱：艺术不能改变世界，而只能让世界看起来更美好。这两方面的矛盾使得艺术系统颇为沮丧。艺术既希望参与艺术以外的世界，但又由于无法完成这个目标而感到失望甚至绝望，所以艺术系统似乎永远在希望和失望或者绝望之间徘徊。（苏伟、李同良等译，2012：37）

以上这段文字是鲍里斯·格洛伊斯（Boris Groys）对于当代艺术与传统艺术关系的描述，以及当代艺术在现实和抽象世界的努力与博弈。这也凸显了当代艺术的魅力所在，作为艺术系统的"破坏者"，总在试图打破艺术机制的限制从而不断地拓宽着艺术机制的边界。在这种悖论与困境之中，为艺术和社会带来新的可能性。

一、研究背景

纵观当代艺术在全球的发展，进行得如火如荼。世界各地的城市、博物馆、美术馆、艺术机构等不断推出国际化的双年、三年展，你来我往，此起彼伏。当代艺术话语权的书写，一直处于西方主义至上的艺术史脉络之下，也早已形构出自身的艺术演变逻辑与机制。20世纪90年代以来，在亚洲，当代艺术获得

"井喷式"发展，承载展览场域的美术馆与艺术机构，通过一次次展览"事件"的发声，聚焦着观众的视线，而对美术馆、艺术机构的研究，也逐渐成为一种显学。中国在过去的 20 多年中，经历了一次"博物馆大爆炸"，博物馆的数量总和增长了近 3 倍。值得注意的是，私立博物馆的数量从 2008 年占总量的 11%增长至 2019 年的 31%（见表 1-1）。由此可见，中国艺文机构繁荣现象背后的价值变化取向。据雅昌艺术市场检测中心①（AMMA）调研的统计数据得知，截至 2019 年 11 月 30 日，中国地区以当代艺术为定位的私人美术馆约为 68 家，主要分布在经济环境较好、艺术氛围较浓厚的一、二线城市。仅北京、上海、广州三地的当代私人美术馆数量就占总量的 72%。三地繁荣的经济与蓬勃发展的艺术市场，使私人美术馆的建立占据了绝对的天然优势。上海地区的私人美术馆发展尤为突出，数量占全国当代私人美术馆总量的 34%，位居第一（AMMA 雅昌艺术市场检测中心等，2020：297）。OCAT 馆群，是中国的新兴艺术机构群，关注当代艺术领域，致力于推动当代艺术在中国的发展和国际艺术交流。它是由单一艺术机构"OCT 当代艺术中心"（OCT Contemporary Art Terminal，OCAT）发展而来。如今，以群体的方式运作。它是中国唯一由中央企业华侨城集团（OCT）赞助运营（公办民营）的美术馆群。馆群包括 OCAT 深圳馆、华·美术馆、OCAT 上海馆、OCAT 西安馆、OCAT 研究中心（北京馆）以及七大展区等。"OCAT"这个名称中，O 是指 OCT，C 是指 Contemporary，A 是指 Art，T 是指Terminal。其中，"OCT"是华侨城集团（Overseas Chinese Town Group）的英文缩写。值得一提的是，作为馆群中总馆的 OCAT 深圳馆，不只是为办展览而展览，而且非常关注研究出版的工作，还包括驻地艺术专案、现场表演、独立影

---

① 雅昌艺术市场监测中心（Art Market Monitor of ARTRON，AMMA）是下属雅昌文化集团的独立艺术市场监测及研究机构。雅昌文化集团创建于 1993 年，是一家立足于艺术领域的综合性文化产业集团，产品服务包括艺术数据服务、艺术家服务、艺术书刊印刷、艺术图书等，公司以艺术数据为核心，IT 技术为手段，为艺术行业提供智慧化的艺术数据及 IT 服务综合解决方案，已拥有北京、上海、深圳三大运营基地，杭州、广州、南京、成都、西安、合肥六大艺术服务中心，产品和服务遍及全球几十个国家和地区。其下品牌雅昌艺术网成立于 2000 年 10 月，是中国艺术品专业门户与最活跃的在线互动社区，是获取艺术资讯的首选媒体平台，是艺术品收藏投资及爱好者不可或缺的互联网品牌，发起"AAC 艺术中国·年度影响力"评选活动，联合近百家专业媒体共同举办。AMMA 的分析基于雅昌中国艺术品数据库自 1993 年至今统计到的 500+家中国艺术品拍卖机构的 10，000+拍卖专场中近 2，500，000 件拍品成交及图文信息。在充分尊重和理解艺术专业知识的前提下，对数据进行严谨的整理和分析，并据此运用统计学和经济学的方法观测艺术市场走势，分析艺术品类以及艺术家的市场行情，提供艺术品估价信息参考，并提供相关讲座和咨询服务。

像放映、邀请嘉宾举办讲座等。这种综合性在中国其他当代美术馆中是不多见的。在消费与传播并行的时代语境中，OCAT 馆群如何在中国社会、经济快速发展中，保持当代艺术的独立性、学术性、专业性与公益性，是笔者较为感兴趣的面向之一。此外，OCAT 如何引领中国当代艺术的发展？起到什么样的作用？带来哪些影响？在文化治理和商业社会的夹缝中，有着怎样的理念坚持与自我反身性？

表 1-1　2008—2019 年中国的博物馆数量

年份	中国博物馆总数 （家）	公立博物馆数 （家）	私立博物馆数 （家）	私立博物馆 占总数比（%）
2019	5535	3825	1710	31
2018	5354	——	——	——
2017	5136	——	——	——
2016	4826	——	——	——
2015	4692	3582	1110	24
2014	4510	3528	982	22
2013	4165	3354	811	19
2012	3866	3219	647	17
2011	3589	3054	535	15
2010	3415	2959	456	13
2009	3020	2692	328	11
2008	2970	2651	319	11

数据来源：中国国家文物局。笔者整理。

对于一家民营美术馆或艺术机构来说，如何透过展览和公共活动，持续地建构当地的艺术生态，是自身社会责任的体现。同时，让大众能够积极地进入美术馆，体验馆方所提供的艺术、社会实践和生活想象，获取智识与养分，增进感知力，依旧是一个需要如园丁般持续开垦的工作。众所周知，视觉艺术图像在美术馆中展览、展示，是大众对于美术馆形象的基本认知。然而，相较于以往大众对图像消费的兴趣，当下之图像生产与图像消费的关系发生了变化，艺术界似乎更关心图像生产。社会学家皮埃尔·布尔迪厄（Pierre Bourdieu）与艺术家汉斯·哈克（Hans Haacke）于 20 世纪 80 年代中期至 1993 年进行了一系列的对谈，他们提到作为知识分子和艺术家的社会责任，是以争取精神自主和批判独立性为己任，以及在当时社会机制中更为复杂的处境。诚如布尔迪厄所言，"文艺资助是一种微妙的统治形式，它之所以起作用正是因为人们没有察觉这是统治。一切形式的统治都建立在不知情之上，也就是说，被统治者是同谋"（桂裕芳译，1996：53）。这其实也是当今艺术机制最令笔者不安的方面："文艺与科学资助会逐渐使艺术家和学者在物质上与精神上依附于经济力量与市场制约。"（桂裕芳译，1996：15）同国际艺术机制的变迁经验进行对比，中国的艺术机制有什么异同？这是值得研究的问题。无论如何，一般意义上，人们所理解的艺术世界，是由生产者（艺术家）、传播中介（艺术机构和市场）与接受者（大众）组成。因此，本研究中所指向的不仅仅是存在于现实中的机构硬件本身，也包含运营原则与方法。

　　产生了近现代大量思想家的法国，在当代艺术领域的建构中，有着自身的逻辑与思考。安·寇克蓝（Anne Cauquelin）在批评当代艺术生态时指出："'当代艺术'受制于太多机制的钳制，它早已沦为一种符号象征或游戏甚至消费。它不仅公然以商业化姿态出现，更以'反美学'作为它唯一的美感经验诉求。"（张婉真译，2002：6）她表述的是当代艺术与美学关系的疏离。那么，当代艺术创作与艺术机制的关系具体是如何呢？寇克蓝接着阐述道：

　　　　"当代艺术"作为一种创作语言，一直都在忙于摆脱历史对它的纠葛。
　　再有，"从消费社会的形成到传播社会的运作，出现所谓的'场域'机制；
　　又从传播社会的符号化到网际网络流通的封闭性，宣告当代艺术创作的致
　　命危机：过剩与饱和"。（张婉真译，2002：7）

　　流通领域一般也被认为是"中介"领域，其中作为研究对象的有：艺术机制，譬如市场、机构、文化政策等；社会文化环境；专业艺术爱好者，如收藏家等。此外，在艺术家与艺术机构的关系方面，举例来说，具有讽刺意味的是，更多的装置艺术受比利时艺术家马塞尔·布达埃尔（Marcel Broodthaers）的引导，在 20 世纪 60 年代和 70 年代早期，态度上都有一个反博物馆的特点，而恰恰是博物馆和美术馆在支持着这样的艺术（俞青译，2015：124）。本书的研究对象 OCAT 馆群，对当代艺术的支持，具有连贯性和专业性特质，主要体现在三个方面：首先，尤其是总馆在做一个展览前，着实看重对展览前期的艺术家状况，及所处艺术生态进行调研，以理顺其历史逻辑，也许是由于与 OCAT 的

创办者黄专①先生大学所学专业——历史学有很大关系，以至于具备历史脉络思考视角。笔者将这一方法称为追随法。其次，在黄专先生看来，研究和展示是无法分开的一体，强调学术性和独立性，并透过学术委员会的专业决策机制对展览质量进行把关。最后，是源于 OCAT 馆群的定位非常准确，在设立之初即明晰了经营理念，对自身所从事的艺术实践活动设置了框架，并依此执行。

OCAT 自创立之日起，就在中国当代艺术界起到了先锋的引领作用，这是与黄专在中国艺术界的个人影响力联系在一起的。在他的写作中，曾明确表示对单独一位著名艺术家的某件作品并不感兴趣。他感兴趣的是艺术中介在艺术史的发展中所起到的作用。黄专是一名批评家，虽然他自己从未如此认为。而在与他认识的各位艺术家与艺术界辅助人员的认知中，他对艺术机制一直持有的谨慎与批判态度，成为他一生的学术追求。此外，在艺术创作与艺术消费之间是艺术传播，而艺术传播的必要途径是中介机制，同时，它也可以说是艺术社会学的流动关系网中的重要环节。这些艺术中介机制由沙龙、艺术家协会、艺术家聚落、艺术家工作室、艺术学院、大剧院、音乐会、博物馆、美术馆、博览会、非官方艺术团体等组成。艺术博物馆作为一种中介机制，首要任务就是从庞杂的艺术作品中挑选出有重大历史意义或具有美学价值的作品，把无价值、无意义的作品拒之门外。如此，这个挑选的标准便构成艺术机制的话语权。本书依据机制及批判理论来看，本雅明·布赫洛（Benjamin H. D. Buchloh, 1982）提到"机制"这个概念。无独有偶，彼得·比格尔（Peter Bürger, 1984）指出："随着历史上的先锋派运动，艺术作为社会的子系统进入了自我批判阶段。作为欧洲先锋派中最为激进的运动，达达主义不再批判存在于它之前的流派，而是批判作为机制的艺术，以及它在资产阶级社会中所采用的发展路线。"（Bürger,1984；高建平译，2002：88）近年来，中国艺术界在先锋主义艺术方面的讨论很多，创作也多，但是相关理论的探讨似乎还欠缺。OCAT 在这方面的展览和研究一直按自己的节奏来进行，很有实践意义，也很重要。

因此，本研究在西方机制批判理论发展的背景下，站在中国民营美术馆具有重要性意义与价值的角度，试图从机制批判到批判的机制化，借以分析当代艺术机制批判对中国民营美术馆的实践与影响，从而引出本书的研究动机。

---

① 黄专（1958—2016），艺术史家，艺术批评家，策展人，OCAT 创始人、首任主任，广州美术学院教授、硕士生导师。

二、研究动机

一般来讲，当代艺术家创作的终端，是由艺廊（Gallery）、美术馆（Art Museum）对其作品的售卖、展览或收藏。也有许多艺术家把美术馆的策展、收藏、陈列等形态进行整合，用于自己的作品中。他们有意或无意地将美术馆本身作为一种媒介，抑或语言形式，运用实验手段，予以艺术实践。

机制批判（Institutional Critique）最早可追溯至马塞尔·杜尚（Marcel Duchamp）的达达主义手法（Dadaist）。1917 年，杜尚将一个小便斗取名《喷泉》（*Fountain*），并在上面签上穆特（R. Mutt）的假名，送审由自己作为评委的展览，遭到了主办单位的拒绝。这种"现成品"（Readymade）以反思手段来挑衅艺术展览的展示系统与精致艺术的传统观。这影响了之后的行为艺术、偶发艺术等运动。1941 年，杜尚创作了作品——"可携带的盒子"（Box in a Valise），也可称为"手提箱型（式）的盒子"，盒子的襟翼可以展开，里面汇集了 69 件他的作品照片、印刷品以及微缩模型，由此创造出一个可以重新布置的"便携式博物馆"。杜尚最初制作了 20 个豪华版的，每一个都放在棕色皮革手提箱中，此后，他又制作了一系列不同版本的手提箱。

在国际上，以"馆群"方式运营较成熟的是泰特美术馆（Tate Gallery），该美术馆总部是位于英国伦敦的一家现代艺术博物馆。博物馆隶属于泰特美术馆集团，至今已设有 4 座美术馆建筑，分别为：泰特现代美术馆（Tate Modern，2000）、泰特英国美术馆（Tate Britain，1897）、泰特利物浦美术馆（Tate Liverpool，1988）、泰特圣艾夫斯美术馆（Tate St Ives，1993）。4 座实体美术馆形成有着不同定位与发展策略的艺术机构群，是当今国际艺术界重量级艺术博物馆，影响力巨大。此美术馆历史可追溯至英国国家美术馆，1897 年开馆，由利物浦糖商亨利·泰特（Henry Tate）爵士创立，从早年国家艺廊的定位持续发展，之后历经 7 次增建，典藏库房持续扩容，于 1932 年更名为泰特美术馆，1955 年从国家美术馆独立出来，馆藏作品从 16 世纪始，可谓英国的艺术宝库。

中国近些年以来，美术馆学作为一门新兴学科，大多集中在美术馆本身的研究，而对美术馆与社会环境的联结研究在国内还未泛滥。故笔者结合自身的创作经历，从艺术家、美术馆、观众的互动关系入手，做全面性、立体式的"艺术机构"研究。美术馆专题性讨论现象繁荣，但相关的整体性研究成果较少。在美术馆建设中，著名建筑师的介入使美术馆空间设计获得蓬勃发展，从展馆定位、功能特征、空间设计等面向，都与传统的艺术博物馆不同，为跨媒介的艺术作品，建构了一种开放性的展示场所。同样，当代艺术作品呈现，也与传统艺术所需展览空间的场所特性不同。一方面，传统艺术作品和空间的结合程度不是那么密切，而当代艺术作品呈现之要求，中性、无色彩、无表情的展示背景被解构，跨媒介艺术的场所与展示理论，更注重当代艺术作品的在场性；另一方面，观众的体验、感知越来越被重视，持续拓宽着观看与艺术解读的多维视角。相关美术馆与机制批判的研究，主要是针对大美术馆层面进行探讨，美术馆作为特殊性博物馆，笔者发现，在艺术社会学、机制批判理论的框架下，对从单一艺术机构扩张到美术馆群现象的说明性论文较多，但研究类论文明显不足。

在"巨型展览时代"① （Age of Blockbuster） （巫鸿，2008/2016a：37），中国私立美术馆数量激增，这类专业平台不仅影响着观众的认知，甚至会导致美术馆经营理念产生重大变化。深圳市作为中国改革开放政策背景下成立的特区，经济获得全面而快速的发展，在不断改革与深化创新的相应国家政策刺激下，当代艺术作品在这座城市中的美术馆展出，一直是笔者关注的对象。由此，这种关怀也理所当然转化为对其进行研究的最原初动力。就理论研究层次而言，美术馆作为中介艺术机构，对其进行研究，仍需回到国际博物馆研究方面，在博物馆作为社会媒介的书写如下：

> 博物馆终究是一个媒介，它们拥有一个共同的状态——一个独一无二的、三维的、多感知的社会媒介，知识在其中以空间形态传播。然而，博物馆也充满了媒体。马歇尔·麦克卢汉（Marshall Mcluhan）认为，一种媒体的内容往往是另一种媒体。我们甚至可以说是媒体定义了博物馆。古往今来，博物馆会从其选择的不同的通信技术来实现多样的展示形式和功能。（Parry，2007：11）

对于笔者来讲，不太关注艺术技巧性问题，如形式、风格、构图等，而更注重艺术背后的思考方式与生产、流通链条，艺术家如何透过这一中介艺术机构（美术馆）与社会发生联结？尤其是在当代中国，无论在艺术哲学领域，还是在当代艺术创作者的观念中，一直强调的是艺术的独特性和内在性，认为把艺术放在社会学结构阐释，势必抹杀艺术的"光环"。而社会学家则认为，艺术的普遍性一定可以放在社会学框架下进行诠释，作为人类的产物，不可以逃离它的社会性和外在性。娜塔莉·海因里希（Nathalie Heinich）主张艺术社会学

---

① 通常指既吸引了数目庞大的观众，又获得了极高的经济效应的大型展览。虽然其不拒绝学术性，展览最终的诉求是吸引观众的量越大越好，所以避免不了考虑流行之口味，学术价值退而求其次。

需走出规范认知的范畴，采纳描述性的立场，成为理解各种价值体系共存现实的工具（Heinich，1998b；何蒨译，2016）。根据海因里希（Heinich，2001）的观点，真正的艺术社会学的特殊性被理解为"与艺术史的双重传统相比，后者处理艺术家与作品之间的关系以及美学，而艺术社会学则涉及观众与作品之间的关系"。她把艺术社会学的发展分为三个时代：社会美学时代、艺术的社会历史的时代、调查社会学的时代。布尔迪厄是她的博士毕业论文导师，她把布尔迪厄的社会学研究归类为经典社会学：坚持认为社会的本质为集体性，而个人纬度是虚幻的。她称这种立场为社会学式立场，并予以反对。与之相对的则是美学家①的唯心主义：认为只有个人经验、个人情感、内在性和不可还原的特殊性才是真实的。她将艺术领域中多样的价值体系加以区分，不同的行为者对各种艺术形式做出的不同反应，体现在他们介于审美价值体系、伦理价值体系、功能价值体系、经济价值体系、公民价值体系之间的路径方式（Heinich，1998a）。她不把两者对立起来，而是观察行为者接受艺术的多种方式，以及其中潜伏的价值关系。由此可见，有必要重新以审慎的态度来检视已有的理论和方法，反思两者的某些固有的思维方式与认知模式。海因里希认为须遵守马克斯·韦伯（Max Weber）提出的"价值中立"：不对研究中的客体做出任何价值判断。因此，笔者关心的并非艺术家这种身份地位是不是社会建构的，而是他们为什么对这样的定位如此执着，以及艺术中介在艺术家与大众之间的作用，对应的是对中国的当代艺术机制所形成的话语权进行批判。

　　追溯中国当代艺术的发展，在 1985 年到 1989 年之间出现的"85 美术新潮"运动可作为一个节点。它是在"伤痕美术""乡土美术""星星美展"之后出现的。具体来讲，是试图在西方现代哲学和先锋派艺术的背景下，以美研所主办的《中国美术报》为阵地，介绍欧美的现代艺术，以及年轻一代的前卫艺术。它是一场以人本主义为核心的思潮，提倡新艺术观念和形式，从此在中国形成了新的美术面貌与格局。在艺术本体问题上，许多新潮艺术家认识到："艺术的创造是欲罢不能的巨大生命需求"，他们在创作中充分挖掘深层意识，表达梦境与幻想，隐喻自身的观念，反思自己与生存环境的关系。这不但增加了批判的内容与形式，甚至开始质疑曾经的盲从。这种疑问或困惑的出现，实质是人

---

① 笔者沿用霍华德·贝克尔（Howard S. Becker）、薇拉·佐尔伯格（Vera L. Zolberg）的说法，将鉴赏家、艺术史家和哲学家用"美学家"来指称。

（艺术家）的自我意识觉醒。学者巫鸿[1]提到，在西方无数画家曾用数以百计的速写本描绘"废墟"，并由此延伸到"破碎"[2]。现代中国第一个也是最重要的废墟，即圆明园遗址——1860年为英法联军所毁灭的著名清代皇家花园的残存，象征着现代中国废墟意识的出现与形成（巫鸿，2005）。当民间艺术团体"星星画会"成立时，其成员也画了圆明园，而中国现代派地下诗人在国耻乱石堆中举行了诗歌朗诵，彰显了中国当代社会中所出现的废墟形象的感召力。"星星画会"对废墟的偏爱，预示着"85美术新潮"运动的主要方向（巫鸿，2005）。伴随着中国社会与经济的发展，艺术创观念与国际接轨程度提高。值得一提的是，1986年，吴山专的《红色幽默》装置作品，以及黄永砯与他的同仁们组成的艺术团体"厦门达达"，开始表达与传统废墟观念背道而驰的批判精神（巫鸿，2005）。如今，在文化治理与商业化的双重夹击之下，学者何蒨在关于当代艺术写作时，提出：

> 当代艺术的出现引发了一系列思考、构思、展示、传播及买卖艺术品方式的深刻变化。这些变化意味着当代艺术的运作机制与现代艺术的运作机制发生了决裂，即是说，无论是艺术观念、艺术品流通或艺术价值的认可方式，现代艺术与当代艺术都对应着各自特定的运作体系和判断标准。（何蒨，2017）

中国作为一个传统的东方国度，在现代化进程中，面对着庞大的外来文化与传统文化的交叠，现当代艺术与艺术机构的在地萌芽、发展，自然有其复杂性。然而，自古以来，中国对非官方艺术机构与市场的赞助，民间自有其发展脉络，有着自己特有的书画市场与艺术欣赏准则。20世纪80年代初，不仅在经济领域打开国门，而且在文化领域，中国当代艺术家迫切地渴望与世界艺术水平接轨，对官方艺术机构的批判浪潮一波未平，一波又起。伴随着经济发展（深圳）与个人理想（任克雷、陈剑、乐正维、黄专）的时代结合，促成了独立艺术机构——OCAT的成立。

另外，艺术机构的工具价值是政策制定者所关怀的，艺术的内在价值是每一位艺术家的追求，而感受公共（艺术）机构中艺术作品内在价值的权利，是

---

[1]　巫鸿，美国国家文理学院终身院士，美术史家、艺评家和策展人，芝加哥大学美术史系和东亚语言文化系"斯德本特殊贡献教授"，东亚艺术中心主任及斯马特美术馆顾问策展人，美国古根海姆美术馆亚洲艺术参议会委员，华侨城当代艺术中心馆群（OCAT）学术委员会主席和余德耀美术馆学术委员会主席。

[2]　"破碎"在西方通常被视为现代主义和后现代主义艺术运动的主要特征。

公众的基本诉求。值得注意的是，作品的生产者——艺术家，对社会的认知一直处于悲观状态：

> 艺术家从一开始就培养着反社会的感情，他发现，每一种延续着的体制、每一个古板的组织、每一种客观的秩序都是敌视艺术的。因此，他反对所有的体制和习俗，殊不知艺术本身也是一种体制，一种特殊的秩序，既有着自发因素，又包含着习俗的因素。（居延安译编，1987：195）

如果研究艺术家与美术馆之间的关系，追本溯源，从 16 世纪"珍奇柜"（Cabinet of Curiosity）出现至 20 世纪的"白盒子"（White-cube）展场，博物馆的服务宗旨有展示、教育、典藏、研究等核心功能。在此基础上，本书则主要针对 OCAT 深圳馆及其馆群的设立与发展，以及所开展的一系列的专案、展览、活动、表演、文献等进行研究。在西方，目前做得较好的馆舍是纽约现代艺术博物馆（MoMA，1929），这座美术馆的发展融入整个城市的发展，与社会的联结较为紧密。OCAT 馆群这种经营的当代艺术机构，同样在国际上并非先例，如古根海姆美术馆（The Guggenheim Museum，1937）正以馆群样貌运行中。高桥明也提到位于美国纽约的古根海姆美术馆所遇到的资金短缺问题，其馆长托马斯·克伦斯（Thomas Krens）答应了西班牙小城毕尔巴鄂（Bilbao）巴斯克自治区政府的提议：希望能到毕尔巴鄂老旧的港湾区建设美术馆。1997 年秋，毕尔巴鄂古根海姆在短短时间内吸引了世界各地的游客，3 年内吸引了高达 400 万人次的参观，据说产生了高达 5 亿欧元的经济效益。随即，"毕尔巴鄂效果""古根海姆效果"，引发经济界关注（黄友玫译，2017）。古根海姆美术馆目前拥有 1 座本馆、4 座分馆。本馆是纽约古根海姆（the Guggenheim Museum in New York），分馆是威尼斯佩姬·古根海姆（the Peppy Guggenheim Collection in Venice）、毕尔巴鄂古根海姆（the Guggenheim Museum Bilbao，1997）、柏林古根海姆（the Deutsche Guggenheim in Berlin，1997）、拉斯维加斯古根海姆（the Guggenheim Hermitage Museum in Las Vegas，2001）。与古根海姆不同的是，OCAT 并未跨出国界，只是在国内各大城市伴随着华侨城集团业务的扩张而开设分馆。

在艺术史中，长久的一段时期内，艺术家们的目标便是成为先行者。而当今的艺术家该做些什么呢？标准和问题都已然发生了转变。"现代性"这个概念比历史上对它的建构复杂得多，历史是简化和纯化的结果。如今，科学与艺术的跨域合作越来越紧密，两者的关系组成结构，却具有巨大的差异，科学的革命引发的是该领域的净化，可视为增长或进步，而艺术则不同，艺术的革命只会产生更多的范式（Clignet，1985：217）。

总之，1980 年以后的视觉艺术，创作范畴呈多元化趋势，创作方法也愈发跨领域。同时，新兴的媒介也更加轰动，各种声音涌现，层出不穷。总结当下现状，其作品主题包括身份、身体、时间、场所、语言、科学、精神性等。OCAT 深圳馆的展览，对当代艺术作品实验性较为有兴趣。正如赫伯特·马尔库塞（Herbert Marcuse）所说："艺术的使命是传达批判的自由观，这种自由既源于感官的净化，也源于对主导社会秩序的具体否定；艺术的使命，是唤起感觉、体验及行动的另类视野，以促进社会的改变。"① 社会议题和自我呈现、再现城市和重现历史记忆、多种展览形式的实验和多样化展览空间的开创，行为艺术、装置艺术、场景艺术等新的艺术形式，传递出主体"缺席"的概念，而"悬浮"的时间性，则提供一种对人类未来的反思，视觉认知与艺术创新变得尤为重要。面向对未来的思考，过去和现在、记忆与现实交汇于一个超历史的瞬间，将这一瞬间认定为"当代"。抽丝剥茧之后，当人们参观当代艺术展览时，唯一真正留在人们记忆中的是展览空间的组织，特别是如果这个组织形态是原创和不寻常的。综上所述，机制批判理论对美术馆实践与行动的影响，以及艺术机构与机制批判在中国社会语境中所形成的特有关系，促成本书的研究动机。

第二节　研究目的与问题

一、研究目的

本书透过梳理艺术社会学、当代艺术理论中的机制批判、博物馆学等理论给艺术机构或美术馆的发展带来的影响，将 OCAT 馆群作为检视的对象，研究目的在于：

第一，调查 OCAT 馆群的价值与独特性现况，并了解它的运营机制。

第二，探讨中国独立艺术机构 OCAT 馆群与机制批判之间的关系，以及机制批判在中国社会语境中的在地性。

第三，分析与讨论 OCAT 馆群在中国当代艺术语境中所产生的影响与作用。

---

① 洪仪真.《艺术的社会实践与社会创新》课程介绍［R/OL］. 东海大学社会学系，2020-12-01.

二、研究问题

艺术世界的构成，是由艺术家、艺术群体、策展人、批评家、馆长、美术馆、观众等所构成的艺术生态系统。艺术创作的生产，支撑着美术馆的展览与各种各样之专案，一波又一波地推陈出新，以应对当代社会议题与社会变迁。在国际领域，有关艺术的研究，一直存在内部性与外部性之路径，独立艺术机构也自认为是实验性艺术实践之场所，当代艺术作品的大体量、新媒介等症候，促进美术馆展览空间的全新变革。然而，从外部观之，例如举办一个展览，挑选谁为策展人，是由什么来决定的？是资本的力量？是学术委员会的讨论与建议？还是美术馆行政所决定？从内部来看，也一直秉持着实验性步伐，拓展着美术馆自身的边界与场域。承上，笔者拟定以下几个方面作为研究问题。

第一，作为官方机制之外的"OCAT 馆群"，从单一艺术机构发展到美术馆群，迅速在中国各大城市扩张，它这么做的动机是什么？具体做法有哪些？形成了何样的历史脉络？与国内外案例有何异同？它的运营机制是什么？OCAT 馆群在中国当代艺术语境中具有什么价值与独特性？

第二，本书以艺术机构与机制批判讨论为线索，厘清机制批判的渊源为何？检视中国当代艺术机构与机制批判之间的关系为何？在文化治理与商业社会的双重夹击之下，进一步追问机制批判概念在中国的社会语境下是否有特别的发展？其在地性为何？

第三，OCAT 馆群的核心功能是什么？它作为艺术中介，体现的是美术馆介乎于艺术家与大众之间的关系，它如何思考艺术与大众的关系？它在中国当代艺术语境中扮演了什么角色？为推动中国当代艺术的发展起到什么样的影响与作用？为中国社会带来什么样的意义？

第三节　研究范围与限制

一、研究范围

（一）理论范围

本书的研究对象——当代美术馆机构所借鉴的理论处于跨学科范畴，涉足艺术社会学、博物馆学、当代艺术理论等，位于三者交汇处（见图 1-1）。

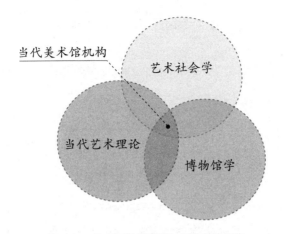

当代美术馆机构

艺术社会学

当代艺术理论

博物馆学

图 1-1　研究理论范围图（笔者绘制）

（二）时空范围

本书的时空范围包括时间、地域、背景等方面。

本书的时间范围锁定在 2005 年 OCT 当代艺术中心成立至 2020 年底，以 2012 年为界线分为两个阶段。前一阶段 OCAT 以单一机构面貌运作，对于中国来讲，可说是一个独有的艺文现象。2012 年 4 月，OCAT 注册为一家非营利艺术机构。同时，在上海、西安、北京、武汉、南京等城市开设分馆和展区。馆群的规模、形态、内容等也逐渐在实际的运作过程中呈现出来。可以说，不仅是量的增加，而且产生了一个质的变化。此外，笔者计划将艺术家、策展人等中介者纳入进来，作为当代艺术知识生产的完整链条，及其关于 OCAT 馆群在中国几个大型城市的整体发展，来做一种动态的比较与研究。

从地域特征来看，OCAT 的发源地——深圳，从 1978 年的一个小渔村，随着中国政府推出的改革开放政策，短短几十年时间，已发展成为世界级的一线大都市。在文化积累方面，还不够深厚。然而，也并非全是缺点，生活在这块土地上的人，摸着石头过河，集聚创新性的新鲜血液。2005 年 OCT 当代艺术中心成立，以先锋、实验、独立的态度，立足南方地区。

从成立背景来看，20 世纪 60 年代至今，当代美术馆受消费主义和大众文化的全球性影响，有着艺术娱乐化复合体趋势，而非以往是受教育体验的单一场所。正如前文所述，广东得益于改革开放的政策，经济获得突飞猛进的发展，艺文生态也随之迎来繁荣。改革开放初期，处于中国南端的华南地区，在经济发展方面扮演了领头羊角色，如今，上海及周边长江三角洲地区与北京、重庆等城市获得较大的发展，使美术馆这一机构与国际交流变得日常化，艺术创作者的立场愈发多样化，构成了表面看来乱作一团，实际上有条不紊的艺术界。故本研究锁定在私立艺术机构，OCAT 馆群为一个综合体，而非一般意义上的公立美术馆。

二、研究限制

基于本书的研究对象与研究范围界定，势必产生以下研究限制。

（一）时空局限性

在时间上，2005 年至 2020 年是本研究对象所处的时间阶段，是近来或正在发生的艺术事件，甚至是当下发生的事情。由于时间距离太近，笔者未必能做到全然的客观，无法完全体察并理解自己所处的时代，只能尽己所能地坚持研究者必需的学术批判立场。

在空间上，中国地域广袤，OCAT 馆群的各个馆舍分布在中国不同的城市，其直线距离都在千公里以上。所以，本书具有跨城市、跨地区研究的限制性，只能在特定时间获取访谈之结果，对其他分馆的参访次数必然无法与深圳两馆的参访次数等量。纵然如此，本书对分馆的取样，以与馆员、馆长及掌控话语权之人进行访谈，并辅助网络及各类媒体资料，弥补跨地域研究的短板。

（二）艺术的独特性

艺术社会学、当代艺术理论（机制批判）、博物馆学界都有着各自的研究范式。由于笔者引用理论范畴跨越多学科门类，势必会抹杀艺术的独特性表征。如果把艺术作品认为是天才之作，那意味着艺术是无法教授和学习的。笔者透过对文献的阅读得知，天才观是文艺复兴时期建构而来，因此，本书采取海因里希的"反还原主义"与"相对主义"立场，在批判传统艺术学之余，也并非美学视角。如此一来，是否会陷入中国传统所讲的"中庸之道"，导致当代艺术的先锋性与独立艺术机构的实验性会大打折扣，是笔者需要警惕的面向之一。

第四节　名词解释与定义

一、当代艺术

纵观西方艺术史，大致分为古典艺术、现代艺术与当代艺术。古典艺术以写实为特色，此风格源自地中海巴尔干半岛上的希腊，在 3000 年前孕育出圆熟的写实技巧，栩栩如生，逼真生动，令人叹为观止，直到 5 世纪罗马帝国灭亡才被搁置。西方文艺复兴前后近 200 年，人们重新肯定现世，写实艺术恢复并再次达到辉煌，注重自然美。现代艺术主要是指从 1860 年至 1960 年之间出现的艺术，源于法国印象派对光色变化的描绘，现代绘画之父保罗·塞尚（Paul Cézanne）起到举足轻重的作用，经野兽派（fauvism）、立体派（cubism）继续推动，绘画作品愈发受创作者本人意愿的支配，放弃写实，逐渐变形写意乃至运用抽象表现，强调形式美。阿瑟·丹托（Arthur C. Danto）认为在 1960 年以及之后发生的艺术实在是一场革命。自 20 世纪 60 年代开始，西方艺术全面改道，走出自己全新的路径。此路径不是关于要写实或要抽象的问题，而是关于要艺术还是要生活的选择，即他们想让艺术与生活一样普通，由追求"形"变为"态"，关怀第三领域的美。值得一提的是，波普艺术家将生活中最平凡、最不美的日常俗物放进了艺术创作之中。当代艺术区别于现代艺术的特征正在于它的"观念"，介入生活，关注社会和文化结构中更深层的问题，强调艺术语言创新的探索，立足于主体价值和问题意识，作品具有"当代"精神。重要的是，当前在创作中那些继承和运用古典手法的绘画和雕塑作品，虽然是新作，但是艺术界内并不认为其是当代艺术。因此，当代艺术并非是指在当今出现的艺术作品，而是接续在现代艺术之后，反映当代文化思潮和社会情境的艺术。例如，将当代艺术代指目前这个时代正在实验中的艺术风格。在后者的词义表达中，当代艺术有意识反对现代主义信条的艺术。现代主义是 19 世纪时，随着欧洲近代社会的成熟而确立的艺术潮流和风格的总称。现代主义和当时最新思潮相互共鸣，包括进化论、科技的发达、启蒙主义、理性主义，甚至是后来和社会主义、共产主义相关的乌托邦思想等。后现代主义就是批判近代后期的思想，近代政治、社会、文化等各种现象，以及历史，以便设法加以克服的思想或潮流的总称（蔡青雯译，2011：196）。随着美苏冷战的结束，社会结构呈现出文化多元态势，目的就在于打破陈规旧俗。换言之，由于"后现代"可以是指一个历史时期，也可以是指一种艺术途径，再加上现今有许多艺术家仍然以现代主义手法进行创作，或者说并没有表现出后现代主义的特征，显而易见，当代艺术并不包括此类作品。换个角度理解，人们可以视当代艺术为一个开放的、持续成长的定义，学界所有关于当代艺术的定义，都只是提供一个参考，随着艺术的演变与时代的推进，每个人对当代艺术的理解将会变得更深刻。

美国斯坦福大学（Stanford University）艺术史教授理查德·迈耶（Richard Meyer，2013）指出，何为"当代性"一直是艺术史最令人困惑的话题。有趣的是，其著作《什么是当代艺术?》（*What Was Contemporary Art*?）中使用 Was 而非 Is，显示了作者的历史性关怀与立场。匹兹堡大学（University of Pittsburgh）教授特里·史密斯（Terry Smith，2009）认为"当代艺术"是由诸多群体塑造的，有着多面定义。笔者认同这一说法，因为一个概括的定义是会有限制的，将当代艺术视为是一种特殊的艺术形态，而不是一个普通的形容词语句，这种使用法可追溯到英语系国家"现代主义"一词刚出现之时。1989 年，世界政治经济格局的动荡，对于当代的定义也从时间范围扩展至象征意义与意识形态。

进而言之，当代艺术如果依抽象绘画的历史探究，可追溯至野兽派和立体主义的出现。如果从作品视角解读，当之无愧的是被称为观念艺术之父的杜尚的作品《喷泉》，即提出"现成品"的概念。如果从"现代主义的终结"作为划分，则始于战后美国艺术中的新达达（neo-dada）、普普艺术（pop art）等（蔡青雯译，2011：xvii）。需要强调的是，20 世纪 60 年代，出生于立陶宛的美国当代艺术家乔治·马修纳斯（George Maciunas）为"激浪派"（fluxus）运动命名。此词原意是指"流动，不断地变化，排泄物的排放"，但艺术家却取"净化"之意来用。各国艺术人才参与其中，举办了多场"事件"和演奏会，如约翰·凯奇（John Cage）、约瑟夫·博伊斯（Joseph Beuys）、白南准、小野洋子等。这类持有批判性质的艺术语言对后世影响极大，如社会雕塑、录像艺术等概念。

二、中国当代艺术语境

从广义而言，语境包括社会背景、历史脉络、经济情境、政治环境与新的方向。从狭义而言，语境通常是指时间、地点，更具体地说，包括制度结构、纳新标准、专业训练、报酬和赞助或其他资助形式（原百玲译，2018：7）。

中国当代艺术的开端，学界主流认为可追溯至 1979 年"星星美展"的举办。该展起初计划在 1979 年夏初申请在北京美协展厅举办，由于其展期已满，同年 9 月 27 日出现在北京市东城区的中国美术馆东侧小花园铁栅栏外，由黄锐和马德升发起，共 23 位创作者参加，其中多数青年是业余的，包括中国画、油画、版画、木雕等 163 件作品展出。展出 3 天关停后，于 11 月 23 日至 12 月 2 日转移到北海公园再次展出。最早对其报道的是《美术》杂志中的《关于"星星"美展》一文，将参展作品分为两大类：一是干预生活的创作；二是对形式美的探索（栗宪庭，1980：8）。这次展览也促使主要参展艺术家们于 1980 年 8 月在北京成立"星星画会"。1978 年 12 月中共中央十一届三中全会的召开，中国开始实行改革开放政策，中国艺术创作上发生翻天覆地的变化。1979 年另一个带来较大影响的艺术团体是"四月影会"，这是"文革"后中国成立的第一个民间摄影组织，举办了"自然·社会·人"艺术摄影展。20世纪80年代，在中国发生"85美术新潮"运动。当代艺术这一称谓更为有趣且宽泛，基于特殊的国情，与此相关的说法还有"前卫艺术""先锋艺术""新锐艺术""新艺术""新潮美术""非官方艺术"等。在苏伟与巫鸿的一次对谈中，把1990—2000年这10年的中国艺术实践，综合性、整体性地定义为"实验艺术"，但这个词并非巫鸿的发明，因为当时有些艺术家已经在使用，如"实验电影""实验摄影"等。因为西方的前卫艺术有着自己的具体历史语境，所针对的是历史上的权威主义，是一种历史性的东西。故西方艺术中的"前卫"或"先锋"，也不适合用在中国（巫鸿，2019；引自苏伟，2019）。1985年11月18日—12月8日，劳生柏个展"劳生柏作品国际巡回展"在中国美术馆举办，英文为Rauschenberg Overseas Culture Interchange，直译为"劳生柏海外文化交流"。中国的美术界受到此展的影响，掀起一股新时期的创作实践热潮，开启了新一轮的艺术媒介讨论。波普主义热潮在地化的兴起，标志着当代艺术在中国生根、发芽（启迪、开端），致使中国艺术语境从关注艺术的主题性意义，转向开始探讨新的艺术媒介，个别艺术家跳脱媒介时代，直接进入后媒介时代，即与后现代相对应。1988年，《中国美术报》提出了"当代艺术"这个概念（苏伟，2019），之所以巫鸿没有选择这个概念，是因为相对于现代艺术来说，"当代艺术"的含义太宽泛了，实际上在西方艺术中也并没有一个准确的定义（如前文所述），欧美讲当代艺术也常常是很笼统地划出一个时间范围。西方学术界尽管也有不少对"当代性"的讨论，但是这种讨论的目的主要是在全球语境里做一些大面上的调整，没有形成太多定论和能够帮助进行历史分析的理论（巫鸿，2019；引自苏伟，2019）。宋晓霞（2018）则从全球视野来定义当代艺术，她讨论了当代艺术作为中文概念的生成，以及如何界定当代艺术，对"当代艺术"的思考脉络，并非是以时间为中心的线性发展过程，而是把它视为一个具有多个切入点和突破点的坐标图、一个处于持续变动的世界格局中不断生成着的地形沙盘（宋晓霞，2018：132）。除此之外，她还指出当代艺术探索的就是现存这一时刻人们看待事物和思考的方式。如果回归艺术家和作品本身，能否让人们有一个足以超越现代民族国家局限的理解？（宋晓霞，2018：129）

在中国语境中，20世纪90年代的"当代艺术"替换80年代的"现代艺术"一词，还有一个重要原因，由社会经济结构的转型而引发。20世纪90年代中期开始，不计其数的民营企业超过国有企业之时，北京、上海、广州这类的大城市每天都迎来新变化，深圳也宛如一座大型工地，遍地隆隆声与日夜不停地修路，生活在其中的人们已觉察到改革开放带来的效果。一座座高楼大厦拔地而起，五星级酒店的不断成立开怀拥抱全球化。社会情境伴随着焦虑与亢奋大步向前，时装店、电影院获得发展，尤其是商业房地产项目的开发，引领了经济增长。与此同时，由于国营体制改革，境内各地千万下岗工人潮出现，贫富差距也显著拉大。社会机制在各方角力与冲突中，既有妥协又有合作。如果从艺术机制形成来看，宋晓霞（2018）认为表现在两个方面：一是市场化，二是国际化。前者是指把实验艺术的社会价值、自由表达的希望寄托于艺术市场的建立。后者是指 1989 年"大地魔术师"（Magiciens de la Terre）展览［策展人让-于贝尔·马尔丹（Jean-Hubert Martin）］、1990 年"献给昨天的中国明天"展览（策展人费大为）、1993 年"中国前卫艺术"展览［策展人戴汉志、安德烈亚斯·施岸迪（Andreas Schmid）］、"后八九——中国新艺术展"（策展人张颂仁、栗宪庭），以及 1993 年第四十五届威尼斯双年展［策展人阿基莱·博尼托·奥利瓦（Achille B. Oliva）］的举办，为彼时中国实验艺术家提供了渠道、场所和平台，意味着从本土转向域外乃至国际的过程。恰如巫鸿（2016b）所认为的，是五四运动传统的延续，以启蒙主义为样板追求中国的现代化，因此很自然地具有一种世界主义倾向，希望在西方现代美术、理论和哲学中寻求先例和模式。然而，中国当代艺术在 21 世纪初期充分地与国际化接轨之后，又深深地陷入西方展览机制的选择之中，受制于西方策展人或批评家所喜好的"中国符号"，缺少立足于本土的自我阐释系统与机制。

三、艺术机构

艺术之于当下，作为创作行为，越来越不能自我论证，它愈发依赖于和自身相关的机构所形成的网络。依此所说，当代艺术想实现自我价值，必须置于整体系统来考量。换言之，艺术的展现形式，包括组织、展示的形态、参与的空间形态，以及传播、表达等，摇身一变成为艺术行动的现实目标。恰好在此历史演变中，艺术机构由于这样的取径而超越了美学意义上的艺术本身，不再局限于单纯的策展与批评，使得现场成为研究对象。一般意义上，众所周知的艺术机构，包含美术馆、博物馆、博览会、艺廊、艺术空间、专业性媒体、艺术基金会，以及艺术大学、学院等。对于艺术机构，产生众多机制批判的艺术家、批评家与策展人，并且成为他们的艺术实践的关键内容之一。在现实层面，自 20 世纪初期开始，就有许多艺术家对机构背后的社会权力系统与展示作品的空间（如白盒子）关系等不满，透过创作对艺术机构的机制进行了批判。在一波又一波的批判浪潮的激荡下，艺术与社会、艺术与生活的界限被打破，也因此艺术界的相关人士也改变了以往对艺术本身以及艺术机构的认知的单纯看法。

本书中的艺术机构指的是美术馆、艺术中心等非营利组织，是一种中介机构。进一步来说，指向的是独立性艺术机构，与其说仅仅是当代艺术展示的场所，倒不如说是当代艺术机制的组成部分。在繁体中文里，中介与仲介两词有着明显不同。前者指居于两者或多者之间；后者指从中为买卖双方介绍、提供商品资讯等，并于成交后抽取部分佣金的行为。而在简体中文里，两种意思均是指中介，并且由于中国房地产市场中介的兴起，该词有着明显的功利主义与市场化逻辑，甚至蕴含贬义成分。因此，所需声明的是，本书所探讨的中介为前者之意，属于中性用词，无任何感情色彩与贬义。阿诺德·豪泽尔（Arnold Hauser）认为，艺术创作和艺术消费之间的中介机制是艺术传播的必经之路，它们可以说是艺术社会学的流动网（居延安编译，1987）。因此，需明确的是，本书中的艺术机构指向传播文化型艺术机构。

四、机制批判

正如吕佩怡博士所言，在中文里，机制、体制、机构三个词，对应的英文都是 Institution。为了行文方便，在此稍做区分，"机制"一词更为中性化，用来形容一套或若干套制度体系的运作，也指那些已存在、建立、设置的制度、规章等，抑或使一机构或组织有系统运作的方式，如展览机制、市场机制；"体制"则特指具有行政特色的制度体系的运作；"机构"是指拥有独立架构的社会组织、机关、团体、部门等。英文 Critique 一词，既可作为名词，也可作为动词，翻译成中文是"批判""批评""评判"等，如果是名词，是指批判性的文本。18 世纪，伊曼努尔·康德（Immanuel Kant）在《纯粹理性批判》（*Critique of pure reason*，1787）一书的前言中，定义"批判的目标是在于推断理性之使用，以探求形构感知（认知）的原因，并揭露出促成其可能性的条件"。由此，康德认为批判是对于知识如何可能形成的一种探讨（Macey，2000：76；吕佩怡，2011a：25）。吕佩怡在《美术馆与机制批判：迈向一个在地机制批判可能性之探讨》一文中，"将批判作为一种方法，有系统地、具规范性地、理性地，透过对问题的揭露、分析并进一步找出问题产生的潜在条件，最后在充分例证之下做价值判断"（吕佩怡，2011a：25）。

总之，西方当代艺术脉络中的 Institutional Critique，翻译成中文有几个不同的词对应，如"机构批判""机制批判""体制批判""机制批评"等，基于本书所讨论的内容，笔者选择"机制批判"作为本书用词，即"透过批评性分析的推论，再下价值判断的整体过程"（吕佩怡，2011a：26）。所以，这也正是对吕佩怡用词的认同与延续。

机制批判始于 20 世纪 60 年代末，是一批前卫艺术家在创作中尝试展开的一种实践方法，此时也正是欧美观念艺术发展逐渐转向机制性批判的时刻，这批艺术家包括哈克、丹尼尔·布伦（Daniel Buren）、迈克尔·阿什（Michael Asher）、布达埃尔、丹·格雷厄姆（Dan Graham）、劳伦斯·韦纳（Lawrence Weiner）、理查德·朗（Richard Long）等。20 世纪 80 年代，蕾妮·格林（Renée Green）、安德烈·弗雷泽（Andrea Fraser）、弗雷德·威尔逊（Fred Wilson）等持续推进实践。同时，批评家布赫洛使用过机制化的语言、机制框架、机制化的展览主题等概念，比格尔使用过自我批判的概念。他们认为，尽管这些艺术家风格不同，但都具有一种内部的自我批判，质疑艺术机制的冲动。机制一方面主要指已经获得广泛认可并且建构完备的艺术展示场所，另一方面指掌握一整套艺术运作机制和行业话语层面。他们打破比较保守的立场，以揭露和反思固有的艺术机制与意义，进一步打破现有博物馆机制的链条，有种革命性姿态，对艺术的生产、传播、接受模式提出了新诠释，形成了机制批判艺术与理论。

第五节　研究章节的安排

本书章节架构安排如图 1-2 所示。

第一章是绪论，介绍研究背景与动机，引出研究问题与目的，对重要名词如当代艺术、中国当代艺术语境、艺术机构、机制批判等进行解释，划出研究范围，陈述所遇到的研究限制，计划章节架构，以及相关研究回顾。

第二章对过往文献进行回顾与探讨，比如，艺术与其语境的关系、机制批判实践与理论的由来，以及博物馆学、新博物馆学与批判博物馆学对美术馆所带来的影响，勾勒出艺术机构与美术馆在历史进程中，所受到的相关艺术学、艺术社会学、博物馆学等理论的交叉影响。

第三章则是对本书的研究对象进行锁定，采用个案研究、文献研究、深度访谈等研究方法，对 OCAT 馆群的各位工作人员、学术委员会成员、理事会成员、非馆方业界人士等进行访谈，以质性研究方法，对资料进行收集整理、分析处理。

第四章"艺术机构与当代艺术的共谋：OCAT 馆群的价值与独特性"，透过对 OCAT 馆群的历史发展脉络的深度描写，把握 21 世纪初期的中国艺术社会，以及研究对象与国内外美术馆群的异同，挖掘 OCAT 馆群的运营机制，从深圳在时间与空间的交错中，所形构的经济、文化、政策等场域中，OCAT 与华侨城

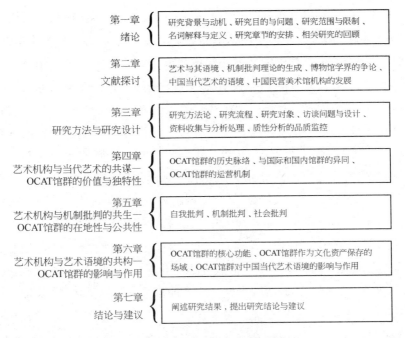

第一章 绪论	{	研究背景与动机、研究目的与问题、研究范围与限制、 名词解释与定义、研究章节的安排、相关研究的回顾
第二章 文献探讨	{	艺术与其语境、机制批判理论的生成、博物馆学界的争论、 中国当代艺术的语境、中国民营美术馆机构的发展
第三章 研究方法与研究设计	{	研究方法论、研究流程、研究对象、访谈问题与设计、 资料收集与分析处理、质性分析的品质监控
第四章 艺术机构与当代艺术的共谋— OCAT馆群的价值与独特性	{	OCAT馆群的历史脉络、与国际和国内馆群的异同、 OCAT馆群的运营机制
第五章 艺术机构与机制批判的共生— OCAT馆群的在地性与公共性	{	自我批判、机制批判、社会批判
第六章 艺术机构与艺术语境的共构— OCAT馆群的影响与作用	{	OCAT馆群的核心功能、OCAT馆群作为文化资产保存的 场域、OCAT馆群对中国当代艺术语境的影响与作用
第七章 结论与建议	{	阐述研究结果，提出研究结论与建议

图1-2 研究章节架构图（笔者绘制）

资本的依存与疏离关系，分析 OCAT 馆群在中国语境的价值与独特性。

第五章"艺术机构与艺术语境的共构：OCAT 馆群的影响和作用"，分析 OCAT 馆群的核心功能，论述艺术机构与文化资产保存的关系，逐条梳理出 OCAT 馆群对中国当代艺术语境所产生的影响和作用。

第六章结论与建议，阐述研究结果，提出结论，并对未来后续学术研究提出建议。

第六节 相关研究的回顾

在关于 OCAT 研究方面，鲁明军（2015）从历史与理论的双重视角梳理了 OCAT 艺术生产的知识系统：展览、研讨、出版，并与上海双年展（2010—2012年）的知识系统、没顶公司艺术生产的知识系统进行对比，得出这一系统看似是一个平面构成，但实际上是一个立体的具有无限可能的拓扑系统。于是，他认为无须逸出这个知识系统，其内部便可实现自我的生长、延伸和主体的不断重建。胡斌（2015）则从 OCAT 展览的个案入手，探讨了创作、展览与出版物之间的关系，他借用格洛伊斯、简·罗伯森（Jean Robertson）和克雷格·迈克丹尼尔（Craig McDaniel）对当代艺术的研究理论，对照现实案例的具体问题，敏锐地指出被纳入出版物中的文本必将产生新的知识生产，与创作原境之间是具有差异性的。吴文光（2010）较关注 OCAT 表演项目，他感兴趣当代剧场的呈现方式，以身体为媒介且看作记忆开始的主要语言，评论了一系列参与作品，认为创作者透过回忆、记忆持续"往后看"，达到一种持久的追问，超越剧场表演本身，试图学会"记忆责任"担当。田戈兵（2010）则从戏剧这个关键词出发，以独立剧场视角和创作者身份，厘出"逃离机制"至"文本独立"，再到"空间独立"的当代剧场发展脉络与创作新趋势。与此同时，方立华（2010）以工作坊、当代舞蹈剧场表演、影像放映三个部分探讨了 OCAT 当代舞蹈剧场演出季，指出剧场除了是一个物理空间概念，同时也是一个意识空间概念。作为 OCAT 元老级员工，她还展望了以开放性为主导观念的 OCAT 剧场未来更加强调多样化，如实验话剧、实验戏剧。此外，芝加哥艺术学院陈柏麒（Chen，2019）的硕士毕业论文以"动态的沉思：黄专与中国当代艺术的 30 年"（"Active Contemplation：30 Years of Huang Zhuan and Chinese Contemporary Art"）为题，对 OCAT 创始人黄专的职业生涯和生活进行了批判性的梳理与反思，按照时间顺序呈现了黄专从中国古代史研究到当代艺术研究的转向，阐述了黄专作为一名批评家和机构实践者在不同时间段所面临的困境，透过黄专的著作、访谈和展览策划，试图为其建立一套溯源体系，也一并考察了他生前所处的时代情境和问题，反思他用自身的方法论如何解决重要的社会和艺术问题。

　　以上种种研究，促使笔者对 OCAT 的认知不只限于是一家当代美术馆的展览机构，而且是涉及当代艺术展览、表演、剧场、戏剧、活动等艺术实践形式和功能的挑战，以及不停留在机制批判，而是如何改变艺术机制的思考，形成对批判的正常化和机制化的认识，且注重其方法运用的研究，营造一种社会基础，保障当代艺术的常规发声。

第二章

文献探讨

　　本章旨在厘清艺术与社会的关系、机制批判实践与理论的发展，以及机制批判所处的艺术与社会发展历程中的学术脉络。同时，探讨博物馆学理论如何影响美术馆的运作，还回顾了中国当代艺术与艺术机构的发展与研究。具体而言，第一节探讨艺术与其语境的关系。第二节探讨机制批判理论的建构与形成。第三节探讨博物馆学与批判博物馆学的立场转变，以及持有机制批判精神的学者有哪些？这又对美术馆产生哪些影响？第四节重点介绍中国本土的当代艺术语境问题。第五节厘清了中国当代美术馆机构研究的发展。

　　历经一个多世纪的成长，美术馆的运作系统已日臻成熟，包括从策展人、展览、空间、观众等构建出稳健的艺术机制内在系统。介于系统之中，经每个成员的配合，一起提供美术馆典藏、展示、研究、教育等功能。美术馆展场里外的不同元素，支撑了美术馆的特质，每一次的展览策展，作为一个时空枢纽，其核心策划者为"策展人"，犹如"导演"的角色，透过其学术理念，为美术馆及观众呈现了多样态展览。通常在展览类型上，可划分为藏品展与特展。一方面，美术馆展览，在不同的历史时期，与时代脉络有关，如美术馆成立初期，藏品展示其主要陈设类型，主要关于文化遗产类艺术品；另一方面，随着各地创建美术馆的兴盛，双年展的展览形式获得迅猛发展，主要代表的是当代艺术，对当下艺术的发展着重关照。如今，无论是美术馆外在的建筑设计还是内部空间布局都格外讲究。传统的美术馆以"挂画"排列营造供观众瞻仰，转向到现代主义"白盒子"空间场域，这种改变，自然也对策展人、艺术家、美术馆提出更高的要求。

　　本书从艺术社会学、机制批判、博物馆学等理论面向，对艺术中介机构——OCAT 馆群进行跨域、多角度研究，试图建立整体性、立体化之学术研究成果。之所以选择这些理论，是因为本书所提出的问题与所选择的研究对象，OCTA 馆群作为中国本土的当代艺术机构，是艺术世界中的中介机制，它与艺术家与观众的关系如何？首先，在传播当代艺术的过程中，机构所采取的态度与手段，当代艺术家透过对艺术机制的反叛，彰显的是当代艺术对边界的违背，故笔者选择机制批判理论；其次，如要研究中国当代艺术机构，厘清国际当代艺术社会的发展脉络，抑或对艺术界、艺术社会学理论的现状掌握很有必要，故笔者选择艺术社会学文脉的框架；最后，本书研究对象不仅仅是艺术机构，更是美术馆群，有了自身清晰的定位，故需要对新博物馆学如何区别传统博物馆学的研究与发展，有较清晰的论述，以及批判博物馆学的出现与认知。综上所述，这些理论有一个共通之处，即反身性。这个概念是由哈罗德·加芬克尔（Harold Garfinkel, 1967）提出，重点是人们如何赋予日常生活意义，再进而指明在社会行动中自我厘清的过程，最后加芬克尔反馈到社会学家自身的存在价值与定位的命题。最重要的是，后现代的研究是反身性的。反身性的根本认知是，每个研究本身都镶嵌在社会世界中。当某个研究开始回头去估量自己的主题，和发现是如何受到自身与研究过程的影响时，就可被视为具有反身性了（Alexander, 2003）。同样，恰恰是因为批判，艺术机构与艺术才会在自我与他者的检视下，愈发促生新的可能性，才有机会生机勃勃。

第一节　艺术与其语境

本节从艺术世界和艺术中介两个方面梳理了艺术与其语境的关系。前一方面，不仅对观念艺术家们的作品进行了阐释，而且还探讨了丹托等研究者们的艺术界、艺术社会学理论。后一方面，着重探析艺术机构作为中介机制、艺术场域的问题，以及试图厘清布尔迪厄和海因里希等欧洲艺术社会学者的研究理论。总之，本节意在表明艺术与其语境有着不可分割的关系。

一、艺术世界

在当代艺术愈发呈现多元化发展的语境中，艺术生态系统内部分工更为细化。从艺术社会学的理论视角看，艺术品之所以是艺术品，是缘于具体的社会互动语境中被塑造的对象，而非是纯粹美学价值那样，作为概念思辨的对象。概而言之，相当长的一段时间，视觉艺术品的判断根据的是模仿理论，以自然对象之模仿作为目的。而后，当莫奈（Oscar-Claude Monet）等印象派画家作品出现之后，模仿理论的论述就不再能解释这类作品。这时，表现理论认为作品的价值在于艺术家的感情、个性、观念的传达与表现，也意味着可以阐释几何抽象、行动绘画以及无意义之作品。杜尚的"小便池"和雪铲、安迪·沃霍尔

（Andy Warhol）的"布里洛盒子"（Brillo Box）等作品的出现，则是机制理论所需要解决的问题，因为这些作品挑战了公众的常识与以往精致的感受力。丹托和乔治·迪基（George Dickie）对此种机制理论做了最为重要的论述。前者在20世纪60年代"把某物看作艺术需要某种眼睛无法看到的东西——一种艺术理论的氛围，一种艺术史的知识：一个艺术界"（Danto，1964：580）。到20世纪80年代，丹托认为艺术界本身已丧失了历史方向，由于艺术的概念从内部耗尽了，即将出现的任何现象都不会有意义，艺术中介如美术馆、艺廊、收藏家、艺术期刊等，全都处在反对设想一种有意义的，甚至是辉煌的未来的立场上。在什么是当下就要出现的事物，谁是未来运动中重要实践者的问题上，存在着一种无法避免的商业利益。因此，艺术由于已变成哲学，自身实际上完结了（Danto，1986）。至20世纪末，他进一步认为整个当代艺术的发展从某种意义上而言正是艺术哲学化所导致的结果：历史论述筑起的框架遭遇危机，传统的艺术历史叙事已经走向终结，所终结的是叙事，而非叙事的主题。现代主义至上的纯粹性消失，而当代元素的特征具有混合性，不再有任何历史的界限。艺术活动不再以绘画为主，从绘画到雕塑，再至电影、有声电影，以及美术馆定位面临不断改变，当代艺术界呈现出多元发展之面貌，这不仅表现在主题多元、媒介丰富，而且还需与社会背景或大众文化联结，反思人类存在的意义。换句话说，成为一件艺术品的关键是关于某事与体现它的意义。尤其在艺术多元的今日，视觉或感官刺激已经不是判断艺术的唯一条件，势必更加依赖"思考"，方可决定何谓艺术何谓非艺术（Danto，1997）。丹托所指终结之意并非不再有艺术，而是无论何样貌艺术，被创作出来都不再受叙事的约束。迪基表述了组织形式和艺术机制，认为："一件在分类意义上的艺术品是：①一件人工制品；②一组状况，使得代表某种社会体制（艺术界）的某个人或某些人授予它具有欣赏对象的候选品资格。"（Dickie，1975：34）丹托和迪基之间的哲学差异在于，与其说前者认为艺术是一个本质主义概念的哲学思想，是一位本质主义者，后者不是，倒不如说前者从认知到艺术世界在建构某物为一件艺术品的决定中，需要一组理由来保证这种决定不仅仅是任意的意志的命令。除此之外，贝克尔提出：

> 当我们说到艺术，我们通常指称像这样的东西：一件具有美学价值的作品，然而，这是被定义的；一件作品，是由条例清楚、可辩护的美学所证成；一件作品，是在适当的场地里展出（挂在美术馆，在音乐厅里演奏）。然而，在许多例子里，作品只具有这些属性的一部分，而非全部。

（Becker，1982：138）

作品以美术馆展览为载体，对文化做出诠释，不但要阐释艺术创作的意义，而且必须延展至作品背后社会文化的现状，甚至所联结之不同文化脉络之间的交互。策展人所思考的展览定位，使得美术馆与社会文化的互文关系，发挥重要价值。历史性与远见性视角，决定了策展人从"展览制造者"到"文化传播者"的飞跃。

迪基指出所谓艺术圈（Art Circle），并非指某一个团体，而是一种艺术整体、一个背景（Dickie，1984）。准确来说，它指的是广泛的非正式的文化习俗。艺术圈中包括有艺术家、评论家、理论家、公众及一些辅助人员所起的作用，并以艺术家与公众的作用为核心。这一整体背景是由一系列单一的艺术系统组成，在其衬托下，艺术家进行创作。此外，他提出艺术品是由于其在一个习俗框架或境况中所占的位置而导致的产物。换言之，艺术家必须浸淫于一个与历史同步发展起来的框架中才能创作出作品，而这个决定艺术创作本质的框架，就是艺术作品的习俗或艺术圈。艺术的合理性并非来自它自身的逻辑，而是来自外在的历史传承。这一理论的基本出发点是，艺术哲学家应该注重艺术世界的发展和演变，承认传统的艺术客体领域；而艺术理论应奉行价值中性，主张分类，并承认传统客体的领域。此说其实并未排斥传统的表现论、再现论、象征论等，而是把它们包括在内，同时又扩大了艺术的范围。正如赫伯特·里德（Herbert Read）所言：

> 在前逻辑阶段，艺术显然无法与自然分离；一块天然形成的岩石可以作为一件艺术品，也可以作为一件雕刻品；动物形象就像动物本身一样栩栩如生；同样的图案能够代表全然不同的事物。现在，艺术一旦进入逻辑思维，艺术品便成为自然界和精神世界的媒介。它既可以成为表现一种心态和情态（emotional state）的符号，也可以是对某一自然物件的描绘或模仿。在上述两种情况下，它都是传送信息的工具和进行传播的手段。（Read，1937；陈方明、王怡红译，1989：48-49）

由此得知，关于艺术家研究的理论集中在两类方法上：个体的和社会的。个体的学说包括源于美学和心理学的研究，特别是心理学中的西格蒙德·弗洛伊德（Sigmund Freud）传统，他们发现，艺术家受无意识动机的驱使，类似于疯子将疾患引向社会允许的通道上。弗洛伊德在引言中的警告和美学家类似（Donoghue，1983；Zolberg，1990；原百玲译，2018：88）。社会学家和社会心理学家一致认为，社会因素具有重要作用，它促进或阻碍着艺术天赋的出现、认可和支持。他们试图从制度纽带的中观层面，或是和其他艺术家、社会长期趋势和宏观结构的关系链中理解艺术家角色（Zolberg，1990；原百玲译，2018：89）。总之，两种认知艺术的路径不同，对应的是不同的学科分野。

二、艺术中介

从广义来看，艺术中介（Art Intermediary）包括中介者和中介机制。从共性来讲，中介者就是居于创作者和艺术消费者之间的传播者，包括艺术经纪人（art broker）、艺术代理人（art dealer）和艺术信托人（art trustee）等。中介机制可分为三种：一是传播文化型，如展览馆、博物馆、美术馆、图书馆等；二是营利型，如画廊、电影院、拍卖行等；三是综合型，如艺博会、出版商、艺术传播类公司等。社会世界（Social World）是累积而成的历史，布尔迪厄在20世纪提出"场域"（field）的概念（Bourdieu，1984），一方面，系从韦伯的宗教理论中发展而来，试图理解神父、巫师和预言家三者之间的关系。他所用的"场域"概念并非指四周围以栅栏的地理范围，也非"领域"（Domain）的疆界，而是一种"力场"（A Field of Forces），类似于欧文·高夫曼（Erving Goffman）的"框架"（Frame）结构（Goffman，1974）。另一方面，从文化生产关系的范畴连接了艺术生产与文化消费的两极。此外，他在卡尔·马克思（Karl H. Marx）对资本概念的书写之后，把资本分类为经济资本、社会资本、文化资本与象征资本（Bourdieu，1986）。资本依赖于它在其中起作用的场域，经济资本描述的是财务方面的资源，这种资本可以当下直接转换成金钱，这一转换过程是以私人产权的形式制度化的。文化资本能够转换成经济资本，这一转换过程是以教育资历的形式制度化的。社会资本谈的是你认识哪些人，由社会职责所构成，在一定条件下可以转换成经济资本，而这一转换过程是以某种高贵身份的形式制度化的。一旦用毫不含糊的货币利润标准来衡量，就以否定方式获得了象征性，从象征性一词往往具有的意义上讲，这些活动没有了具体的和物质的作用，它们是无偿的、非功利性的。象征资本就是这一被否认的资本，也就是说物质资本转换成其本身能够再转换成物质资本的象征资本。象征资本是只有集团的信念才能赋予那些给集团提供最多物资和保证人的一种信用，最广泛意义上的信用（蒋梓骅译，2003：177–192）。惯习（habitus）是布尔迪厄的关注焦点之转移过程中，一个十分重要的观念。惯习是"持续的、可改变的倾向（Dispositions）系统，是结构化了的结构（Structured Structures），往往作为结构化其他事物的结构（Structuring Structures），也就是生成和结构实践的原则"（Bourdieu，1977：72）。在《实践理论大纲》（*Outline of a Theory of Practice*）一书中，布尔迪厄抨击了结构主义理论社会的方式（他的首要目标是 Claude Lévi-Strauss）（Bourdieu, 1977；高振华、李思宇译, 2017）。在努力发展能够于结构与能动性之间取得平衡，而又不致将分析化约成两者其中之一的过程中，他认为这需要"反身性社会学"（Reflexive Sociology）（Smith, 2001；林宗德译, 2008：190）。20 世纪 90 年代，法国社会学界出现了一种新的思潮，被称为"实用主义社会学"（Pragmatic Sociology）。它既指美国哲学中的"实用主义"（Pragmatism），也指"务实"（Pragmatic）的语言学（Heinich, 2009a；Heinich, 2012）。这种实证主义与马克思主义社会学家之间是不同的，后者更有可能把文化、艺术、科学、价值和观念概括地看成社会生产关系的结果，以社会的阶级构成媒介。相比之下，非马克思主义者认为这些文化产物都具有一定的自主性（Zolberg, 1990；原百玲译, 2018）。

海因里希（Heinich, 1998a）在关于当代艺术的书写中，阐述了自 20 世纪 50 年代以来艺术先锋派一直从不同角度重申跨界的工作，并透过跨界来看到艺术本身，甚至是常识、博物馆的规范、真实性的精神范围、道德和法律的道德界限。这样就形成了一种新的艺术"流派"，其位置与古典时代的"历史绘画"相近。在对传统上定义艺术品的规范原则之解构，不同的公众当然会做出不同的消极反应，重申（有时甚至是暴力地）违反价值观。但是，专业的调解者（艺术评论家、艺廊主、藏家、机构管理者）透过扩大艺术界限，来整合这些越界行为，从而激起新的创新，以及日益激进的艺术创造力，迫使这些机构变得更加宽容，并在业内人士和外行之间引入了更为明显的突破。这是由三者组成的游戏，这个"三重游戏"赋予了当前先锋派的怪异化身的合法性。因此，要理解它，笔者认为不仅必须对艺术家的建议（绘画和雕塑、装置和组合、表演和事件、现场干预和录像）感兴趣，而且还应对他们引起的反应（手势、文字、写作）感兴趣，以及将其整合到艺术品类别中的工具（博物馆和美术馆的墙壁、资本和机构名称、期刊页面、专家的文字和著作）。因此，必须将这三种过于分隔的方法联系在一起，它们分别是作品的社会学、接受的社会学和调解的社会学。海因里希借鉴了社会学研究的最新趋势，是基于对当代艺术作品的美学分析，以及对公众的调查、实地观察和统计资料的文本分析。在围绕当代艺术的场域氛围中，支持者和反对者无疑会怀疑这种思想的来源。将透过安慰其捍卫者来制约对手，因为它表明最令人困惑的艺术实践所遵循的逻辑，而不是"任何东西"且激怒其防御者，从而安慰其对手，因为各自的逻辑未必与专家或业余人员的逻辑相同。但这不再是当代艺术的激烈争吵中所抱持的立场问题：强调创作背后的根源，不仅可以理解当代艺术的呈现，还可以理解它所发挥的价值，这与每个人都息息相关。

另外，海因里希指出，"文化与艺术社会学的角色不再是分析作品的'独特性'，而是将作品与外部意识形态或物质环境联系起来，分析其'社会性'"（Heinich，1998b；何蒨译，2016：9）。在当代艺术语境中，她尤其强调中介（Intermediary）在生成艺术链（Chain）时的重要性（Heinich，2012）。20世纪初期，策展人的中介作用还不是当下所指的策划者，而是藏品的管理者，从事藏品的研究之人员，主要是幕后的角色。此外，海因里希在关于蓬皮杜艺术中心的观众研究中，透过数据采样，发现了来访观众的多样性。她针对该中心的这项研究，是根据该馆在10年的运作中所取得的用户和使用情况，来衡量它的成功程度。该中心每年接待730万人次游客，是预期的2倍。然而，这些统计数据表明，"受欢迎程度"并不等同于"受欢迎阶层"成员的到访，而受益的则是受过教育的中产阶级。研究结果显示，当低估文化生产和消费中的权力和阶级关系时，最民主的意图可能产生相反的效果，"漂移"的能力并不容易获得（Heinich，1988）。

布鲁诺·佩基尼奥（Bruno Péquignot）和海因里希同为当今法国艺术社会学界的代表学者。他们把注意力集中在当今现实社会的艺文生态，用访谈、田野调查、统计学等研究手法，处理当代艺术引发的问题，而非如前两个时期的艺术社会学家那般，仅仅停留在艺术史及以往艺术材料的处理上。也源于此，使得艺术社会学蜕变为一门具有科学精神的独立学科。

在美国的艺术社会学家有贝克尔、杰弗里·哈里（Jeffrey Halley）、佐尔伯格。贝克尔关注的是行为者之间相互依赖和互动的关系，并由此考察物质或非物质竞争及运作机制，可谓之交互社会学，此理论间接地保护了复杂艺术界的不平等现象（Heinich，1998b；何蒨，2016：148）。与之相反的是，布尔迪厄的"场域""惯习"等概念都建立在行为者之间的支配与被支配关系上，这种研究支配关系（domination）的社会学致力于揭示场域中内在的、潜在的结构矛盾及立场冲突，以及这些元素与其他类型场域的交互关系，此分析方法在某种程度上成为不平等话语权的来源（Heinich，1998b；何蒨，2016：148）。

海因里希以世代分野的观念，阐述现代法国艺术社会学的发展，从19世纪早期将艺术与社会分离开来的认识论，逐步演进成将艺术视为社会系统的一部分、关注艺术的社会史脉络，至20世纪后期"艺术社会"概念的完整发展，艺术界被视为整体的社会进行实证研究。她把艺术社会学发展过程中的认识论分为三个世代，按历史阶段分期：第一世代的艺术社会学者如何以社会学的思考模式对艺术和美学课题进行探讨，代表者分别为来自匈牙利的豪泽尔、英国的弗朗西斯·克林根德（Francis Klingender）与弗雷德里克·安塔尔（Frederick Antal），以及法兰克福学派；第二世代的学者将艺术置于社会脉络中，在社会制度与物质文化条件下来考察艺术，代表者如英国的迈克尔·巴克森德尔（Michael Baxandall）、美国的斯维特拉娜·阿尔珀斯（Svetlana Alpers）、意大利的恩里科·卡斯泰尔诺沃（Enrico Castelnuovo）和卡诺·金兹伯格（Carlo Ginzburg）、法国的伯纳德·泰塞德（Bernard Teyssèdre）和乔治·杜比（Georges Duby）等；第三世代的学者探索艺术场域运行时的各种社会机制，将艺术界整体视为一个特定的社会范畴，且以实证主义研究为主导（Heinich，2001；洪仪真，2012；何蒨，2016）。

　　佩基尼奥的研究与海因里希的三代论不同，其在海因里希的研究基础之上，把 1985 年雷蒙德·穆兰（Raymonde Moulin）在马赛（Marseille）组织的首届艺术社会学国际交流日视为分界点，在此之前为第一阶段，之后为第二阶段。总之，无论以何种方式划分，当今的艺术社会学所用之研究方法，多受到罗曼·雅各布森（Roman Jakobson）提出的信息生产、传播、消费三个步骤影响，对应到艺术界即为生产者（艺术家）、传播中介（艺术机构与市场）、接受者（公众）。

　　马赛会议之后，2005 年在法国格勒诺布尔（Grenoble）举行的国际艺术社会学研讨会，重新检视了艺术社会学发展的脉络与愿景，成为法国艺术社会学发展史上的第二个关键转折时刻（洪仪真，2012：181）。英国艺术史学家艾伦·鲍内斯（Alan Bowness，1989）提出四个"认可圈"，第一个圈子是同龄人，第二个圈子是商人和收藏家，第三个圈子是专家（评论家、美术馆馆长、策展人等），第四个圈子是一般公众（Heinich，2009b）。正如布尔迪厄所说，"艺术品就像是社会中介，让这些实验、这些新的'生命可能性'在其中变得可能实现：似乎更为迫切的事是跟当下的邻居发展可能的关系，而不是歌颂明天"（黄建宏译，2013：53）。值得一提的是，当代美术馆作为中介，"对于观众而言，什么时候是有用和有趣的"（Livingstone，2013：27），是为美术馆的娱乐化。由于当代艺术所具备的违抗（transgression）以及前卫（Avant-Garde）的特质（Heinich，2004），"考察一件艺术品时，他们会先摆事实，解释它如何被定义为艺术的，或者像贝克尔一样，认为艺术品的边界永远都在重新界定"（Zolberg，1990；原百玲译，2018：64）。如此，也正如布尔迪厄所隐喻的，"艺术接受本身是一个多元现象，每次再解读不断构成对作品的再创造"（Zolberg，1990；原百玲译，2018：65）。值得注意的是，佐尔伯格在谈及他自身的研究路径时，说并非像美学家那般，从内在论视角聚焦于艺术形式的结构；也并不是如外在论那样，把艺术还原为意识形态的象征，而是在社会语境中审视艺术，同时关注各种审美结构（或艺术形式），以及艺术在社会结构中从生产、传播到接受的不同形态。在特定条件下，这些被看作彼此独立的力量为艺术的演变设定限制或是提供可能性（Zolberg，1990；原百玲译，2018：137）。除此之外，维多利亚·D. 亚历山大（Victoria D. Alexander）从元理论（metathoery）视角提出用社会学的方式研究艺术。

综上所述（见表 2-1），无论是艺术世界的观点还是艺术中介的论述，都体现的是艺术社会学这一新兴学科的发展。艺术拥趸自律性而剥离与社会的讨论，越发难以立足。

表 2-1　艺术社会学家观点一览表

区域	作者	观点（本书归纳）	立场、角度
匈牙利	豪泽尔（Hauser）	艺术创作和艺术消费之间的中介机制是艺术传播的必经之路，它们可以说是艺术社会学的流动网	艺术中介
美国	丹托（Danto，1964）	把某物看作艺术需要某种眼睛无法看到的东西——一种艺术理论的氛围，一种艺术史的知识：一个艺术界	美学家
	贝克尔（Becker，1982）	艺术界；强化了艺术寻常物的一面，而淡化或忽视了其独特性的一面	美学中立，还原主义、反精英主义，艺术生产，交互社会学
	迪基	艺术惯例论；艺术圈（Art Circle），并非指某一个团体，而是一种艺术整体、一个背景。准确来说，它指的是广泛的非正式的文化习俗	美学家
	佐尔伯格（Zolberg，1990）	社会学家需向人文学者多多指教，正如人文学者曾向社会学家学习一样。最好是两个领域彼此借鉴观点和方法，并且能持之以恒	
法国	布尔迪厄（Bourdieu，1984）	场域；惯习；文化资本；艺术与社会学，多么奇怪的一对	还原主义、批判社会学

续表

区域	作者	观点（本书归纳）	立场、角度
法国	海因里希 （Heinich，1998b）	主张艺术社会学需走出规范认知的范畴，采纳描述性的立场，成为理解各种价值体系共存现实的工具	反还原主义、多元主义、相对主义、介入式的中立（价值中立）
英国	亚历山大 （Alexander，2003）	用社会学的方式研究艺术	元理论（metathoery）

资料来源：根据笔者整理。

第二节　机制批判理论的生成

在艺术和当代批判实践领域，涉及的哲学家和理论家，诸如米歇尔·福柯（Michel Foucault）、朱迪斯·巴特勒（Judith Butler）、吉尔·德勒兹（Gilles Deleuze）、安东尼奥·奈格里（Antonio Negri）、保罗·维尔诺（Paolo Virno）等。福柯描述了16世纪西欧治理思想的传播和复制，他声称，随着对生活的所有可能领域和自我的彻底政府化，批判也发展成为一种不被那样管理的艺术。其后，福柯为批判下了一个定义："批判是主体对权力的质疑，是主体的反抗和反思，是对主体的屈从状态的解除。从根本上来说，批判是不被统治的艺术"（汪民安，2016：170）。简单来说，机制批判这个概念来源于福柯探讨机制功能的部分作品。他指出类似监狱与精神病院的机构含有一定样态的知识和隐形权力的存在。机制批判的关键性在于，机制是一种结构，统治阶层透过它来规训观众，达到权力的作用。艺术家和批评家们希冀透过作品来打击博物馆传统观看的法则与实践，以此挑战由博物馆机制所塑造的标准品位。

1969年，机制批判浪潮在美国艺术界兴起。这一浪潮是由艺术工作者联盟（A. W. C.）的成立，及其所推动的一系列事件构成。该联盟在当年所召开的"公开征求意见会"（Open Hearing）囊括了机制批判的所有因素，会议档案表明，与批评家相比之下，艺术家透过具体的行动与实践走在了前面，起到先锋作用。

一、从艺术实践与策展方面

史密斯（Smith，2012）围绕"什么是当代策展思想"这个话题，凭借自身在行业内累积的丰厚知识与漫长的职业生涯，对一个极大范围内的展览、机构以及实践进行了考察，从而保证了这种叙述的全球性，有效地描述了日益职业化、系统化、学院化、理论化以及历史的策展角色。

近些年来，"机制批判"在艺术与美术馆研究领域占有一席之地。从事机制批判创作的艺术家们与 20 世纪初期的先锋派艺术家们不同，不再是反叛早先的艺术运动、流派，而是对美术馆机制与自我进行批判，巧妙的是，美术馆机制的问题，反倒成为艺术新类型创作的原动力。

机制批判艺术实践发展在西方经历了两波浪潮（见表 2-2）。第一波是从 20 世纪 60 年代至 70 年代，形成第一波机制批判浪潮，代表艺术家如布伦、阿什、哈克等。他们调查了博物馆和艺术领域的状况，旨在反对、颠覆或打破僵化的制度框架。布伦在纽约约翰·韦伯画廊（John Weber Gallery）的装置作品《框架内外》（*Within and Beyond the Frame*，1973），将条纹横幅挂在一条横贯艺廊和窗外的横线上，横穿西百老汇街（West Broadway），反思了艺廊和美术馆的制度框架。机制批判的作品即重新安排框架，在一个特定的空间内将其重新表达。阿什透过重新放置、移动艺术品或移除墙壁等创作手法，来挑战一成不变的白盒子展示空间、画廊的神圣性。例如，机制批判的典型作品《芝加哥计划，1979》，将法国新古典主义雕塑家让-安托万·乌东（Jean-Antoine houdon）的大理石作品乔治·华盛顿（George Washington）翻铸为铜像，从台阶处挪到了展示 18 世纪法国作品的画廊展厅中心位置。随着位置物理场景的变换，美学语境也进而替代了固有的政治属性。又如 1974 年，在洛杉矶克莱尔·科普利画廊（Claire Copley Gallery）进行的另一项创作，他拆除了保护办公室空间不可见的一面重要墙，将画廊的幕后业务运作定为值得一看的东西。1977 年，他进一步探索了画廊作为机构的运作方式，他在科普利和摩根·托马斯（Morgan Thomas）画廊举办了一次展览，展览承担了换位器的功能，将两个画廊所有者都放置在另一个空间中，展示了他们自己独特的策展选择。这种被归结为"情境美学"（Situation Aesthetics）的做法，打破了场域本身所带有的神圣与权力展览机制。

此外，20 世纪 60 年代末、70 年代初，一批认为艺廊、美术馆等艺术机构权力过于封闭的艺术家，走出户外进行艺术创作。譬如美国艺术家罗伯特·史密森（Robert Smithson）的《螺旋形的防波堤》（*Spiral Jetty*，1970）、迈克尔·

海泽（Michael Heizer）的《双重否定》（*Double Negative*，1969）、沃尔特·德·玛丽亚（Walter de Maria）的《闪电荒野》（*The Lightning Field*，1977）等。他们通过创作来逃离既有的美术馆机制的束缚，到野外并以大地、河川、湖泊等作为背景进行创作，在野外呈现作品，这种方式被称为"大地艺术"（Land Art/Earth Art）。再者，这类艺术家把地图、草稿、照片，以及从作品地点搬运来的岩石与土壤等，在艺廊、美术馆做展览，他们也就是后来被艺术史家所命名的"大地艺术家"，与此同时，他们的"出走"被艺术界视为"机制批判"的开始。一方面，因为美国在 20 世纪 60 年代陷入越战之中的压抑社会氛围，嬉皮风潮流行，人们强烈向往原始自然，可以说是艺术家对现实的一种回应。另一方面，现象学与场域理论对大地艺术家产生影响。然而，这类创作对自然环境造成了破坏，与环保议题有着相悖的矛盾性。总之，这种大体量且必须与特定空间相结合的特征，直接挑战和批判了美术馆的收藏与权威化功能，以及艺廊的消费艺术品的功能。值得一提的是前述的艺术家几乎都源于极简艺术，这种批判精神由此后的观念艺术继承。

20 世纪 80 至 90 年代，在不同的背景下，新一代艺术家在艺术机制内发展成多样化的艺术计划，形成第二波机制批判浪潮，代表艺术家有格林、威尔逊、弗雷泽、克里斯蒂安·菲利普·缪勒（Christian Philipp Müller）等。在他们前辈的经济和政治讨论的基础下，这"第二波"实践对主体性的形式及其形成模式的认识日益增长。譬如美国艺术家威尔逊的装置作品《开采博物馆》（*Mining the Museum*，1992—1993），创作于马里兰历史学会（Maryland Historical Society）驻馆期间。艺术家使在博物馆仓库内的藏品重新面世，透过并置手法与更传统的作品陈列在一起展出，然后自己扮演导览员亲自导览。另一件作品《警卫观点》（*Guarded View*，1991），以美术馆中黑人或拉丁裔的安保人员身体为原型翻铸成和真人 1∶1 比例的雕塑，为了强调身份识别的公共性，只保留身体而无头的有色人种雕像反衬出白人出资建设的美术馆种族议题，前者作为弱势群体而生存于美术馆内。另一位重要的艺术家弗雷泽对博物馆进行了反思，她称"机制批判"是一种实践，超越了具体的作品，它涉及的不是关于艺术的艺术，而是发生在现场的一种反思性批判关系（Fraser，2006；王春辰，2012：26）。不过，无论是 20 世纪 70 年代机制批判的"好战策略"，还是 20 世纪 90 年代为制度服务的艺术计划，都不能保证对当前的文化治理产生有效的干预。此时需要的是一种双重策略：一是在批判过程中进行介入与参与的尝试，二是自我反省。弗雷泽在费城艺术博物馆实现的表演作品《博物馆亮点：美术馆谈话》（*Museum Highlights*：*A Gallery Talk*，1989）中，她颠覆了艺术博物馆之旅，虚构艺术界一名导览员简·卡斯尔顿（Jane Castleton）的角色，也是典型的白人中产阶级观众的身份特征。她着灰色西装模仿"嘉宾""志愿者"等身份夸夸其谈专业艺术术语，导致制度意义链的断裂，直接针对博物馆机构，反思艺术从业者与博物馆之间的关系。换言之，艺术家用行为介入艺术博物馆的日常景观来挑战其神圣性。然而，这些艺术家的作品看似挑战了艺术机构本来的身份，实质上却激活了机构的存在。

　　之后，这些艺术实践均被艺术史家布赫洛与艺评家克雷格·欧文斯（Craig Owens）等学者称为"机制批判"。

表2-2　机制批判实践：艺术家作品一览表

时间（浪潮）	立场	艺术家	作品
20世纪60至70年代（第一波）	调查了博物馆和艺术领域的状况，旨在反对、颠覆或打破僵化的制度框架	布伦	《框架内外》（*Within and Beyond the Frame*，1973）
		阿什	《芝加哥计划》（1979）
		哈克	《截至1971年5月1日为止夏普斯基家族曼哈顿房地产财产：实时社会系统》（*Shapolsky et al. Manhattan Real Estate Holdings*，*a Real-Time Social System*，*as of May 1*，*1971*）
20世纪80至90年代（第二波）	在其前辈的经济和政治讨论中，机制批判艺术实践使人们对博物馆主体性的形式及其形成方式有了越来越多的认识	格林	《适用于想象和现有系统的标准化八角形单元》（*Standardized Octagonal Units for Imagined and Existing Systems*，2002）
		威尔逊	《看得见风景的房间》（*Rooms with a View*，1987）（1987）《开采博物馆》（*Mining the Museum*，1992—1993）《警卫观点》（*Guarded View*，1991）
		缪勒	（第十届卡塞尔文献展，1997）在博伊斯的社会雕塑计划"7000棵橡树"（7000 Eichen）中一棵橡树和玛利亚的作品《垂直地球一公里》（*The Vertical Earth Kilometer*）之间架起了一条钢索，艺术家手持一根6米长的平衡杆从一边走向另一边
		弗雷泽	《博物馆亮点：美术馆谈话》（*Museum Highlights：A Gallery Talk*，1989）

资料来源：根据笔者整理。

二、从当代艺术理论方面

"机制批判"作为一个术语，指的是 20 世纪 60 年代末出现并一直延续到现在的对于艺术机构的各种艺术批判实践和话语。与艺术机制有关的话语理论可分为三个类型：第一，如前文所述的丹托的艺术界理论和迪基的艺术机制论，实践如沃霍尔的波普艺术。第二，是比格尔（Bürger，1984）提出的先锋派理论，因应的是历史前卫艺术（1915—1925）与机制批判的联系，实践如 20 世纪初的超现实主义、达达主义等。第三，是布赫洛进行的一系列机制批判，实践代表是新前卫艺术（1945—1975），即欧美战后重建阶段。

比格尔提出艺术机制论（Institutional Theory of Art）（Bürger，1984；高建平译，2002），作为第三代法兰克福学派中的重要理论家之一，他将社会学的研究方法引入到艺文研究领域，艺术机制是整个社会体系的一个子系统，既独立，又与其他社会体系相联系，对历史先锋派、新先锋派和艺术机制进行了概念的界定，以此提出两个核心观点：历史先锋派对自主性艺术机制的否定，把艺术与生活实践整合起来的企图以失败告终；艺术机制，尤其注重文学机制的历史性和自我批判的概念。在比格尔的艺术研究中，可见西奥多·阿多诺（Theodor W. Adorno）、马尔库塞、瓦尔特·本雅明（Walter Benjamin）、于尔根·哈伯马斯（Jürgen Habermas）等学者研究现代性和艺术理论的痕迹。

布赫洛（Buchloh，1982）在对当代艺术中的挪用与蒙太奇论述中，揭示了物质材料背后艺术实践的本质，使用了机制化的语言、机制框架、机制化的展览主题等概念，表达了一种机制内部的自我批判，以及质疑自我机制的力量。他对阿什、布伦、格雷厄姆、哈克、韦纳等艺术家作品的持续批评，扮演了重要的角色，坚持艺术的"公共性"是时代重要组成部分。同时，认为这批机制批判艺术家作品相对于战后其他的艺术行为，表现出新的艺术立场偏离历史前卫的距离更远。也因此，在布赫洛看来，一种完全不同的基础正在这一时刻形成，可以由此批判性的介入决定着当代艺术生产和接受的话语和机制，并且不同于比格尔所援引的批判模式，开始生产一系列关于读者接受、分配形式和机制性批判的观念（何卫华等译，2014）。布赫洛（Buchloh，1990）的文章《1962—1969 年的观念艺术：从管理美学到机制批判》，可视为理论界对机制批判评述的里程碑。在布赫洛看来，管理美学是以约瑟夫·科苏斯（Joseph Kosuth）为代表的视觉同义反复（visual tautologies）式创作方式，而机制批判指的是 3 位欧洲艺术家布达埃尔、布伦、哈克的创作。这种认知显然低估了科苏斯作品的复杂性，彰显的是布赫洛的马克思主义背景与受路德维希·维特根斯坦（Ludwig

Wittgenstein）影响的观念艺术之间的差异。

弗雷泽是一位在纽约生活和工作的女性艺术家，她主要进行影像、装置、行为艺术等创作，同时也为《艺术论坛》《十月》《艺术文本》《文献》等刊物撰文。弗雷泽（Fraser, 2005）指出那些被统称为机制批判的艺术实践在今天看来已经被机制化。自 1969 年以来，一种非常宽泛的艺术机制概念开始出现。这个概念不仅包含博物馆和所有艺术生产、流通和接受的机构，还将整个艺术场域作为一个社会空间包含在内。在从事机制批判的艺术家作品中，首先，这个概念被发展到包含所有艺术展示机构——从博物馆、艺廊到企业办公室，以及藏家的私宅，甚至是展示艺术品的公共场所。其次，这个概念也包括工作室和办公室等艺术生产的场所，以及艺术话语生产的场所，如艺术杂志、图录、媒体艺术专栏、学术研讨会和讲座。再次，机制批判还包括培养艺术家和史论家的场所，如艺术工作坊、艺术史培训和策展培训项目。最后，囊括了观众、买家、商人和艺术家。

哈尔·福斯特（Hal Foster）重点指出如何将当下的艺术与批判实践和过往的历史实践重新建立联结。他透过精神分析和解构主义方法，表达了与布赫洛对历史前卫和新前卫之间复杂关系理解的不同，试图为新前卫艺术构建一种在艺术史中的"合法地位"（杨娟娟译，2015）。此外，美国批评家罗莎琳·克劳斯（Rosalind Krauss, 1999）把布达埃尔的作品认定为"后媒介时代"谱系的开端（见表 2-3）。

自 2000 年以来，各类艺术家和理论学者重新审视了机制批判的历史和遗产。艺术史学家亚历山大·阿尔贝罗（Alexander Alberro）和布莱克·斯廷森（Blake Stimson）编辑了关于艺术家的评论，以及机制批判的访谈、宣言和文字最全面的纲要。他们指出机制批判是一种批判性的反思，一方面反思艺术在画廊、美术馆中的位置，另一方面反思对艺术及其社会功能的认知（Alberro & Stimson, 2009）。另外，在理论层面，宣称资本主义的"新精神"是对艺术批评类型的恢复和中和，用两位作者的话来说，"自治被换成了安全，为鼓吹流动性和适应性优点的新资本主义精神开辟了道路，毫无疑问的是，以前的精神更关心安全而不是自由"（Boltanski & Chiapello, 2005：199）。值得一提的是，约翰·韦尔奇曼（John C. Welchman）编辑了一本在洛杉矶艺术博物馆举行的座谈会的会议记录——《机制批判与之后》（*Institutional Critique and After*, Welchman, 2006），对机制批判进行了各种历史性解释，着眼于机制批判的中心目标，对博物馆和美术馆的结构和逻辑的曝光和讽刺，以及与之接触和回应的近期发展，如重新定位来解决全球化等问题。

总之，20 世纪的"机制批判"可分为两个阶段：第一波 20 世纪 60 年代和 70 年代的艺术家实践了逃离到美术馆"外部"的可能性；第二波 90 年代的艺术家们专注于艺术家主体性体现和再现艺术机构结构的方式。艺术机制是一道无法逾越的屏障。机制批判艺术家们的风格尽管不同，但都具有一种内部的自我批判，质疑艺术机制的冲动。

表 2-3　机制批判理论：学者见解一览表

机制批判理论浪潮	学者	观点	备注
第一波	比格尔	历史先锋派对自主性艺术机制的否定，把艺术与生活实践整合起来的企图以失败告终	艺术机制，尤其是文学机制的历史性和自我批判的概念
	布赫洛（Buchloh，1982）	机制化的语言、机制框架、机制化的展览主题等概念	
	福斯特	用延迟效应为新前卫辩护	
	克劳斯（Krause，1999）	后现代主义的媒介属于递归解构（Recursive Structure），它否定本质主义的独特性，在自我差异化（Self-Differing）的过程中形成开放、多义的集合体	
第二波	弗雷泽（Fraser，2005）	批判的机制化	机制批判被困在艺术机构中
	阿尔贝罗、斯廷森（Alberro、Stimson，2009）	一种批判性的反思，一方面反思艺术在画廊、美术馆中的位置，另一方面反思对艺术及其社会功能的认知	

资料来源：根据笔者整理。

三、与社会背景的关系

1968 年欧洲的五月风暴，1969 年蔓延至美国，发生学生罢课、占领校园、性解放、反越战游行、摇滚乐聚会等事件。这一场场运动呈现出巨大的机制批判观，以致扩张到对整个政治体制的批判。如此社会大批判氛围体现在艺术领域，即表现为艺术家对以美术馆为核心的艺术机制权威的批判。1969年的纽约艺术界，明显带有马克思主义潮流，艺术家这一称谓也改为艺术工作者。激进派认为艺术家才应是美术馆管理者，而非被一群商人（资本家）管控。温和派则认为艺术家应参与美术馆的管理与展览策划。这一系列的美国的艺术机制批判活动盛行导致了20世纪70年代艺术界中的女权主义、种族主义及美术馆批判的实践。

露西·利帕德（Lucy Lippard）对1969年艺术工作者联盟所组织的"公开征求意见会议"进行了记录，她（Lippard, 1970）将文本提交给了纽约所有的美术馆，部分简述如下：

①改革美术馆理事会，美术馆员工、艺术家和赞助人组成理事会。

②美术馆入场应免费，晚上也应开放，以适应上班族的工作时间。

③所有美术馆要平等对待各类人群和社区。

④美术馆应该有一个黑人和波多黎各人管理的部门，致力于展示这类少数人中优秀艺术家的作品。

⑤美术馆应该维护女性艺术家的权益。

⑥各个城市的美术馆都应该实时更新当地艺术家的数据。

⑦美术馆员工应该在危机时刻维护艺术家的权益。

⑧展览专案应该更关注作品背后的艺术家，而非商业艺廊。

⑨作品售出后，艺术家对自己的作品保留后续的权利。

总之，机制批判从艺术家的实践到理论的生成，再至批判的机制化，引发了艺术机制的再扩张。这也造就了机制批判所面临的困境，具体而言，当代一切艺术实践、行动伦理、审美法则，甚至社会法律的边界都可以被僭越之时，艺术机构开始认同、支持和保护其行为，机制批判遭遇了自身的悖论。

第三节 博物馆学界的争论

如今，伴随着科技的高速发展，新媒体在博物馆展览中的应用也愈发多元。从新媒体艺术到跨媒体艺术，这一称谓的转变也隐含着中国社会求新求变的现实语境。简·基德（Jenny Kidd）在讨论跨媒体定义时，认为"跨媒体叙事为观众提供了不同的入口，并提供了各种各样的、可用于对比的视角，最关键的是，它开启了娱乐的机会"（Kidd, 2014；胡芳译，2017：3）。其又提出了跨媒体博物馆的4个核心特征：遍布性和协作性、碎片化、不完整性、沉浸性和娱乐性

（Kidd，2014；胡芳译，2017：9）。而跨媒体艺术（Transmedia Art），是选择综合性的艺术表现形式，借由各个领域间不同的媒体形式互相配合，共同呈现出艺术家心中整体的艺术表现，是当代艺术主要的特征之一。"跨媒体艺术"的概念为将艺术作品从媒体中解放出来提供了可能性：从那时起，艺术作品被视为非物质过程，可以采取多种方式在世界范围内实现和调解自身。类似的，"跨媒体艺术"指向艺术品的新含义，它被认为是一种跨越并汇集了不同媒体的东西，以实现与用户，观众和艺术机构的各种互动场景和体验。[1] 本节首先探讨了新博物馆学在欧美地区的发展与研究路径，其次梳理了批判博物馆学对博物馆所起到的作用，最后从博物馆学界的争论看对美术馆发展所造成的影响。

一、新博物馆学

在欧美，彼得·弗格（Peter Vergo，1989）指出，新博物馆学是一种对"旧"（Old）博物馆学、博物馆内部与外部专业普遍而广泛的不满的陈述，……旧博物馆学的疏失在于太过于重视博物馆的方法（Methods），而忽略了它的目的（Purposes）。博物馆学在过去很少被提及或受到重视……除非彻底地对博物馆在社会中所扮演的角色予以重新检验——这并非意味着仅仅以更多的增加收入或更多的观众作为标准来衡量博物馆的成败……否则博物馆将会发现自己到处被人看成"活化石"罢了。此后，美国的博物馆学家朱莉娅·哈里森（Julia D. Harrison，1993）指出，新博物馆学的观念是相对于"传统"博物馆学的观念而言的，并尝试对过去的概念做一番全面的检讨与批判。综合以上两位学者的阐述，新博物馆学相较于传统博物馆学，有个重要的转向是开始关注"人"，关怀人与社区的互动、博物馆的在地性社会服务，而非传统以藏品为主。再者，更注重观众的需求，以提高观众素养为目的，有着大众主义倾向，专家只是参与，并非以往一般掌握着主导权。

与古代博物馆形成鲜明对比的是，现代艺术博物馆已经有了自己的作品。纯粹的展示美学，一个高度自觉的视觉空间，宣告了艺术的制度化。由此产生的理想化的"中立"的中立，因此需要通过艺术重建传统博物馆的异质精神来抵消（Putnam，2001：8）。

荷兰博物馆学家彼得·冯·门施（Peter van Mensch，2011）指出，博物馆这门行业产生至今，共有三次革命：第一次革命发生在 1900 年左右，在这期间，博物馆正式提出了其基本从业准则，界定了业务范围；第二次革命发生在 1970 年左

---

① 　Transmedia Art ［R/OL］. Discovering Art，2019-12-04.

右，博物馆出现了一种新样式，即常说的新博物馆学；第三次革命发生在 2000 年左右，也就是说博物馆界正在经历这次革命，正在见证又一新样式的出现，学界虽然还没有对它正式命名，但关键词就是"参与"。很显然，妮娜·西蒙（Nina Simon）认可这一说法，她的《参与式博物馆》（*The Participatory Museum*）就论及了参与的理论建构，以及列举了参与的四种实践形式和如何评量和管理参与式计划案（喻翔译，2018）。

从流行的大众参与文化来看，"参观博物馆也是一种社会性体验，因为在公共空间里，与同伴交谈或者偶尔听到其他观众的议论，都是自然的事情。因而，博物馆如同大众艺术一样，使得一种广泛的对话变为可能"（丁宁译，2014：265）。对于美术馆的华人研究者，屡次针对国际博物馆界理论："现代博物馆""新博物馆学""无墙博物馆""后博物馆""生态博物馆"等多个不同的概念加以阐述与比较。在该书中，数次提到生态博物馆，于笔者来讲，不得不谈生态博物馆的发源地——法国，其历经了三代的生态博物馆发展，第一代生态博物馆（20 世纪 60 年代）的实验，是在法国乡间进行的，当时还没有"生态博物馆"这个名词，其特色是"希望将地区的人文特质与自然环境视为一体考量；希望地方居民能义务性地参与博物馆的规划和运营；将过去、现在和未来视为有机的连续体，主张了解过去有助于更精确地掌握现在，更扎实地面对未来。"（张誉腾，2004：44）第二代（20 世纪 70 年代）克蕊苏-蒙特梭人与工业博物馆（*The Museum of Man and Industry*，Le Creusot-Montceau-les-Mines）则是第一个以"生态博物馆"自称的场馆，"行动范畴（the range of action）、行动者（the actor）、行动（activities）、收藏（the collection）、管理（the management）"五方面不同之体现（Varine-Bohan，1973：242-249）。第三代（20 世纪 80 年代），既为当地居民存在，也为游客服务，主要贡献在于"将物件置于地区原始脉络中，为地区文化的特色和居民的生活方式，提供了具体的见证"。观众由下而上的主动参与，是其特色，而不是将以往博物馆站在高位阶立场，自上而下的教育大众，视为价值与目标。

二、批判博物馆学

追本溯源来看，"批判"一词"源自古希腊词语 krino 及其名词 krisis，其原意是'区分''选择性地评判''分隔'并'加以筛选'。因此，作为动词的'批判'表示各种进行选择、决定和采取立场的行动。而作为名词的'批判'，特指评判和判决过程中一切行动的审慎性和思考性，同时也强调判决过程的结果以及正义决策过程的合理性"（高宣扬，2005：161）。20 世纪 80 年代后期，批判性的、反身性的博物馆学作为理论出现在欧美及澳大利亚等地学者发表的论文与出版物中。这是对传统博物馆学将物质文化严格地分类为美术、民族志标本、功能性工艺品、旅游古玩等方式的一种反抗，这种传统分类方法否定了作为收藏品的物件在社会关系中的能动性（Agency）与嵌入性（Embeddedness）（Butler，2015）。多元化已经成为颠覆传统以地点为中心的博物馆的主叙事的标准策展方案，反身性博物馆学的早期发展是由对博物馆殖民遗产及其代表性力量的批判塑造的，例如著作《博物馆、公众和人类学》（*Museums, the Public and Anthropology*）（Ames，1986）和《文化展示：博物馆展示的诗学和政治》（*Exhibiting Cultures: The Poetics and Politics of Museum Display*）（Karp & Lavine，1991）。也有学者从不同的学科和角度进行研究和教学，比如，从人类学、历史、文化研究到文学、表演、社会学和艺术史等跨学科研究，还有一些学者，如迈克尔·埃姆斯（Michael Ames）、伊万·卡普（Ivan Karp）、安东尼·谢尔顿（Anthony Shelton）和苏珊·沃格尔（Susan Vogel），将博物馆管理和策展经验与批判性学术结合起来（Butler，2015）。

值得一提的是，谢尔顿对博物馆学的思考，他将其分为三类：批判的（Critical）、沟通的（Praxiological）与操作的（Operational）。毋庸置疑，操作博物馆学面向的是实务层面，在此基础上，他继续指出批判博物馆是作为一种学科领域，是"质问如何透过公私立博物馆、遗址、园林、纪念物、展览厅、文化中心与画廊等衔接融合不同组织结构以共同构成一个文化艺术的产物的想象、叙事、论述、动能、视觉与眼见的方法"（Shelton，2013：8；张婉真，2017）。与此同时，谢尔顿认为沟通博物馆学所指的是艺术家因对博物馆的批评而发展出的作品或态度。在张婉真看来，这非常接近"机制批判"，艺术家挑战博物馆权威，质疑收藏、分类、展示、建筑、空间、制度等其运作的不同层面（张婉真，2017）。综合以上学者观点，笔者认为，新博物馆学运动是以生态博物馆运动的盛行而呈现。而随着人类学、后殖民等跨学科知识论述的登场，呈现的即是批判博物馆学之样貌。因此，本书基于批判博物馆学与机制批判作为理论基础的又一面向，作用于 OCAT 馆群的当代实践研究。

三、博物馆学对美术馆发展的影响

自 20 世纪 80 年代以来，博物馆学界不同的思考逐渐受到社会学和文化人类学的影响，为博物馆、美术馆的发展带来新的可能性，如《博物馆与社区》（*Museums and Communities*，Karp et al.，1992）、《博物馆与知识的形塑》（*Museums and the Shaping of Knowledge*，Hooper-Greenhill，1992）、《博物馆、物件和收藏》

(*Museums*, *Objects*, *and Collections*, Pearce, 1992)、《过去的再现》(*The Represen-tation of the Past*, Walsh, 1992) 等大量专业理论论述涌现出来。在此之后，丽贝卡·杜克洛 (Rebecca Duclos, 1994) 使用了"后博物馆" (postmuseum) 一词。后博物馆文化因被预期能够挑战现有的博物馆文化，掌握操控和传播权力的机构于是成为被详细检阅的审视对象。可见，在 20 世纪 90 年代，博物馆学这个研究领域，博物馆成为一个生机勃勃的知识批判场域，这源于艺术家与一些视觉文化研究者对品味塑造的不满。这不满源自统治阶层透过博物馆价值输出来保护自我的隐形利益。张婉真 (2000) 阐述了博物馆研究人员与策展人所扮演的不同角色，进一步提出博物馆专业对这两者的期待。在日本，"美术馆"一词最早出现在 1877 年举行的第一次劝业博览会，会中把陈列美术和工艺品的部门称为"美术馆"，这也是东京国立博物馆的前身。并木诚士、中川理 (蔡世蓉译，2008) 以各自所长来评论美术馆。前者专注于美术史与意义的探讨，清晰带出公私立、属性不同之美术馆制度与作品的区分，以及时代的变迁，援引国内外诸多实例以作立论；后者则由美术馆的建筑设计出发，以实例来探讨知名建筑师们的巧思，并针对近年来的废弃产业空间再利用、美术馆结合社区营造等新趋势，以深入的观察与论述，铺陈出美术馆现在与今后可能走上的道路。两位作者在日本讨论美术馆"混乱"现象中，突破性地认知到，造成的原因是美术馆本身"定位不明确"。具体而言，博物馆学从对"物件"的关注发展至对"观众"的教育研究，美术馆也逐渐加强公共教育的研究。所谓美术馆学，是以美术馆相关之各领域为对象的学问 (薛燕玲等译，2003：93)。所谓的美术馆，是一个向社会大众公开的场所，首先有建筑物，其中收藏了各式各样的收藏品，有人员负责收藏品之保存、展示、研究的工作，社会大众可到此地参观展览 (薛燕玲等译，2003：93)。之后，《美术馆，原来如此！从日本到欧美，美术馆的工作现场及策展思考》被翻译出版，此书作者以其曾任职于日本国立西洋美术馆、奥赛美术馆、三菱一号馆美术馆的真实经历，介绍了日本与西方近代美术馆的发源历史、美术馆的工作分工、当代展览最新风潮、举办展览背后的趣闻轶事，以及面临转折点的美术馆的诸多方面的未来 (黄友玫译，2017)。廖仁义 (2020) 结合艺术博物馆发展的理论与实务，阐述了人类社会之所以成立艺术博物馆的核心价值与为了实现此价值而建立的专业方法，以及从公共领域视野论及其参与社会实践的重要性。

　　总的来说，前述的著作、论文与研究体现了近来国际博物馆界的发展趋势，从社会学的视角来讨论博物馆在国家现代化过程中，对国族主义利益进行了隐藏的主导、诠释与规训。在后博物馆的认知中，给博物馆发展状态给予不停地批判，再超越。那么，机制的开放将有助于多元与和谐社会的建立。

第四节　中国当代艺术的语境

一、艺术运动浪潮与展览实践

20 世纪 90 年代以来，国际开始关注中国当代艺术的发展。一方面，在世界各地的大展中，目光聚焦在与中国艺术家相关的议题上。另一方面，中国本土也透过举办国际双年展（譬如上海双年展、广州三年展）的方式，参与国际艺术知识生产。除此之外，2008 年北京奥运会、2010 年上海世博会等一系列国际级别大型活动的举办的影响，也映射在中国当代艺术中。贾方舟（2007：2）指出，关于中国当代艺术的批评建基于"文本的废墟"——"革命大批判"。1949 年后，中国艺术呈现写实主义面貌，加之受苏联社会影响，转向以宣传样式为主的艺术风格。1978 年，中国政府实行改革开放政策，现代主义与后现代主义同时传进来。青年艺术家一方面受西方现代思潮的影响，另一方面重新挖掘中国传统文化。严格意义上来讲，1979 年"星星美展"的举办具有重要的转折意义，是中国当代艺术的开端，尽管彼时以现代艺术之名。该展源于星星画会，星星画会是北京的一个民间美术团体，以追求自由与自我表现为目标，创作带有现代主义风格的实验性作品。在 1985 年与 1986 年，全国各地的青年创作者纷纷发表实验性艺术作品，加以各种西方哲学概念引用至艺术宣言，对现代艺术思想及理论的讨论非常热烈，这场声势浩大的思潮被称之为"85 美术新潮"，运动达到顶峰。费大为认为这一现代主义运动实际上带有浓厚的批判现实主义色彩（费大为，2018：78）。1988 年，黄永砅在"躲避美术馆计划"中指出一个悖论，艺术家既受邀请在美术馆参展又想躲避和逃出。20 世纪 90 年代，实验艺术在中国从"地下状态"渐渐地显露出来，开始一些"地表活动"，行为、影像、装置等媒介获得发展。栗宪庭透过批评文章，将其概括为"玩世现实主义"与"政治波普主义"，代表者是方力钧、岳敏君、王广义、张晓刚等。自 1999 年初至 2000 年，吴美纯与邱志杰合作策划了"后感性：异形与妄想"展和"家？——当代艺术提案"展。2000 年 2 月，张朝晖在北京三里屯白房（Club Vogue）策划"艺术大餐"展，为顺应这一时尚酒吧和餐馆的场所，艺术家们的 5 件装置和 2 件行为作品都与食物相关，关乎惊悚、形而上以及社会批判。另外一个现象是，20 世纪 90 年代在中国前卫艺术中就存有迎合西方策展人、美术馆、画廊、收藏家的审美好恶的现象，西方人喜欢什么，他们就画什么，以此获得名与利的认同。① 2001 年，北京获得第 29 届现代夏季奥林匹克运动会举办权，国际资本开始流入中国，当代艺术获得空前发展，至 2008 年前期达到艺术市场的高潮。中国当代艺术的景观制造伴随着消费主义的奇观景象。2002 年，北京 798 艺术区成立，由军需工厂改建而成，一些欧美的大画廊与艺术中心开始进驻，其中包括佩斯北京、尤伦斯当代艺术中心。在实验艺术方法上，走向国际并擅长挪用和创造中国传统哲学和文化符号的有徐冰、谷文达、黄永砯、蔡国强。总的来说，1989 年之后的中国当代艺术以"地下"的方式来进行学术小圈子范围内的展览、交流与呈现。2000 年 11 月，第三届上海双年展在上海美术馆举办，装置艺术、录像艺术、摄影艺术、媒体艺术等当代艺术作品在公立美术馆内展出，带来较大的影响力，标志着中国当代艺术从"地下"走向合法，无论国家的艺术制度有无新的变化，但现实层面为艺术打开了新的自由空间。

二、学术研讨会与期刊

在会议与研讨方面，1986 年珠海会议、1988 年黄山会议、1989 年中国现代艺术大展，都为当代艺术的发展起到显著的推动作用。1989 年可谓之中国当代艺术发展明显的分界线。贾方舟（2007：7）认为，"在整个 80 年代，'批评文本'的'权力话语'是通过编辑的'话语权力'才得以实现的。在这种情况下，批评家和编辑家的一体化或'联盟'关系就成为 80 年代艺术批评的主要方式"。

1991 年 4 月，西山会议（中国艺术研究院美术研究所主办的"新时期美术创作学术研讨会"）召开。1992 年不仅中国经济获得发展，而且艺术界在 10 月举办"中国广州首届 90 年代艺术双年展"，展出作品近 400 件。此展与以往大型美展最大的不同是引进了市场概念，具体表现在：①主办者将建立中国自己的艺术市场视为宗旨。②以国内企业集资进行投资方式出现。③获奖作品奖金高达 45 万元。虽然不少人对此展的学术性表示不满，但并不影响它日后的开创性，推动了中国艺术市场的发展。与其说它是受经济发展的影响，毋宁说它仅只是一次艺术界的觉醒而已。

从 20 世纪 80 年代的"反叛"转变为 2000 年以后的"颓废"。概括而言，中国当代艺术的发展可分为四个阶段：第一，中华人民共和国成立初期的美术（1949—1965）；第二，20 世纪中期的美术（1966—1976）；第三，经济改革时

---

① 取自"文化消费时代的'设计想象'——'出位：非商业'设计艺术展学术座谈会纪要"，由冯博一提供。

期的美术（1977—2008）；第四，北京奥运会之后的美术（2009 至今）。当代艺术的语境也展现出了"艺术—反艺术—非艺术"进程，并加速向国际艺术界看齐。

在期刊方面，《美术思潮》《中国美术报》创刊于 1985 年之后，《美术》《江苏画刊》也在此时期改刊。"85 美术新潮"运动时期有两刊一报：《美术思潮》《江苏画刊》《中国美术报》。《美术思潮》偏向理论建树，主编是彭德；《江苏画刊》兼顾理论与讯息的报道；《中国美术报》侧重新闻的报道，尤其是国内外艺术运动的潮流讯息。

三、艺术家聚落的形成

从圆明园艺术村到宋庄艺术村及其周边，一批艺术家如方立均、岳敏君、刘炜、杨少斌等透过参加"后 1989 展览"（香港）、前卫艺术展（德国）、中国新艺术展、毛走向波普（Mao Goes Pop，澳大利亚）、威尼斯双年展可以来卖作品，实现名利双收。

费大为在与栗宪庭 1991 年的通信中提道："艺术创作的根本问题是超越国界的，好的艺术家不管在哪里都可以利用环境的特殊性使其最大限度地为自己的创作服务，文化环境的变动本身就可以成为灵感的源泉。"（费大为，2018：74）

简言之，艺术家必须重新思考文化的地方性与整体性之间的联结关系。20 世纪 80 年代中国的艺术群体包括南方艺术家沙龙、北方艺术群体、杭州池社[①]、西南艺术研究群体、厦门达达、南京红色·旅等。20 世纪 90 年代，艺术小组有广州的"大尾象"、北京的"新刻度"。此时期的出版艺术刊物有《黑皮书》《白皮书》《灰皮书》。在展览方面，1993 年上海华山美校的群展"十月艺术实验展"、1996 年杭州的"现象和影像——中国录像艺术"展都有一定的代表性。另一个需要注意的现象是 20 世纪 90 年代中国当代艺术开启"双年展"模式。彼时因王璜生任广东美术馆馆长，开始举办广州三年展。与此同时，艺术家也开始注重重建主体性。在市场和政策等原因推动下引发的中国的"美术馆运动"，短期内形成了非常丰富的艺术景观和城市文化产业的聚落。但长远上看，强调短期利益的运作和专业团队的不足，以及缺乏国际视野和资源联结，必然导致机构运营的单一化和频繁的更替起伏。

---

① 池社（Pond Society），1986 年 5 月成立于杭州，主要成员有张培力、耿建翌、宋陵、包剑斐、王强、关颖等（费大为，2007：54）。

四、书写与研究

中国有数位活跃于 20 世纪 80、90 年代的写作者、批评家，连续不断地在对星星美展之后的艺术活动进行梳理和撰写，按时间顺序来看，譬如 1991 年高名潞等出版《中国当代美术史 1985—1986》；2000 年吕澎出版《中国当代艺术史 1990—1999》；2008 年贺万里出版《中国当代装置艺术史 1979—2005》；2013 年吕澎写出《中国当代美术史》一书；同年，鲁虹出版《中国当代艺术史 1978—1999》；2014 年鲁虹又出版《中国当代艺术史 1978—2008》；同年，吕澎出版《中国当代艺术史 2000—2010》；2019 年，吕澎出版《中国现代艺术史》。这些学者的出版有个共同的特征：从艺术史论的视角撰写并且是较大而全的艺术作品及案例。与他们的方法不同的是，学者巫鸿则会甄选出较有特点的实验性艺术作品或创作者来研究，其也针对中国当代艺术的现场出版了三部著作，分别是 2005 年出版的《作品与展场：巫鸿论中国当代艺术》、2008 年出版的《走自己的路：巫鸿论中国当代艺术家》，以及 2016 年出版的《关于展览的展览：90 年代的实验艺术展示》。

朱朱（2016）以"灰色的狂欢节"来比喻 2000 年以来的中国当代艺术现状，并以此名出版专著获得 2011 年中国当代艺术奖评论奖，书中艺术家与作品案例极其详尽，朱朱对其进行了深入的分析，跨越艺术的媒介障碍，譬如"对于水墨艺术家而言，真正的挑战在于如何激活古老的审美传统并且将之释放到当今的情感生活和现实命题之中，而不是蜷缩在程式化的笔墨趣味里，丧失回应年代的能力"。（朱朱，2016：43）董冰峰（2018）是一位录像艺术研究者，他以"展览电影"为题着重分析发生在美术馆中的电影及中国的现实语境。

语境是社会、历史、政治和美学的论战空间，与内容和呈现一样决定着作品的品质。在中国，早期艺术机构的设立与发展，一直处于向西方学习的状态。结合自身情况且具备现当代意义的艺术机构，在改革开放的浪潮下，逐渐获得建设。这样的现状决定，对于艺术机构的批判相较于西方的现况，形势显得更为复杂。一方面，中国艺术机构还不够完善和规范，仍需参考西方成熟的艺术机制与艺术机构；另一方面，随着中国经济的发展，其艺术界的从业者也早已参与进世界范围的机制批判的范畴之中。中国艺术机构的权力系统基于特殊的国情，近期以来，中国的当代艺术与学院派、美术馆等相互关系被重新论述，彼此之间并不是二元对立之关系，而是在互相摩擦碰撞中蜕变、演化。那么，一波又一波的机制批判思潮，需不停反思的是：作为批判的机制与自身系统也当然是必须接受质询的。

第五节　中国民营美术馆机构的发展

　　20 余年以来，中国民营美术馆获得繁荣发展，迎来美术馆建设热潮，至今达上千家之多，甚至有泡沫化趋势。在当代艺术领域，最早成立的是成都上河美术馆，但是仅存在三年左右，还有沈阳东宇美术馆、天津泰达美术馆，以及一些私人画廊。因为这些画廊的主人不是大公司就是企业家，他们的影响力以及与地方报纸和电视台的联系也使这些展览成为社会事件（巫鸿，2016b：35）。1999 年，原弓美术馆成立，是上海首家私立美术馆。美术馆以收藏美术作品、举办展览、开展当代艺术方面的学术研究并培养青年画家、促进中外文化艺术交流为职能，以弘扬艺术的先锋精神为己任，旨在向世人展示当今艺术界名家及后起之秀的艺术体验与艺术倾向。目前，活跃于中国的私立美术馆有且关注当代艺术发展的有很多，如北京今日美术馆、红砖美术馆、中间美术馆、上海喜马拉雅美术馆、外滩美术馆、余德耀美术馆、上海当代艺术馆（MOCA Shanghai）、广东时代美术馆、南京四方当代美术馆、银川当代美术馆等，但是以馆群方式运营的不多，除 OCAT 馆群之外，还有民生现代美术馆、龙美术馆、尤伦斯当代艺术中心（UCCA[①]）。值得一提的是，UCCA 是由外资建设的，后转卖给中国企业。总之，中国企业对艺术与文化的支持，与国外相比，还有很大的差距，究其原因主要在于国外企业支持美术馆的发展是有政策奖励的，而国内的相关政策建设还远远不足。

　　无论从世界范围来看，还是从中国本土观察，对中国当代艺术与当代美术馆机构发展领域的研究都还是一个相当年轻的学科。2014 年，由英国 Intellect 出版社发行的《中国当代艺术研究》（*Journal of Contemporary Chinese Art*）是该研究领域在全球范围内唯一具有业内评审机制的学术刊物。自 2017 年始，该刊由伯明翰城市大学（Birmingham City University）、中国视觉艺术中心（Center for Chinese Visual Arts，CCVA）主办。尤其是关乎当代艺术机构的议题，如机构状态、功能、合法性、透明性，以及公共运营方式等多视角问题的探究与考察。

---

　　①　尤伦斯当代艺术中心（Ullens Center for Contemporary Art，UCCA）于 2007 年由比利时收藏家尤伦斯夫妇创办，坐落于北京 798 艺术区，由瑞士的尤伦斯基金会资助运营。2017 年，完成机构的重组与转型。2018 年，获得北京市文化局认证的美术馆资质，并在北京和香港两地注册成立非营利艺术基金会。同年，UCCA 于北戴河渤海海岸的阿那亚社区内开设 UCCA 沙丘美术馆。2021 年，上海 UCCA Edge 落成，正式向公众开放。

在中国，"博物馆（museum）"一词的定义与运用范围亟须更加明确。

奥乃拉·德·尼格里斯（Ornella De Nigris）从机制批判入手对广东时代美术馆的策展路径进行研究。她还在罗马第一大学（Sapienza University of Rome）意大利东方研究所（Italian Institute of Oriental Studies Department）完成博士论文《中国博物馆当代艺术推广之战略与标准。四个个案：北京、深圳、广州和上海》（"*Strategies and standards of Chinese museum in the promotion of contemporary art. Four case study：Beijing，Shenzhen，Guangzhou and Shanghai*"，2014）。雷风对新疆当代美术馆中混合和边缘艺术进行梳理，阐述了汉族和维吾尔族艺术家的创作方式是如何透过该馆的机构化而革新（姜节泓，2018：69）。科丹尼（Daniel S. Kiowski）则讨论了上海龙美术馆浦东馆、西岸馆和余德耀美术馆三座当代美术馆，指出这不仅根植于其创始人的商业版图之间，更处于远超其规模的城市发展计划之中（姜节泓，2018：140）。茱莉亚·曾纳罗（Giulia Zennaro）以上海西岸文化走廊建设为案例，表明在一系列个案中重点关注博物馆设计的正统性导致了对保证博物馆能有效运转至关重要的一些基本功能的忽视，长远来看阻碍了艺术作品的收藏和陈列。与吕烈丹（Lu，2014）和宋向光（Song，2008）所认知的中国私人博物馆当前面临问题（在于人员训练和专业知识技能的欠缺）不同，曾纳罗则认为在美术馆和城市再开发项目背后的全球雄心之间，问题存在于两者的紧密关系之中（姜节泓，2018：192）。弗兰克·韦一空（Frank Vigneron）对香港 M+这座建设数年之久的视觉文化博物馆成为热议焦点感兴趣，他考察了瑞士藏家乌利·希克（Uli Sigg）捐赠给该馆的中国当代艺术藏品及其历史，认为争议的核心关乎香港地域政治本质与言论空间的存在本身（姜节泓，2018：199）。高鹏（2020）邀请邵舒、赵龙凯、袁慰、杨蓉、段佳莉、陈亭廷、李韵、郭艺桥、常静、杨紫怡等撰文，编著了《中国民营美术馆运营及筹建研究》一书，全书分为五个部分：①民营美术馆何为？②学术策划与当下生态。③对话城市与公众关系。④多元并置发展中的民营美术馆。⑤大数据时代下的私人美术馆。个案研究涉及今日美术馆、广东时代美术馆、上海外滩美术馆、OCAT 馆群、龙美术馆、红砖美术馆、UCCA、民生美术馆、昊美术馆、麓湖·A4 美术馆、和美术馆，以及雅昌艺术市场检测中心（AMMA）等中国当代美术馆机构。虽然书名内含有研究一词，整本读来理论运用与批判性明显不足，部分文章还处于美术馆介绍性文字，此书不仅开启了关于中国民营美术馆的运营研究，而且更重要的是关于当代艺术的美术馆机构研究，填补了中国民营美术馆研究的空白。

回溯过往，上河美术馆是中国第一家当代美术馆，收藏、展示和研究具有前卫性的中国当代艺术，也是中国首批由民营企业创办的私立美术馆之一。该馆由中国青年建筑设计师汤桦、陈家刚、陈卫东联合设计的钢架结构构成，位于成都市大安西路上河城内，占地约 3000 平方米（陈家刚等，2000：20）。在研究方面，王璜生作为中国本土早期成长起来的美术馆人，曾在广东美术馆主编《美术馆》、中央美术学院美术馆主编《大学与美术馆》等学术期刊，不但为中国的美术馆研究开启了先河，而且起到了重要的推动作用。譬如《美术馆：全球化语境中的博物馆经济》和《大学美术馆：作为知识生产与文明体制的美术馆》。前一本论述了美术馆在 18 世纪开始成为艺术实现其功能的重要场所的时候，博物馆机构在彼时与此时所面对的公众有巨大的差别，同时也进行了一些当代艺术家展览与作品的个案分析（王璜生，2008）。后一本从美术馆的文化原则、藏品特色、公共诉求、教育方式及管理运营模式等方面，探讨其与现代社会、教育体制、文明交流与传播等之间的关系，另外将美术馆置身于社会背景与文化场域之中，展望美术馆开阔的可能性（王璜生，2010）。除此之外，王璜生（2012）还探讨了美术馆与当代艺术之间的关系，需要具有伦理层面的思考，以及美术馆的可能性。他强调了美术馆在全球化时代知识生产的重要性。曹意强（2008）主编的《美术博物馆学导论》，开门见山地研究了美术博物馆与新旧博物馆学的关系。作为高校教材，他认为艺术博物馆无论是作为中介机制还是公共领域的一部分，抑或是文化政策的一个方面，中国美术界所进行的研究远未做到深入与充分。该书考察了欧美与中国的博物馆发展史，从不同视角阐述了艺术博物馆的功能、艺术博物馆与艺术家的关系，重要的是，论述了美术博物馆与当代艺术的关系，涉足展览、策划、定位、观众，甚至当代艺术史的生成，可谓一本优秀而全面的研究文本。张子康、罗怡（2017）在《艺术博物馆：理论与实务》一书中较全面地讨论了艺术博物馆的定义、学术研究、资金、实务、运营等问题，以及面对未来的发展策略，譬如数字化；还指出在中国建设一家艺术博物馆存在的问题，该如何准备。唐克扬（2016）则以散文的方式，描述了美术馆的建筑、空间与其中的美术、图像的关系，回顾了中国美术馆的发展历程，也展望了中国美术馆的"明天"。唐斌（2011）主要从美术馆的文化功能入手，研究美术馆的出现和设立怎样改变了人们观看世界的方法。在全球化背景下，美术馆怎样实现其知识生产功能，影响和塑造观众对艺术作品的阐释。通过这些问题的梳理和研究，提示隐藏在一个公共文化机构背后的经济、历史、文化内涵等，也以此进一步思考中国的美术馆在全球化进程中，如何承担起文化传承与传播功能。蓝庆伟是中国美术界界的后起之秀，他（2016）阐述了美术馆与美术馆文化、民营民间美术支持力量的隐患、美术馆馆长的使命等问题，梳理了美术馆之于大众、收藏、"美学经济"的利害关系。其后不久，蓝庆伟（2019）从一位有经验的美术馆馆长和资深策展人的视角，对中外美术馆进行了全面的解读。此书涉及美术馆的设施、陈列、参展注意事项、行业信息等面向，既可作为学校美术教育的补充，又可作为亲子教育的参考，是一本普及性读本。李万万（2016）描绘了美术馆在中国发展的线索，分析了美术馆展览机制从无到有、从萌芽到成熟的内在规律、关键外力与必然内因。郭惠民（2017）主编的 New Horizons：Art Presence in China（《中国民营美术馆》）是一本用全英文方式介绍中国美术馆发展状况的书。该书分为四大部分：第一部分讲述了中国第一家民营美术馆的成立与发展，第二部分访谈了文化和旅游部和国内外艺术家、中国美术馆馆长等人对中国美术馆发展情境的看法，第三部分总结了彼时美术馆界的大事件，第四部分梳理了中国私立美术馆发展历程。该书更像是向海外宣传中国文化艺术，问题意识不足。值得一提的是，魏莱、罗兰舟（2019）合著的《私人美术馆》一书详细描绘了收藏关于国家叙事的私人美术馆，譬如大都会艺术博物馆、吉美博物馆、泰特美术馆等，关于现代性的美术馆，如惠特尼美国艺术博物馆、古根海姆美术馆，指出没有中国的全球化是不完整的。

由以上文献得知，中国美术馆界的研究者较注重从大美术馆层面来着手，试图对接国际博物馆界的最新理论与方法，甚至从中外的连接与文化碰撞中汲取养分。笔者较关怀当代艺术类美术馆机构所发生的实务，通过前辈研究者所搭建的基石，面对中国的现实问题，强化问题意识与跨领域理论（艺术社会学、新博物馆学、当代艺术理论）相结合，以诠释中国的在地性特征。

第三章

研究方法与研究设计

按照理性逻辑，在陈述研究方法之前，必须首先确定本书的研究方法论，即表明本书的哲学立场。其次以此为根据，说明所采用的研究方法。再次描述研究流程、研究对象、访谈问题与设计。最后说明资料收集的方法与分析处理，以及保证质性研究品质的把关与控制，论证环节得体。

第一节　研究方法论

在社会学理论方面，大体上可划分为三个派别：实证主义（Positivism）、诠释主义（Interpretivism）、批判理论（Critical Theory）。实证主义源于经验主义哲学，其代表人物是奥古斯特·孔德（Auguste Comte）、埃米尔·迪尔凯姆（Émile Durkheim）等，认为社会学的研究对象是社会事实，客观世界存在着不以人的意志为转移的客观规律，客观世界按照这个规律发展演变。诠释主义又称为诠释社会学或诠释学派，源于象征互动主义（Symbolic Interactionism）和现象学（Phenomenology），代表人物是韦伯、阿尔弗雷德·舒茨（Alfred Schütz）等，认为社会学的研究对象不是社会事实，而是社会行动，社会并不是独立的实在物，社会只是名称，真正实在的是个人，是个人的行动。研究者需要透过搜集资料、分析资料、提出理论等步骤，把握他人的社会行动的动机，从而对社会事实做出合理的解释。批判理论则源于黑格尔（Georg W. F. Hegel）的辩证哲学、马克思的批判哲学和弗洛伊德的潜意识理论，代表人物是法兰克福学派的马克斯·霍克海默（Max Horkheimer）、格奥尔格·卢卡奇（Georg Lukács）、安东尼奥·葛兰西（Antonio Gramsci）等，此理论并不认为自己是社会学理论，而是社会哲学或是社会理论，认为研究对象是社会实践，而社会实践是对社会中不合理现象的改造。换言之，社会学不是研究一般的社会行动，而是研究能够改造社会的实践活动。社会不是纯粹外在于人类的，社会本身就是作为阶级的人的实践过程，是在特定的时间、地点所进行的实践活动的过程。个人都受到社会上某种价值观、世界观的制约，虽然个人并不见得意识到这种制约。主体不是被动地接受社会事实，而是发挥主体的主观能动性，是与客体共同参与研究，主体在这种研究中需要始终保持对于社会事实的批判态度。

通常认为，量化研究偏向实证主义，质性研究偏向诠释主义和批判主义，然而，在跨领域研究进行得如火如荼的今天，不必拘泥于何种主义，更无须必然地对应与区分。正如本研究前文所述，笔者拟采取质性研究方法，站在批判立场——对研究对象展开描述、诠释和批判。本书也将着墨于当代艺术机构在中国本土发展之语境，如何塑造以知识生产为取向的艺术机构，对于利害关系人以及普通大众的意义为何。因此，本书关键着墨于意义生成的过程，并非结果，顺其自然地采取质性研究方法，而非量化。

在研究方法上，本书是以个案研究（Case Study）为主，在案例分析部分结合文献分析（Literature Analysis）和深度访谈法（In-Depth Interview），作为搜集第一手材料的途径，进行质性研究。质性研究使用文本作为经验资料（而非数字），开宗明义就是将研究之实体视为社会建构下的产物，关心参与者的看法，以及与研究议题有关于日常行为及日常知识（Flick，2007；张可婷译，2010：1-2）。诺曼·K. 邓津（Norman K. Denzin）、伊冯娜·S. 林肯（Yvonna S. Lincoln）给该研究方法的定义如下：

> 质性研究是一种将观察者置于这个世界中的情境式活动。其包括一整套让这世界得以被看见之解释性与具象性的实践。正是这些实践改变了这个世界。其将世界转化为一连串表征，包括田野笔记、访谈、对话、照片、录音及个人备忘录。就此层次而言，质性研究采取一种解释性、自然主义的取径来看待这个世界。这意味着质性研究探究的是处于自然状态之事物，试着根据人们所赋予之意义来认识或解释该现象（Denzin、Lincoln，2005：3；Flick，2007；张可婷译，2010：2）

质性研究采用的资料搜集方法，主要有四种：①自然场域参与；②直接观察；③深度访谈；④文件分析与物质文化分析。个别研究对于这些方法各有偏重（李政贤译，2014：168）。

在理论框架参照上，本研究主要以艺术社会学理论作为基础，结合机制批判、博物馆学、批判博物馆学等思潮为映照，对中国当代艺术机构进行批判研究。

一、个案研究法

本书所采用的个案研究，指的是把研究对象看作一个整体，给予详细描绘与分析，从而获得能反映某一单位的全部现象或一般过程，及其各式各样的内部关联与文化背景的第一手资料（叶至诚，2000：106）。通俗来说，是指对特定的个人、团体、机构或一特殊事件，收集完整的资料之后，再对相关问题的前因后果做深入的剖析。详细来讲，它可以包括直接观察、系统访谈、阅读公私档案资料等，对当下的现象，发生在真实生活里，且现象与情境（背景）往往无法清楚分割或界定。在进行实地研究之前，有理论命题指引研究的范围，借着资料收集及分析，对有界限的系统做深入翔实的描述、诠释与分析，得出结论。

二、文献分析法

本书所采用的文献分析，包括搜集相关书籍、期刊论文、学位论文、研讨会论文、机构出版物、社会档案、艺术批评等资料，以及杂志、广播、电视、网络等媒体资讯，予以精读和研究，并进行归纳式分析。文献分析法是寻找历史资料、检视历史记录并客观地分析、评估这些资料的研究方法，由于常常需要大量的历史资料与文献收集，因此，又称历史文献法。当研究者对历史资料进行搜集、检验与分析后，便可以从了解、重建过去所获致的结论中，解释社会现象的现况，甚至预测将来之发展（叶至诚，2000：102）。本书以机制批判理论检视当代艺术机构 OCAT 馆群，搜集相关的文献、期刊等作为主要的分析对象，从艺术批评、机构书写中归纳相关研究的意义。

三、深度访谈法

访谈法指的是一种访问者与被访问者面对面的接触，透过有目的的谈话，以寻求研究资料的方法。访谈法搜集资料是经由访问员与被调查对象进行面对面交谈的方式实现的（叶至诚，2000：111）。本书在访谈法的基础上，针对特定人员进行深度访谈，根据学者文崇一的用词，深度访谈是指希望透过访谈取得一些重要因素，而这些重要因素并非单纯用面对面式的普通访谈就能得到结果（文崇一、杨国枢，2000）。深度访谈和单纯访谈不同，前者的目的在于透析访谈的冲击影响、真实想法、与未来发展，所获得的答案更能对事物的本质描述深入，可作为进一步整理、分析的原始依据。

（一）理事会成员访谈

由于理事会成员主要以华侨城企业的人员构成，并不需要全部访谈，仅挑选一两位有代表性的进行访谈即可。不足的地方参考《当代已然成史：我（们）

与黄专》一书中对几位重要理事会成员的访谈内容，以进行弥补。

（二）学术委员会委员访谈

OCAT 成立之初的学术委员会，同时也是何香凝美术馆的艺术指导委员会，成员由海内外从事中国当代艺术活动的资深批评家、策划人和美术馆专业人员构成，首批成员包括：巫鸿（主席）、冯博一（秘书长）、许江、黄专、费大为、高名潞、范迪安、易英、乐正维、张永和、艾未未、徐冰、黄永砅、王广义、汪建伟、张培力、朱青生、凯伦·史密斯、严善錞。现在的成员（见表3-1）为：美国国家文理学院终身院士、芝加哥大学教授、美术史家巫鸿，艺术家、广州美术学院跨媒体艺术学院院长、华·美术馆执行馆长冯峰，评论家、策展人费大为，策展人、OCAT 西安馆执行馆长凯伦·史密斯，策展人、米罗基金会艺术总监马可·丹尼尔（Marko Daniel），艺术家、中央美术学院教授隋建国，艺术家王广义，艺术家汪建伟，艺术家、中国美术学院跨媒体艺术学院教授、OCAT 上海馆执行馆长张培力。

表 3-1　OCAT 学术委员会成员一览表

名称	职位	姓 名
OCAT 学术委员会	主席	巫鸿
	委员	费大为、冯峰、黄专、凯伦·史密斯、丹尼尔、隋建国、王广义、汪建伟、张培力

笔者绘制，由 OCAT 深圳馆提供

（三）各地方美术馆馆员访谈

1. 馆长访谈

本研究计划对馆长们依次进行深度访谈。透过艺术权力话语者的对话，可以得知艺术精英阶层日常的思考与观念，获得机制批判对象的第一手材料。

2. 员工访谈

对员工进行访谈，可获得与馆长不同的思考面向，毕竟，管理者的角色重点是整体的艺术机构运营策略。员工在第一线工作，对艺术机构的日常细节都会面对，透过轻松的聊天、对谈，可以获取更为精准的细节材料。

（四）非馆方业界人士访谈

非馆方业界人士包括两种类型：一种是与 OCAT 发生过交集的艺术界从业

者，如参展艺术家、策展人、艺术批评家、实习生等；另一种是从未与 OCAT 发生过交集，但属于美术馆研究的学者、当代艺术研究者或策展人等，对 OCAT 及中国私立美术馆发展有着深入的观察和研究。

第二节　研究流程

本研究旨在探讨机制批判的实践与理论对中国私立艺术博物馆的影响，并且通过中国本土独立艺术机构的诞生与发展进行批判分析。本研究流程如下。

一、文献初探与前期访谈

第一阶段旨在探索本研究的可行性。首先，在研究发问的基础上，确定研究题目为《中国当代艺术语境下的艺术机构：OCAT 馆群的理念与实践（2005—2020）》；其次，着手收集相关文献，透过对艺术与其语境、机制批判、博物馆学等相关文献的回顾，确定研究目的，进而厘清研究问题。由于研究对象的确定性，笔者先赴深圳对馆群总馆——OCAT 深圳馆的工作人员进行前期的访谈，并搜集基本资料，取得研究单位的支持与认可，以确认研究的可行性。

二、文献回顾与论纲口试

第二阶段旨在进行文献梳理并听取专业委员建议。就当代艺术、中国当代艺术语境、艺术机构、机制批判的定义与发展过程，及艺术与社会对民营美术馆的影响等相关文献进行探讨。同时，整理出访谈的对象与问题，论述本书所使用的研究方法。以上完成后，向所办与口试委员提交论纲，进行口试，听取各位口试委员的建议后再进行修改。

三、设计访谈大纲并进行访谈

第三阶段针对论纲提出的研究假设，设计访谈大纲，进行深度访谈。访问涉及馆长、理事、学术委员、馆员、非馆方业界人士等不同利害关系人，针对职务与身份的不同而设计问题。先寄送访谈大纲，以取得受访者同意录音与否并做好准备。访谈完成后，对于同意录音的受访者，透过访谈录音整理出文字稿，再获得受访者校对、授权使用。对于不同意录音的受访者，笔者以笔记记录的方式进行重点快速记录，方便日后整理。

四、研究资料整理与分析

第四阶段旨在研究资料的整理与分析，并进行描述、辩证与诠释。笔者将访谈内容与文献资料收集完成后，对资料进行编码与分析，便于使用。然后，从艺术机构与当代艺术、机制批判、艺术语境关系的三个角度，锁定研究对象的价值与独特性、在地性与公共性，进行分章论述，接着再分析出在中国当代艺术语境中的影响与作用。

五、进行论文学位口试

第五阶段是在研究发现的基础之上提出结论与建议。具体来说，在分析讨论的论证完成后，总结观点并给出后续研究建议，完成全文撰写。接着申请并进行论文答辩，透过口试委员们的建议，再度完善本研究，最后寻求出版机会。

综上所述，本书的研究流程如图 3-1 所示。

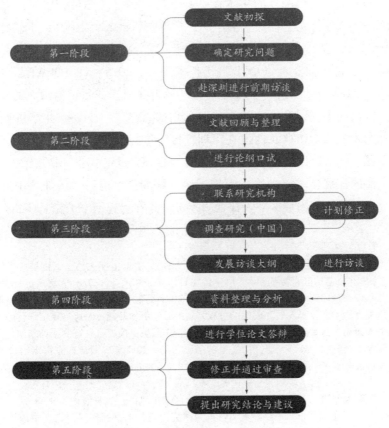

图 3-1　研究流程图（笔者绘制）

第三节　研究对象

本书以 OCAT 馆群为研究对象，笔者不把此馆群视为静态不变的样貌，而是认为它一直处于动态的发展过程之中。OCAT 馆群伴随着背后的投资方华侨城集团在中国数座城市业务的扩张而布局。起初，仅仅是一家独立艺术机构——OCT 当代艺术中心，位于 OCT-LOFT 华侨城创意文化园内。这一机构名称，最初创办者黄专教授为其设想过诸如"何香凝①美术馆②东部展区""何香凝美术馆分馆"等，最后确定为"OCT 当代艺术中心"，基于两个想法：第一，虽然它在专业和行政关系上隶属于何香凝美术馆，但是它所需资金都是由华侨城来投，故创办者认为这个名称应该和华侨城有一点关系；第二，这个机构不叫"分馆""展区"，是表明它应该有一个相对独立的机构功能。它既属于何香凝美术馆，同时又有自己独立的学术设计和方向。综合考虑后，使用此名。其学术委员凯伦·史密斯为它起英文名字时，觉得"Center"太中性，于是她就用了"Terminal"，指机场的航站楼和港口。这个英文名称既体现了它和投资方的关系，也体现了它的独立性（OCT 当代艺术中心，2015：5）。OCAT（OCT Contemporary Art Terminal）创立于2005年，2012年4月正式登记为独立的非营利性美术馆，并构建了辐射全中国的当代艺术馆群。它是由中央企业华侨城集团赞助的新型艺术机构。馆群总部设在深圳，目前包括五个美术馆：OCAT 深圳馆、华·美术馆、OCAT 上海馆、OCAT 西安馆、OCAT 研究中心（北京馆），七个分展区：上海浦江展区、深圳欢乐海岸展区、深圳前海展区、深圳坪山展区、成都安仁展区、南京栖霞展区、天津西青展区。正在筹建两个分馆：OCAT 武汉馆

---

① 何香凝（1878 年 6 月 27 日—1972 年 9 月 1 日），号双清楼主，女，籍贯广东省南海县（今广州市荔湾区东漖棉村）。早年曾在日本东京本乡女子美术学校系统地学习绘画，其早期作品因而具有日本画的风格特征。20 世纪 20 年代末以后，何香凝各种题材的画风都经历了变化、发展和成熟的过程，她的眼界更加开阔，画风呈现多样化的、独特的个人面貌。何香凝作为岭南画派著名画家，作品被中国邮政发行的特种邮票采用。何香凝美术馆收藏、陈列及研究何香凝的书画作品。2017 年 6 月，广东美术百年大展学术委员会公布了特别评选出的广东百年美术史上的 21 位广东美术大家，其中包括何香凝、李铁夫、罗工柳、高剑父、陈树人、林风眠、高奇峰、赵少昂、关山月等。

② 何香凝美术馆位于中国广东省深圳市南山区华侨城内，建筑面积 5000 平方米。1997 年 4 月 18 日正式开馆，主要收藏、陈列及研究何香凝的书画作品。它是中国第一个以个人名字命名的国家级美术馆，也是继中国美术馆之后的第二个国家现代博物馆。

（在建）、OCAT 南京馆（在建）。这样的跨地域性，使 OCAT 成为当之无愧的中国国内首个进行战略和布局的当代艺术馆群（高鹏、晏燕，2020：153）。

图 3-2 OCAT 深圳馆展厅 A，2020（笔者拍摄）

OCAT 深圳馆是 OCAT 馆群中成立最早的机构，也是馆群中的总馆。它长期致力于国内和国际当代艺术和理论的实践与研究。从 2005 年开创至今，OCAT 深圳馆一直围绕着艺术的创作和思考而展开其策展、研究和收藏工作。它的工作项目既包括对艺术家个体实践的考察、研究、出版和展览，也包括对于艺术课题的深入研究和综合展示。除 OCAT 展览以外，OCAT 深圳馆多样化的项目包括了 OCAT 表演和 OCAT 放映：分别涉及艺术、舞蹈和戏剧领域中的表演实践和讨论，以及纪录片、影像和电影的放映和讨论。OCAT 图书馆利用 OCAT 展览、表演和放映，以及来访学者的各种情境，以位于 OCAT 深圳馆的图书馆为地点，不定期地组织演讲、对话等思想生产的实践活动，并将其中的部分发言进行编辑和出版，为未到场的观众和研究者提供阅读的文本和研究的素材。在 OCAT 深圳馆，围绕展览项目所进行的出版往往成为与展览既互相交织，又彼此独立和平行的一个平台。出版物的构思、编辑和设计也可能成为围绕展览而展开的一项创作。年轻的实践者和具有前沿性的思考和工作一向在 OCAT 深圳馆占据着重要的地位。OCAT 青年计划正是为此而设：邀请活跃的艺术家、策展人和批评家来呈现他们最近的工作、思考和想象。

华·美术馆是中国国内首家以设计为主题的美术馆，于 2008 年 9 月 1 日在深圳华侨城正式成立，现为 OCAT 馆群中的设计馆。该馆以关注和推动设计的交流、发展与研究为主要方向，同时关注于当代艺术和多元艺术活动，积极探索和反映设计与艺术之间的关系，致力于通过展览、教育、收藏、研究工作，实现公众与设计、艺术和文化的链接。华·美术馆建筑面积 3000 余平方米，展厅面积 2000 平方米。主体建筑由旧仓库改造而成，六边形钢结构重叠组合的玻璃幕墙在旧有建筑外构筑一个独立表皮，在新锐的建筑外形下保留了建筑过去的历史和意义。紧邻华·美术馆，设有 600 平方米的华·艺术沙龙，其室内面积 250 平方米。作为主展馆的延伸，华·艺术沙龙集艺术商店、书店、咖啡厅为一体。透过小型展览、讲座、工作坊、放映会、现场演出等形式，力求打造互动交流平台，畅享艺术、设计与生活方式的融合。

图 3-3　OCAT 上海馆（新迁址），2020（笔者拍摄）

OCAT 上海馆作为 OCAT 首家深圳区外分馆于 2012 年 9 月 29 日正式成立，由艺术家张培力先生担任执行馆长，以媒体艺术与建筑设计为定位方向，透过展览、学术研究、交流、教育、出版和国际艺术家工作室交流等项目，致力于成为一所具有前瞻性和社会触觉的，活跃、互动、开放的文化机构。OCAT 上海馆前期所在的建筑是建于 20 世纪 30 年代的中华实业银行货栈，1600 平方米的展览空间，保留了原有建筑的肌理和结构。2019 年 10 月，OCAT 上海馆搬迁至新场馆，并于 10 月 20 日携新展正式对公众开放。

图 3-4　OCAT 西安馆（新迁址），2020（笔者拍摄）

OCAT 西安馆于 2013 年 11 月开馆，它致力于当代艺术，其使命是整合当地及国际资源，以国际化的水准来呈现并推介中国当代艺术，同时支持多样化的、立足西安的文化交流项目。OCAT 西安馆旧馆共有三层，包含两个展览空间和一个活动中心，由专业策展人及艺术工作者组成的小型团队进行管理。其展览项目全部向公众免费开放。希冀无论参观者是初次接触当代艺术，还是想深入了解活跃在当代艺术界的艺术家们，都能得到满意的收获。透过展览项目，OCAT 西安馆成为国际艺术界的一员。其项目关注当代艺术实践，尤其那些回望历史、展望未来，同时思考西域沿线文化多样性的作品。曾经有人说，东方与西方在古代的西安相遇。如今，OCAT 西安馆正力求透过呈现走在时代前沿的当代艺术实践延续其融合之气。2020 年 9 月，"六周年回顾展"和"沣水研究计划"双展在新场馆开幕。

图 3-5　OCAT 研究中心（北京馆），2020（笔者拍摄）

　　OCAT 西安馆和上海馆的地址都搬迁了一次，体现了投资企业对 OCAT 的态度和需求转向，这并不是说不好，而是充满了不确定性。毕竟一座美术馆对业界和周围社区的影响力不是一两天的经营所能塑造的，需要不断地辛勤耕耘才能提升形象。从 OCAT 西安馆旧址①到新址②，搬迁距离较远，可以说从西安市区地理位置的东南角搬迁至西南角。值得庆幸的是美术馆建筑硬件进行了一次升级。OCAT 上海馆旧址③与新址④由于搬迁距离不远，对观众的地理认知印象尺度影响不算太大。

　　OCAT 研究中心于 2015 年正式向公众开放，是 OCAT 在北京设立的非营利性、独立的民间学术研究机构，是 OCAT 馆群的有机组成部分。它以艺术史的研究、出版、图书文献和展览交流为主要功能，它的主要研究对象是自 20 世纪以来中国现当代艺术的视觉艺术实践，包括艺术家、艺术作品、艺术流派、艺术展览、艺术思潮、艺术机构、艺术著述及其他艺术生态，它还兼顾与这一研究相关的图书馆、档案库的建设和海外学术交流。同时，它还是 OCAT 馆群在北京的展示平台。OCAT 研究中心旨在建立一种关于中国现当代艺术的"历史

---

①　陕西省西安市雁塔区北池头一路南段，OCAT 西安馆（华侨城 108 坊西门）。

②　陕西省西安市沣河东路西咸沣东文化中心。

③　上海市静安区文安路 30 号 1 层。

④　上海市静安区曲阜路 9 弄下沉庭院，负一层（轨道交通 8 号线，12 号线曲阜路站 2 号口）。

研究"的价值模式、学术机制和独特方法，它的学术主旨是知识、思想与研究，它提倡当代艺术史与人类精神史、观念史、思想史和视觉文化史整体结合的学术研究传统和开放的学术研究精神，关注经典艺术史著作的翻译出版与现当代艺术史、与古典艺术史研究的学术贯通。

OCAT 欢乐海岸展区·盒子空间成立于 2015 年，由深圳华侨城当代艺术中心出资建设，广州美术学院油画系策划组运营管理，中山大学艺术与文化创新研究发展中心为顾问的非营利公益性艺术机构。空间位于深圳华侨城欢乐海岸购物中心，由主展厅与 17 个可移动的副展厅构成。副展厅是白色可移动盒子状空间，主展厅则是由顶层商铺改造的一个更大的"盒子"。

盒子空间开创的新型艺术展览模式，使得艺术呈现并没有因为商业而弱化其意义，反而变得更加坚定，具有突破性，是当代艺术实验介入商业空间的勇敢尝试。

第四节　访谈问题与设计

本研究采用质性研究的方法，试图厘清 OCAT 馆群的价值与独特性，探讨艺术机构与机制批判之间的关系，以及独立艺术机构在中国当代艺术语境中的发展所带来的影响和作用。然后，通过访谈 OCAT 馆群的工作人员、学术委员会委员、理事会成员、艺术实践参与者（包括曾经在馆群中参加过展览的艺术家、策展人、实习生等）、非馆方业界人士等，厘清以运营当代艺术为主的私立美术馆发展路径与未来方向。因此，访谈大纲的设计是依据研究目的与研究问题的提出，以及相关文献回顾、梳理与探讨，运用学者汤姆·文格拉夫（Tom Wengraf）的半结构式深度访谈研究方法，访谈必须"以一种谨慎的和理论化的方式来加以改进"（Wengraf，2001：5）。这种访谈有两个特征：一是它的问题是事先部分准备的（半结构的），要通过访问者进行大量改进。但只是改进其中的大部分：作为整体的访谈是访问者和受访者的共同产物（Joint Production）；二是要深入事实内部（Wengraf，2001：3）。因此，主要针对核心研究问题（Central Research Question，CRQ）、理论问题（Theory Question，TQ），访谈问题（Interview Question，IQ）来进行设计，三者之间是依次延伸、递进和分解的关系，理论问题由核心研究问题锁定搜集何种文献进行探讨，再由此针对具体访谈对象发展出详细的访谈问题，其结构如表 3-2 所示。

表 3-2　研究访谈问题结构一览表

核心研究问题（CRQ）	理论问题（TQ）	访谈问题（IQ）	适合回答对象
OCAT 馆群在中国当代艺术语境中具有什么价值与独特性？	中国当代艺术世界中的独立艺术机构有何特色？	贵馆的发展目标是什么？群体式经营的动机是什么？	OCAT 工作人员
		OCAT 理事会最初成立美术馆的目的是什么？基于什么样的理想来做此艺术机构？在一个什么样的社会情境之下开始启动的？	OCAT 理事会成员
		OCAT 馆群与中国其他私立美术馆的不同之处在哪里？有何特色？	OCAT 学术委员会成员
	从艺术社会学视角分析艺术机构的社会价值是什么？	您认为 OCAT 是一家什么样的当代艺术中心或美术馆（群）？它（们）具有什么特质的优点与不足？	OCAT 非馆方业界人士
		OCAT 研究中心的研究重心在哪些方面？与国内同类别其他研究机构有何不同之处？	OCAT 学术委员会成员
		贵馆的实质定位是什么？与中国其他私立美术馆的不同之处在哪里？有何特色？	OCAT 工作人员
检视中国当代艺术机构与机制批判之间的关系为何？在中国的社会语境下是否有特别的发展？其在地性为何？	艺术中介与机制批判的关系是什么？	由于当代艺术具有奇异性、介入性和接受性等特质，所以在今天当代艺术机构作为创作者和观众之间的艺术中介，它的话语权变得很重要。那么，是不是可以说 OCAT 也构成了新型的艺术机制？又如何进行自我批判？	OCAT 学术委员会成员
		您如何看待 OCAT 馆群与其背后央企华侨城集团的关系？	OCAT 非馆方业界人士

续表

核心研究问题 （CRQ）	理论问题 （TQ）	访谈问题 （IQ）	适合回答对象
检视中国当代艺术机构与机制批判之间的关系为何？在中国的社会语境是否有特别的发展？其在地性为何？	机制批判之于中国当代艺术机构的在地性是什么？	在国际层面，机制批判是当代艺术蓬勃发展的脉络之一，发挥着重要作用。众所周知，中国与西方悠久的美术馆发展历程和制度相比，有着特殊的美术馆运营机制，您如何理解机制批判于中国的在地性？在文化治理与商业社会的双重夹击下，机制批判概念在中国的当代艺术语境中是否有特别的发展？	OCAT 非馆方业界人士
		贵馆与赞助企业（华侨城集团）之间是一种什么样的关系？贵馆如何获取独立性？体现在哪些方面？	OCAT 工作人员
		在中国国情下，如何保持学术的独立性？您认为 OCAT 做到了吗？体现在哪些方面？	OCAT 学术委员会成员
OCAT 馆群为推动中国当代艺术的发展起到什么样的影响与作用？以及为中国社会带来什么样的意义？	博物馆学界的争论对美术馆的发展形成什么样的影响与作用？	贵馆在推介当代艺术（设计）方面，为中国社会带来什么样的贡献？	OCAT 工作人员
		OCAT 馆群作为艺术中介，具有传播性、媒介性，体现的是美术馆介乎艺术家与大众的关系。因当代艺术的受众面属于小众，它如何思考其与大众的关系？在这种三元关系中，它如何扮演自己的角色，抑或是对于中国当代艺术的发展，它处于什么位置或角色？	OCAT 非馆方业界人士
		一家美术馆具有收藏、研究、展示、教育等功能，而新时代还有娱乐、沟通、信息等新功能，OCAT 馆群是如何应对这些变化的？	OCAT 学术委员会成员

核心研究问题 （CRQ）	理论问题 （TQ）	访谈问题 （IQ）	适合回 答对象
OCAT 馆群为推动中国当代艺术的发展起到什么样的影响与作用？以及为中国社会带来什么样的意义？	艺术机构在中国当代艺术语境中产生了何种影响与作用？	能否谈一两个您认为 OCAT 做得较好的呈现作品、展览、表演、策划等的实践？	OCAT 非馆方业界人士
		贵馆的实践种类有哪些？收藏、展示、研究、教育工作是如何开展的？譬如举办的展览又是如何分类的？又譬如 OCAT 的收藏途径有哪些？以什么样的标准来定藏品？贵馆的馆藏系统是如何建立的？公共教育工作有何创新？	OCAT 工作人员
		OCAT 可以作为中国独立艺术的代名词吗？从资助方来看，它并非真正意义上的民间艺术机构，更像是一家公办民营的艺术机构。然而，从它举办的展览、表演、放映、活动等实践内容来看，指向实验性、独立性、先锋性。您认为它有真正起到推动中国当代艺术发展的作用吗？以及为中国社会带来什么样的影响或价值？	OCAT 非馆方业界人士

资料来源：根据笔者绘制。

第五节　资料收集与分析处理

一、资料收集的观点

21 世纪初期的中国社会，普遍认为是工业革命以来，甚至人类历史上一次最大规模人群迈入现代化社会，现况是以消费为背景所建构的"景观社会"（the Society of the Spectacle）（张新木译，2017）。在全球，新思想与新理念的生产速度，比生活的更新速度不知道快多少倍，"后现代""后马克思""后殖民主义"等思潮蜂拥而至。具体而言，"后现代"不是指一个历史时期，而是一种看世界的方法，是一种思维方式。这种方式是与"现代"那套思维模式相对而言的。自文艺复兴以来，启蒙运动、科学革命的出现，一系列改变社会的事件的发生，人类认为可以用"理性"来把握和解释整个世界，称之为"现代"。此思考模式伴随着康德对知识、道德和美感判断三大领域的批判，达到顶峰。现代主义者试图界定出一组基本价值、确定原则或者是"真理"的企图，被驳斥为基础论（Foundationalism），譬如马克思主义、自由主义、功能论、结构主义等。后现代主义理论家高度地怀疑以普遍价值、方法或是观点为基础来组织、理解社会的企图（Smith，2001）。同时，他们也认为，诸如自由或者是民主这类基础论概念，并不能保证能带来一个更好的社会。理查德·罗蒂（Richard Rorty，1989）提出应该运用实用主义的标准来评判社会变迁与政策，主张探讨"何者有效"。此外，根据齐格蒙·鲍曼（Zygmunt Bauman，1993）的看法，他认为从 20 世纪下半叶开始现代社会从一个制造者社会转变成一个消费者社会。人们生活在偶然性当道的时代，对于不确定性和矛盾，虽然没有解决方案，但人们仍然需要具有"钢铁般强韧的神经"（Bauman，1991：245）。他与后现代理论家科特·拉什（Scott Lash）认为，"后现代"提供了一个反观"现代"的批判立场。居伊·德波（Guy Debord）则认为景观并非一个图像的集合（ensemble d' images），而是人与人之间的一种社会关系，通过图像的中介而建立的关系（张新木译，2017：4）。这种景观社会之城市是以娱乐化、休闲式、象征性的生活作为消费核心动力。购物中心、游乐场与主题式住宅区就是最好的例证（Smith，2001）。OCAT 深圳馆所在地——华侨城创意文化园（OCT-LOFT），即是以文化消费、休闲生活为目的而开发的，是由深圳华侨城原工业区旧厂房改造而成的创意产业的工作室，引进各类型创意产业，如设计、摄影、动漫创作、教育培训、艺术等行业，还有一些有创意特色的相关产业，如概念餐厅、酒廊、零售、咖啡等。OCAT 馆群的扩张，也是基于华侨城地产业务的重新改造而建立，投资方看重的即是 OCAT 深圳馆的品牌艺术价值。因此，本书在资料搜集时，把研究对象置于后现代主义观点之下来研究其价值，而非传统的艺术与社会学视角。

二、资料的分析处理与编码

本研究在对 OCAT 馆群的过往与当下所有资料收集之后，进行分类整理，以检视资料是否具有代表性、充分、可信度及要评估资料编撰者的动机、可否明确研究所提出的理论解释（Blumer，1979；Plummer，1990）。对资料的分析处理相当于一种对未知的探索，这不仅是对理论的验证，而且是对理论的建构。

重要的是，透过详尽的资料分析，不断检验前述的研究问题，在循环往复的过程中训练、归纳材料的属性，进行抽象化的思考，以期达到科学意义上的创造力。

深度访谈意味着将在每一位被访谈者身上投入大量的时间，所获取的资讯是不确定的。对被访谈对象所提供的资料与讯息，有时并不能确定焦点，需要研究者投入更多的时间资源去消化，在繁缛中发现蛛丝马迹，这就需要研究者掌握分析资料的方法，可视其为研究活动中一种科学化的方式，以便促进某些想法或可能的关注点来驱策研究推进。

本书约有一半采用面对面访谈，一半采用线上语音访谈和书面访谈。前者采访方式是因为笔者当时在广州，2020 年下半年疫情缓和后，笔者飞往西安、北京、上海等城市的分馆去采访员工。后者是因为疫情中两岸隔离政策的严峻，不得已而为之，受访者们也都表示理解，他们根据自己的喜好来选择线上语音访谈或书面访谈。现对这三类访谈进行简要说明。①面对面访谈：与受访者取得联系之后，在采访进行之前一段时间，笔者先将访谈大纲寄给受访者，并附上本书研究的扼要介绍，可使受访者了解访谈问题，以便做更充分的准备。然后，在访谈时会征求受访者是否同意录音，方便日后笔者录音逐字稿整理，其中，有两位受访者不同意录音，笔者以笔记的方式将主要观点与对话内容记录在纸质笔记簿中。②线上语音访谈：笔者 2020 年 10 月中旬返回台北之后，便没有再返广州，即使是 2021 年春节也在学校度过，于是与受访者约定具体时间进行语音访谈，与面对面访谈流程一样，先寄访谈大纲给受访者提前准备，再在通话前或开始时询问受访者是否接受录音，庆幸的是，受访者们都同意录音。值得一提的是，这时的受访者多数为社会各界有影响力的策展人、艺术家或研究者，平时特别忙，他们的时间非常难约，有几位约了数次才约到。③书面访谈：有一部分受访者不擅于口述表达，更喜欢透过文字来回应笔者的问题，也有个别受访者不习惯采用电子语音设备而采用书面访谈。流程和前面两种方式一样，先寄访谈问题给受访者，再请受访者根据自己的时间来回复书面资料。

总之，研究者对资料情境的背景知识还原，运用诠释性的取径，以期达到检证理论、建构理论的目的与结果。

表 3-3 访谈对象编码、日期、地点、时长与身份一览表

访谈对象编码	时间	地点	访谈形式	时长	受访者身份
F-1	2020 年 7 月 3 日	广州	面对面访谈	120 分钟	华·美术馆工作人员
F-2	2020 年 7 月-10 月	深圳	面对面访谈	约 600 分钟（数次）	OCAT 深圳馆工作人员
F-3	2020 年 7 月 28 日	广州	面对面访谈	60 分钟	OCAT 研究中心工作人员
F-4	2020 年 9 月 14 日	深圳	面对面访谈	80 分钟	OCAT 理事会成员
F-5	2020 年 9 月 22 日	西安	面对面访谈	105 分钟	OCAT 西安馆工作人员
F-6					OCAT 西安馆工作人员
F-7					OCAT 西安馆工作人员
F-8	2020 年 9 月 23 日	西安	面对面访谈	80 分钟	OCAT 西安馆工作人员
F-9					OCAT 西安馆工作人员
F-10	2020 年 9 月 25 日	北京	面对面访谈	60 分钟	OCAT 研究中心工作人员
F-11	2020 年 9 月 30 日	北京	面对面访谈	140 分钟	OCAT 研究中心工作人员
F-12	2020 年 9 月 30 日	北京	面对面访谈	50 分钟	OCAT 研究中心工作人员
F-13	2020 年 10 月 8 日	深圳	面对面访谈	110 分钟	OCAT 深圳馆工作人员
F-14	2020 年 10 月 9 日	广州	面对面访谈	125 分钟/35 分钟（两次）	华·美术馆工作人员

续表

访谈对象编码	时间	地点	访谈形式	时长	受访者身份
F-15	2020 年 10 月 11 日	深圳	面对面访谈	145 分钟	华·美术馆工作人员
F-16	2020 年 10 月 12 日/ 2020 年 10 月 14 日	上海	面对面访谈	50 分钟/55 分钟（两次）	OCAT 上海馆工作人员
F-17	2020 年 10 月 13 日	杭州	面对面访谈	135 分钟	OCAT 上海馆工作人员
F-18	2020 年 10 月 14 日	上海	面对面访谈	80 分钟	OCAT 西安馆工作人员
S-1	2021 年 1 月 4 日	广州	线上语音访谈	45 分钟	艺术家
S-2	2021 年 1 月 4 日	北京	线上语音访谈	40 分钟	当代艺术研究者
S-3	2021 年 1 月 5 日	广州	线上语音访谈	135 分钟	策展人
S-4	2021 年 1 月 20 日	北京	书面访谈		策展人
S-5	2021 年 2 月 2 日	广州	书面访谈		艺术家
S-6	2021 年 2 月 4 日	北京	线上语音访谈	60 分钟	策展人
S-7	2021 年 2 月 4 日/ 2021 年 4 月 7 日	北京	线上语音访谈	70 分钟/55 分钟（两次）	独立策展人、研究者
S-8	2021 年 2 月 6 日	广州	线上语音访谈	80 分钟/70 分钟（两次）	策展人、研究者
S-9	2021 年 2 月 6 日	北京	书面访谈		OCAT 学术委员会委员

访谈对象编码	时间	地点	访谈形式	时长	受访者身份
S-10	2021年2月9日	美国	线上语音访谈	70分钟	OCAT学术委员会委员
S-11	2021年4月30日	北京	线上语音访谈	155分钟	OCAT学术委员会委员
T-1	2021年3月12日	北京	线上语音访谈	120分钟	OCAT实习生
T-2	2021年3月13日	成都	线上语音访谈	105分钟	研究者
T-3（刘鼎）	2021年4月28日	北京	书面访谈		策展人、艺术家
T-4	2021年4月27日	深圳	线上语音访谈	150分钟	博士在读、策展人
T-5	2021年4月18日	杭州	书面访谈		研究者
T-6	2021年4月22日	台北	面对面访谈	40分钟	艺术家、策展人
T-7	2021年4月22日	北京	线上语音访谈	60分钟	艺术家、教授
T-8	2021年4月26日	台北	面对面访谈	60分钟	教授、研究者

　　本书起初预约受访者共计40位，其中有2位接受访谈且答应得很好，但收到访谈问题后失联，讯息已读不回，具体原因未明，至今杳无音信。另有一位由于其个人原因一直预约不到时间。最终有效受访者共计37位，对于受访者的编码为F、S、T，意蕴也非常简单明了，由于深度访谈分为3个阶段，F取自First首字母，代表第一个阶段的访谈。S取自Second首字母，代表第二个阶段的访谈。T取自Third首字母，代表第三个阶段的访谈。阿拉伯数字1代表第1位受访者，2代表第2位受访者，依此类推，例如，F-16代表第一阶段的第16位受访者。之所以访谈分为3个阶段是根据进行时间的前后、受访者的代表性、受访者的数量来定，伴随着后期研究深入的样本量的需要，第三阶段的访谈问

题更有具体指向性和针对性。值得一提的是，在访谈对象的选择上，笔者不仅考虑了受访者地域性的差异，而且也充分考虑了受访者年龄大小所代表世代的不同。

第六节　质性分析的品质监控

对于质性研究的品质监控，本研究的焦点在资料收集过程中逐步清晰，并非在研究初步就设计好等待笔者回答的问题，或等待研究发现验证的假说。资料收集过程较偏重笔者在社会情境中，与研究对象做持久的接触与互动，从交往的经验中来收集全面的资料。本书首先通过指导教授、本学院艺术博物馆专业教授进行学术把关，其次及时听取口试委员给出的建议，认真修正，最后在研究者同侪评估本研究发现是否有效地利用好研究资料，并接受研究结论的客观性质疑。除此之外，最重要的是，本书采用三角交叉检视法（Triangulation）作为拔高质性研究品质的工具，依据信度、效度与客观性等标准来进行评鉴。

具体而言，研究的效度体现在方法与策略层次。研究者透过个案研究、历史回溯、访谈、观察、互动或视觉等资料，来进行完整且丰富的资料收集过程，进而深入了解研究对象如何诠释社会行为之意义。因此，笔者充分理解社会现象是一种不确定的事实，对其进行全面式的、深入式的理解。值得注意的是，在田野调查过程中，没有回应会是一个反复出现的问题。样本选择和可行性虽然已经很完备，但是个别受访者已经收到访谈问题，甚至都约好了具体时间，依然出现联系不上之状况。解决办法是增进抽样架构，可以"过度抽样"（Over-sample）（王盈智译，2005：131）。总之，就诠释性研究的抽样来说，研究者检证理论的目的是通过确认或否证个案的选取。

第四章

艺术机构与当代艺术的共谋：OCAT 馆群的价值与独特性

共谋原意是指共同计划、商量事情。在此，共谋是指艺术机构和当代艺术之间有合谋的意味。中国有很多艺术机构，但定位于当代艺术的不多，有艺术、学术理想的更是寥寥无几，表现为不被官方体制和商业绑架，不向社会现实屈从。这种学术理想与精神恰恰指向的是 OCAT 馆群的理念坚持。关于当代艺术的"历史研究"模式，是 OCAT 创始人黄专先生所提倡的。本章透过梳理 OCAT 馆群的历史脉络和成立背景这一来源性问题，来对比分析国际上的古根海姆美术馆群与泰特美术馆群，以及中国本土的民生美术馆群与 K11 艺术空间群的共同性和差异性所在，探讨 OCAT 馆群的价值与独特性，以期明确独立艺术机构与当代艺术之间的关系，以及存在的重要意义。

首先，本章梳理了 OCAT 馆群的发展历史，包括最初成立时的时代背景、社会背景，以及创始人黄专在这一历程中所起到的关键性作用，他离世前后对美术馆所造成的影响。其次，与国际性美术馆群如古根海姆、泰特并行对比，找出各自不同和差距所在。与此同时，将国内的美术馆群如 K11 进行描述，同样分析异同点，借机反思 OCAT 馆群本身的当下与未来，具有何种价值与独特性。笔者把仅有 15 年历史的 OCAT 馆群与古根海姆、泰特这样的国际艺术机构相对比，固然有许多不太恰当的地方。但如果没有比较，就不能促进自我的发展，这样比盲目的自我扩张更有依据，也更尊重历史。最后，以各个分馆为单位，探讨其运营机制为何，剖析出它们各自的特点与不足。

总之，OCAT 自 2005 年 1 月 28 日成立以来，无论是展览、研究还是出版，一直致力于推动中国当代艺术的发展。正如 OCAT 设立的理念——做中国当代艺术的航空港，这不只是一个程式化口号和预设性目标，它更是一个持续投入巨大的精力来进行尝试、实践的构想。

第一节　OCAT 馆群的历史脉络

本节旨在讨论 OCAT 馆群从最初创立至今的发展过程，厘清它的来龙去脉，以及为何定位是当代艺术。在中国当代艺术语境中，OCAT 馆群的价值与独特性为何，与国内外美术馆群的运营模式的共同性和不同点是什么？那么是不是存在一种中国当代艺术之路？如果确实有，这种中国特色的在地发展，便会成为与西方个人主义、民主文化对话，乃至抗衡的一股力量。然而，在国际化、现代性和多元主义的背景下，两者所遭遇的问题不仅有实质的差异，而且解决问题的方式、方法，以及策略都有所不同。

一、何香凝美术馆的成立、定位与发展

要谈 OCAT，就不得不从何香凝美术馆谈起，因为早期前者是隶属于后者的独立艺术机构，甚至作为该馆的一个分支而存在。先来看理事会成员谈为什么要建美术馆问题。

图 4-1　何香凝美术馆

还是要从何香凝美术馆开始（谈），何香凝美术馆是 1997 年开馆，华侨城是 1985 年成立，成立以后从 1988 年就开始做文化旅游这个项目。首先就做了锦绣中华，其次做了民俗文化世界之窗，相当于是在文化旅游这一块在全国开了一个先河。当时在深圳也没有什么旅游的地方，就只有大梅沙什么的，当时人造主题公园就是从华侨城开始的，从 1988 年开始，1986、1987 年开始规划，1988 年、1989 年就开了。当时华侨城是属于国务院侨办管理，是国务院侨办下面的企业。廖晖当时是国务院侨办的主任，

他是何香凝的孙子，这都是一个渊源。我们当时还特别在台湾做了一个何
香凝的展，廖主任当时想把家里收藏的何香凝的画交由国家统一来管理，
就专门请示了中央，得到批准，所以，为什么何香凝美术馆是一个国家级
的美术馆？因为她的身份不一样，她的作品价值也不一样，当时有很多地
方可以选，广州有一个仲恺农业工程学院，后来廖主任就看中了深圳，把
何香凝美术馆就放在了深圳，由华侨城集团代管，是直属于国家侨办管理
的一个美术馆。（F-4/2020-09-14）

受访者 F-4 谈到华侨城与何香凝美术馆的渊源，何香凝是廖仲恺先生的夫
人，二人一起留学日本，早期均为孙中山先生领导的中国同盟会成员。

从何香凝美术馆的网站得知，1995 年 5 月 13 日，该馆经中央批准在深圳兴
建，1997 年 4 月 18 日建成开馆。江泽民同志为其题写馆名，该馆为中国第一个
以个人名字命名的国家级美术馆，由国侨办委托华侨城代管。现为中央统战部
直属公益一类事业单位，坚持以"特色立馆、学术先行"为办馆宗旨，以"何
香凝研究为中心，关注女性艺术，弘扬传统文化，兼容并蓄，面向未来"为发
展方向。何香凝美术馆建筑面积 5000 余平方米，主体采用灰、白两色调，典雅
庄重。建筑风格素朴大方，于浓郁的传统文化氛围中体现着现代感，更体现着
何香凝先生一生的品格。美术馆建筑共 3 层，设有主展厅、副展厅、多功能报
告厅、公教活动区、咖啡厅书吧、藏品库、文献库、图书馆、裱画室、办公室、
会议室等设施。何香凝美术馆以收藏、陈列和研究何香凝先生的艺术创作及艺
术文献资料为基本宗旨，并以策划、展示、收藏、研究优秀的传统艺术、海外
华人艺术、女性艺术，整理和保存相关的艺术史文献资料等作为主要学术工作，
注重交流、介绍和推广中外当代艺术。建馆以来，何香凝美术馆作为着力推广
和传播何香凝艺术和当代艺术的公共艺术机构，创立了"何香凝艺术陈列""何
香凝艺术精品展"（巡展）"深圳国际当代雕塑展""何香凝美术馆学术论坛"
"何香凝美术馆人文之声学术讲座""全国美术院校油画专业应届毕业生优秀作
品展""海外华人邀请展"等核心学术品牌。于 2005 年创立了以整合海内外当
代艺术资源，推动中国当代艺术与国际接轨的"OCT 当代艺术中心"。① 其中，
当代雕塑艺术年度展的举办，与 OCT 当代艺术中心的成立有着重要的关系。华
侨城的管理层和美术馆的管理人员就如何运营好一家美术馆，以及如何开发地
产，经常一起去西方社会进行考察。不管是企业为了文化软实力建设也好，还
是为了追逐利益也罢，在机缘巧合之下，企业家的人文理想和策展人的艺术观

---

① 何香凝美术馆概况［EB/OL］.何香凝美术馆官网，2021-03-22.

相结合，把雕塑展品设置在公共空间（生态广场），与社区居民的生活发生关系。

表 4-1　深圳国际当代雕塑展一览表

序号	展览名称	时间	策展人	主办单位
1	第一届当代雕塑艺术年度展	1998 年 11 月 21 日—1999 年 11 月 21 日		何香凝美术馆、深圳雕塑院
2	第二届当代雕塑艺术年度展——平衡的生存：生态城市的未来方案	1999 年 10 月 16 日—2000 年 10 月 16 日	黄专（学术主持人）	何香凝美术馆
3	第三届当代雕塑艺术年度展——开放的经验	2000 年 12 月 12 日—2001 年 12 月 12 日	易英、殷双喜	何香凝美术馆
4	第四届深圳当代雕塑艺术展——被移植的现场	2001 年 12 月 12 日—2003 年 12 月 11 日	中方：黄专 法方：阮戈琳贝（Alberte Grynpas Nguyen）、程昕东	何香凝美术馆、法国外交部艺术行动协会
5	第五届深圳国际当代雕塑展——第五系统	2003 年 12 月 12 日—2005 年 12 月 11 日	侯瀚如、皮力	何香凝美术馆
6	第六届深圳当代雕塑艺术展——透视的景观	2007 年 12 月 16 日—2008 年 5 月 20 日	冯博一	何香凝美术馆、何香凝美术馆 OCT 当代艺术中心

参考何香凝美术馆网站，2021-03-27，笔者整理。

由表 4-1 得知，自 1998 年至 2008 年，何香凝美术馆共举办了六届当代雕塑展，前三届每年一次，后三届每两年一次。第六届由何香凝美术馆与何香凝美术馆 OCT 当代艺术中心共同举办。自第六届之后，更名为深圳雕塑双年展，由 OCT 当代艺术中心举办。

那么也是结合投资方一些要求，一些期许、希望，做了第一届深圳当代雕塑展，1998 年、1999 年一直到 2005 年做了五届。第四届的时候，和法国合作，展了黄永砅的飞机，那个动静还是蛮大的，这个直接导致美国政府知会了法国领馆，提出了严重抗议，就很有故事性，最终那个作品没有在雕塑展里面展出，但是它是一个很有影响力的事件，是一个国际事件。慢慢地这样来做，你就会发现，前期来讲，在生态广场收藏有很多的作品，前面的这些部分，因为中国的公共艺术还没有完全地发展到位，就很多还是城雕感觉的一些雕塑，就慢慢地往后走，黄老师也会发现这种（问题），然后就找了国际的一些雕塑大师，布伦、贝纳·维尼（Bernar Venet），还有一些，比如说菲利浦·金（Phillip King），特别有影响力的，而且基本上那个时候在中国，甚至是亚洲唯一的，维尼和布伦那个时候就是亚洲唯一的，而且一直还保留在这儿。奥拉维尔·埃利亚松（Olafur Eliasson）也有，第五届参展，后来那件作品没有收藏，我们就销毁了，发了邮件和视频告诉了艺术家，所以你说这里留下了这么多东西，我真的觉得那个时候特别是 20 世纪 90 年代末一直到 2000 年初，这个事已经做成了，中国其他地方好多根本连这些人的东西（指作品）都没见过。（F-15/2020-10-11）

由受访者 F-15 的回应可见，华侨城生态广场的开发需求与何香凝美术馆的展览相结合，促成了深圳当代雕塑艺术年度展的诞生。在举办三届之后，从第四届开始和国际策展人合作，为公共空间留下了一批重要的国际雕塑艺术大师的作品。这些艺术家的作品都是非常重要的，在国际当代艺术界或艺术史中扮演着举足轻重的角色。

经过多年不懈的努力，何香凝美术馆已在中国艺术界、学术界和社会上获得了广泛的声誉，建立了当代性、学术性兼具的知识型美术馆的形象，并在国内外产生较好的影响力。作为中央统战部的直属单位，未来工作重心应紧扣时代脉搏，聚焦艺术行业发展，借力深圳先行示范区的区位优势，持续推动美术馆事业的发展。成立初期的 OCAT 隶属于何香凝美术馆，在当时的介绍资料中，声称"是中国唯一隶属于国家级美术馆的当代艺术专业机构"。究其原因，可从其所处地理位置（中国南部的深圳市华侨城）来说，深圳作为 20 世纪 80 年代最早实行市场取向改革的城市，它享有一定的优惠政策和灵活措施。在经过粗放型经济成长之后，产业面临转型升级，文化创意产业是都市更新的领导地位。在这个现代化的城市里，华侨城是一座环境优美、配套完善的现代化滨海城区，拥有旅游、房地产、通信电子等业务，位居行业前列。

1997 年何香凝美术馆（以下简称"何馆"）成立之前，便从中国美术馆借调了乐正维进行筹建工作，之后她便在何馆主持工作，彼时的深圳缺乏艺术史和美术馆研究经验的人才，便于同年 10 月 10 日聘请黄专为学术研究员（实际工作则从事策展）。他为何香凝美术馆策划的"人文之声——何香凝美术馆学术讲座"达数百场，并结集出版了《人文之声——何香凝美术馆学术讲座集萃（1997—2007）》文集，以及组织了数届学术论坛。

二、何香凝美术馆 OCT 当代艺术中心的成立、定位与发展

成立当代艺术中心的机遇来源于对华侨城创意文化园的改造。OCAT 的地理位置在深圳华侨城康佳电子集团的东部工业区，该地块原来是 20 世纪 80 年代建造的集合式厂房，属于沙河实业工业区的一部分，它体现了深圳工业发展的 3 个阶段：早期外商出资金、免费使用土地和 15 年归还后开发成为标准厂房出租。随着工业色彩的淡化，厂房逐渐被闲置起来，一部分改造为电子通信终端的研发基地。时过境迁，这片旧厂房的建筑价值在于它无可复加的普通，在后工业时代它随时面临拆毁的命运，基于对该地区的历史价值的判断，为了保持这个地区的发展轨迹、历史记忆和作为一个普通社区的永续发展过程，设计者对它的前途进行了一次完全脱离常规意义的开发规划。自 2003 年年底开始，经过华侨城房地产公司的规划、投资与深圳都市实践建筑事务所（孟岩、刘晓都/URBANUS）的设计，赋予了极简主义的建筑特色。于是，OCAT 成为这一区域的文化地标建筑，OCAT 室内面积为 3000 多平方米，由办公、展厅、国际艺术家工作室和作品仓库等功能区域构成。OCAT 作为华侨城文化创意产业园区的中心，激活了该社区在特色餐饮、艺术书店、时装店、设计工作室、艺廊、咖啡馆等业态的多元发展，形成了深圳新类型的文化产业开放社区。[①] 从命名为"起飞：何香凝美术馆暨 OCT 当代艺术中心当代艺术品典藏展"的 OCAT 开幕首展，不但可以看出这一艺术中心和何香凝美术馆的渊源，而且能看出黄专与该馆的紧密联结。尤其是第二届何香凝美术馆学术论坛即 OCAT 的开幕论坛，主题是"第一种声音——中国当代艺术家论坛"，由三个单元构成，一是"主人还是客人：第三空间中的中国艺术家"；二是"学术还是操作：'策划人时代'的艺术思考"；三是"艺术还是技术：高科技/多媒体和艺术创作的关系"。这一主题表明策展人、研究者、艺术家在中国建立独立交流机制的愿望，与艺术作为第一主体的发声，以及在资本和全球化中对自身处境的反思。多数人关注的是文化创意产业所带来的经济效应，而不明白美术馆是民众终身学习的场所，

---

① 引自何香凝美术馆新闻通稿"建造中国当代艺术的航空港——OCT 当代艺术中心（OCAT）即将开幕"，OCAT 开幕式北京新闻发布会，时间：2004 年 12 月 13 日下午 19 时，地点：北京国际俱乐部新闻发布厅。由冯博一提供。

更代表着一个地区的文明表征。与此同时，"无藏品"美术馆的诞生，难免导致公众存有一种想象，即美术馆是无争议的、中立性的空间。另有将美术馆喻为殿堂和殖民化产物一说。

就早期设立的《何香凝美术馆艺术指导委员会章程》来看，明确显示了何香凝美术馆是以收藏、研究、展示当代艺术为主的中国国家级美术馆，OCT 当代艺术中心（OCAT）是何香凝美术馆的下属机构，并且意在整合国内外当代艺术资源，建立与国际当代艺术界的交流渠道，建构中国有序、健康的当代艺术运行机制。

OCT 当代艺术中心有两个重要的关于国家社会记忆和历史的综合研究展，造成了一定的影响力。分别是"创造历史：中国 20 世纪 80 年代现代艺术纪念展"（2006）和"国家遗产：一项关于视觉政治史的研究"（2009）。

第一，"创造历史：中国 20 世纪 80 年代现代艺术纪念展"是一个非常重要的展览，毫不夸张地说是首次全方位呈现 80 年代中国现代艺术面貌与纪念的展示。这个展览分为三个部分，第一部分为序曲：星星画会与伤痕绘画；第二部分为高潮："85 新潮美术"运动；第三部分为谢幕：89 中国现代艺术展。通常，中国艺术界把中国现当代艺术的开端认定为"星星画会"。哲学或科学的研究者不是坚持某种立场或某个主义，而是积极地去寻找思想——一种审慎的思考。思想的重要性在于，从道不从人。"运动的性质就是反传统、反权威和求变，要和过去不一样。"（高名潞，2006：36）中国历史和现状的复杂性，造就了中国式"反艺术"，这种"'反艺术'，不是不要艺术，而是要把艺术和日常生活的界限打破"（高名潞，2006：38）。

第二，"国家遗产：一项关于视觉政治史的研究"是 OCAT 和英国曼彻斯特艺术设计创新研究院（MIRIAD）共同开发的文化视觉史研究专案，由黄专、约翰·海雅特（John Hyatt）策划。在前言的开头，他们就开宗明义地阐述了展览的主张：探讨中国近现代"国家"概念形成过程中的思想史、视觉史意义。围绕中国近现代民族国家形成的思想史和视觉史逻辑，讨论"现代化"与"反现代化"观念对中国作为民族国家形成的意识形态影响，以及国家由文化实体向政治实体、精神实体转换中的视觉形式与图像元素。该研究有五位参展艺术家：王广义、汪建伟、卢昊、曾力、隋建国，三位学者：巫鸿、汪晖、赵汀阳。作品、历史图文材料与论文完整地呈现了所要表达的主题。黄专认为，名称中"遗产"指的是在中国近现代国家观念形成中以物质产品、政治空间、文化仪式、审美活动等方式存在的视觉性元素，当公众将其置于一种反思性位置时，公众与它的关系就进入一种解放和超越的状态，策展人称其为"超意识形态"。

巫鸿则提醒到，人们习惯把"遗产"想象成一种过去时的东西，但它恰好也是还在进行的、完成中的东西。此外，"遗产"中包含的碎片含义与其研究的"废墟"概念相关。

王广义的参展作品《东风—金龙》翻模复制了中国生产的第一辆汽车，权力象征意味和消费符号的映射关系透过现代化工业产品隐喻出来。卢昊的参展作品《复制的记忆》透过对北京城九座古城门的虚拟复制，完成了对中国城市建筑的一次视觉考古学分析。曾力的参展作品《水城钢铁厂》调查了冷战时期中国的工业革命发展和进程中的精神意义。隋建国的参展作品《大提速》针对中国近现代国家铁路设计中的"提速"概念，研究"速度"之现代性意义对国人心理症候、社会环境、精神价值的综合影响。

黄专认为"国家遗产"中的"遗产"一词于他而言是个中性词，在"什么是我们的'国家遗产'"中指出了此项展览和研究的艺术史目标："它将为中国当代艺术提供一种从史学意义和反思立场而非犬儒化、图解化把握其政治发展方向的独特视野"（何香凝美术馆 OCT 当代艺术中心，2008b：317）。在论及参展艺术家的作品时，"既不是简单批判，也不是简单赞颂，更不是调侃，而是体现了一种我称之为'批判性情感'的东西"（何香凝美术馆 OCT 当代艺术中心，2008b：321），由此可见，策展人作为知识分子的反思与复杂性。重要的是，艺术机构 OCAT 是作为"活"文化资产（Cultural Heritage）。诚如廖仁义所言，"保存文化资产不只是历史博物馆的责任，也是艺术博物馆的责任。艺术博物馆之所以是保存文化资产的场所，在于它保存的艺术作品都是文化资产，而不在于博物馆建筑必须是文化资产"（廖仁义，2020：67）。在中国，对将当代美术馆的艺术品视为文化资产的重视程度明显不足，更多在意的是艺术作品和展览本身。

三、OCAT 馆群的成立、定位与发展

在深圳，华侨城区域的规划由于早期是邀请新加坡的设计师"操刀"，在建设完成后即展现出非常棒的风采。在艺术文化方面，华·美术馆、OCT 当代艺术中心、何香凝美术馆更获得不少美誉，公众们称之为"艺术三角"。

具体而言，OCAT 定位很明确。其决策者的眼界与对艺术界的透彻了解，决定了一家美术馆的定位准确与否，更决定着美术馆在未来发展的高度与长远。OCAT 馆群中各分馆有着不同的定位，不仅体现在地区之间的差异性，也充分考量了所在地的区域性与独特性，甚至顾及（依据）了各馆长自身专业的特长。这也为馆群各场馆的互补提供了有力的基础。深圳、西安、上海、北京各地特

征明显，在历史中也扮演着不同的角色，除了经济，对于政治的敏感程度、人文的基础、社会生活的态度也具有差异，对于国际的接轨与联结渠道也不同。如前所述，OCAT 深圳馆定位于当代艺术、华·美术馆定位于设计、上海馆定位于影像新媒体艺术与建筑、西安馆定位于当代艺术、北京馆定位于研究与文献出版。由此可见，西安馆与深圳馆定位相同，都是当代艺术。这不仅表现出西安这一城市中当代艺术的欠缺，也表现了西安馆在城市发展中举足轻重的作用，为千年古都带来新鲜血液与可能性。不同之处在于，西安馆馆长凯伦·史密斯属于外籍人士，又身兼上海摄影中心的艺术总监和主策展人，对当代艺术有着深入研究，当代艺术起源于西方，而西安的传统博物馆林立，遍地随便一挖即出文物的特质，足以彰显出外籍馆长与本土文化的对话。馆长自身的国际资源与当地源远流长的文化对撞，这种中西对撞的火花也蕴含着多元可能的能量。

在 OCAT 的理念与坚持方面，如前文所述，OCT 当代艺术中心于 2005 年 1 月 28 日成立。自成立之日起，确定以"做中国当代艺术的航空港"为理念，希冀提供"补给站、交通网、起飞点"的社会功能，致力于推动当代艺术在中国的发展。从某种意义上讲，这不仅是一个口号式目标、愿景，更是一种践行与坚持。除去常规性展览、学术研讨会外，再设立"OCAT 国际驻地艺术工作室""OCAT 当代舞蹈剧场演出季""OCAT 主题活动日"特色专案，在 21 世纪初期的中国可谓是独树一帜的，并且是在深圳这一新型城市中的独立当代艺术机构。从 OCAT 到 OCAT 馆群，在中国当代艺术生态中扮演了何种功能与角色？它的自我定位、运营机制，以及与背后出资企业——华侨城集团之间的关系，一直强调、非营利性、独立性与实验性价值的当代艺术机构，如何体现公共性？是值得连续思考的问题。在频繁的与国际当代艺术界互动下，坚持他们想象中的艺术航空港。非营利艺术机构在中国市场商业化的氛围中，不仅显得很珍贵，而且可以说很"奢侈"。它的展演活动不考虑任何市场因素、商业性可能，只顾及学术性价值呈现。

20 世纪 30 年代中期，白盒子类型的展览与包豪斯（Bauhaus）移民一起来到纽约。约 100 年后，21 世纪 10 年代后，在中国声称展览、陈列当代艺术的艺术博物馆机构向人们扑面而来。当代美术馆的增速有时候令人搞不清楚背后的缘由。艺术界的现况表明，当代艺术的快速发展趋势令其自身愈来愈颓废，变本加厉地本源回溯、复归，以此为蓝图而脱离作为精英文化的艺术以往众所瞩目的桎梏。传统美术馆的收藏，一方面，文化语境的再现需透过藏品的陈列与重构，以期获得某种标准喻义的意义；另一方面，美术馆没有永恒意义上的价值尺度，这不仅表现在既有材料的创意发挥上，而且表现为试图在转瞬即逝的特展里获取历史中、美术馆内、艺术史里过往时空的总和。

在深圳，公众有把南山华侨城这个区域比喻为"城市中的城市"。这一比喻恰巧说明了这一区域的独特性——文化艺术的魅力。固然背后有资本的介入，但表现并不是那么突兀，使其在深圳版图上获得了难以被取代的地位。黄专曾言："也许我们需要一种源于历史与记忆，而非现实与利益的政治意识才能走出泥潭，我一直希望从一个有距离的角度观察中国艺术，这不是一种逃避而是一种反思"（李璠，2015：48）。这再次彰显了黄专的历史长远眼光与寻找中国当代艺术的未来出路时，回观自身远比被现实绑架来得更为清醒，也同时体现出他的自我批判意识。这同样展现在他规划 OCAT 馆群扩张时的策略与思路。

> 从黄专个人角度来说，OCAT 馆群的发起，可能在某种程度上更加能承担中国当代艺术向学术化和专业化发展的一种基础。作为企业而言，企业的全国布局，本身就包含了注重开发文化旅游地产和非营利性质的当代艺术展示平台这样的多方面综合考虑。（T-5/2021-04-18）

从受访者 T-5 的回应得知，黄专发起 OCAT 馆群联结企业与学术合作体现了双赢价值的最大化。因为 OCAT 馆群有一个明显的特点，即各个分馆的执行馆长或学术带头人都是兼职，他们每个人都有自己的主要职业，譬如 OCAT 的首位主任黄专生前是广州美术学院美术学系的教授；OCAT 研究中心的馆长巫鸿，是芝加哥大学艺术史学系教授；学术总监郭伟其是广州美术学院艺术与人文学院教授；OCAT 上海馆的执行馆长张培力是中国美术学院新媒体系教授；OCAT 西安馆的执行馆长凯伦·史密斯是上海摄影艺术中心策展人；华·美术馆的执行馆长冯峰是广州美术学院实验艺术系教授。这种馆群关键性人士的兼职特质造就了 OCAT 馆群与中国其他民营美术馆相比，是一个特殊的现象。

此外，在问及访谈对象 T-2 时，他针对 OCAT 馆群和华侨城集团的关系提出：

> OCAT 成为华侨城的品牌，我认为这个时候不能用文化品牌这个词汇来谈，变成了一种叫作什么宣传工具。你谈的文化品牌，我认为各个馆是它的文化品牌，这个是没有问题的，对不对？但是当你说这块地需要热的时候，当你说这个项目需要文化的时候，你就会把华侨城的东西移植到这上面去，那就变成工具性了。我觉得这个是它的弊端。（T-2/2021-03-13）

作为中国当代美术馆界的专业人士，访谈对象 T-2 对于艺术机构的工具性问题非常警觉。因为一旦艺术机构沦为资本的工具，其独立性和学术性势必难以保全。馆际网络的形成，对扩大美术馆自身的影响力，将蕴含的资源整合，文化机构的运用发挥到极致作用。从区域到全国的过程中，美术馆的上级文化部门应该足够了解艺术事业以及它在社会中的重要性认知，且莫行政挂帅，否则将导致美术馆的公共教育作用南辕北辙，既浪费社会资源又建构不出健康的公共领域。

第二节　与国际、国内馆群的异同

将本书研究对象与国际著名艺术机构来对比，准确而言，并不很恰当。首先是成立时间的长短相距甚远，国际上做得出色的美术馆设立时间少则数十年，多则数百年，设立仅有十数年的 OCAT 与之相比，有自不量力之感。其次是国际社会语境与中国社会语境不同。在国际方面，社会情境和理论脉络，如博物馆学、艺术学中女性主义、文化多元主义和后现代批判不只是对艺术社会、艺术世界进行了反击，而且对整个西方社会也进行了攻击，思潮与运动一波接续一波。在中国内部，国家体制和传统艺术庞大，当代艺术和批判思考处于引入阶段，艺术家、教师、美术馆和博物馆从业人员处于学习者境遇。最后是美术馆机制的不健全和不成熟。譬如典藏品一向是美术馆的核心，它不但是美术馆方向、定位之所依，其质量之珍贵与优劣，从运营需求角度来看，也是一个美术馆是否具有竞争力的凭证（蔡昭仪，2004：6）。这仅是美术馆核心功能之一，更何况还有其他核心功能的选项。"中国国内的美术馆不可能和西方的美术馆相提并论。无论是现当代艺术的收藏的完整性和相应制度的完善等层面，国内的现实条件都相距甚远。而中国当代艺术对于中国社会来说仍然是个新鲜事物，受众有限。"（T-5/2021-04-18）受访者 T-5 也阐明了这一点，另外也强调了作为新鲜事物的当代艺术在中国的受众有限，也暗示出受众的接受度远远不足。综上所述，虽然中国当代美术馆群与国际美术馆群并不能形成恰当的对比，但是也只有透过相提并论，才能更好地促进中国美术馆群的学习动力，对如何做好后来者角色乃至"居上"和差异性有所启发，更是有助于笔者对于美术馆群这类机构的分析与认知。

一、与国际美术馆群的异同

（一）古根海姆美术馆群

众所周知，纽约现代美术馆（MoMA）在世界范围内有着"制高点式"的影响力。世界上伟大的城市除日常创造巨大的经济价值之外，另一个不可取代的价值是文化艺术的不可替代性，巴黎、伦敦、纽约、罗马、维也纳、京都等即在此列。一家美术馆的典藏品，是其核心功能之一，是文化资产，也是该馆定位的重要依据。从运营机制而言，这也决定着在美术馆界中的竞争力。古根海姆美术馆创办者所罗门·古根海姆（Solomon R. Guggenheim）是先有藏品再有美术馆，通过建馆以来数位馆长的经营，在全球范围内占据了举足轻重的地位，由于扩张策略的实施，成为曝光度高、争议性巨大的"明星美术馆"（见表4-3）。

表 4-3　纽约古根海姆美术馆藏品来源

序号	捐赠者	收藏品主要方向
1	所罗门·古根海姆	抽象艺术
2	佩姬·古根海姆（Peggy Guggenheim）	超现实主义、抽象绘画、雕塑
3	卡尔·尼仁朵夫（Karl Nierendorf）	德国表现主义
4	贾斯丁·汤豪瑟（Justin K. Thannhauser）	印象派、后印象派及早期现代主义
5	凯瑟琳·德瑞尔（Katherine S. Dreier）	历史性前卫绘画、雕塑
6	吉安尼·马提欧利（Gianni Mattioli）	未来派、20 世纪初期意大利前卫艺术
7	吉乌塞培·庞达（Giuseppee Panza di Biumo）	欧洲、美国的极限、后极限、环境及观念艺术

资料来源：根据笔者整理。

毕尔巴鄂的"古根海姆效应"带来争议性，"其将艺术当作商业意味浓厚的筹码进行全球扩张，也让文化界开始把'麦古根海姆'（McGuggenisation）、'麦当劳式美术馆'（Mac Museum）、'古根海姆麦当劳化'（McDonaldization of the Geggenheim）等极具讽刺意味的别名与古根海姆画上等号"（蔡昭仪，2004：13）。自18世纪出现的艺术类博物馆发展至今，样貌、运营模式多元而丰富，表现在功能、数量及内容上。克伦斯市场导向的美术馆运营策略，使古根海姆这个艺术机构成为"先进的奇观文化"（Advanced Spectacle Culture）场所最具

"臭名昭著"的例子。另外，名古屋波士顿美术馆（Nagoya/Boston Museum of Fine Arts）在日本于 1999 年 4 月开馆，是波士顿美术馆的姊妹馆，也是另一个跨国运营的国际案例。

> 古根海姆也好，泰特也好，它们有一个典型的特征，都是有巨大的藏品量，这个是无可厚非的……第二个区别是它们的这个扩张，古根海姆算是扩张，快速扩张。那么它算是重复。比如说古根海姆的这种扩张，它是一种重复性的，叫作人类的文明遗产的，（或者）叫作这种多区域的重复观看，我觉得这个是完全没问题的，这是古根海姆。（T-2/2021-03-13）

无论是古根海姆美术馆群还是泰特美术馆群，这两者有一个共同点是先有藏品再有美术馆。另外，两者的运营策略虽然不同，但运营机制相较于中国的艺术机构而言更为成熟。

（二）泰特美术馆群

华侨城区域中的欢乐谷连锁主题公园、锦绣中华·中国民俗文化村、世界之窗、欢乐海岸等都属于娱乐化场所，OCAT 如同日本的老建筑再利用来做美术馆的方法一样，扮演着助力文化能量补充和社区营造功能。这一点欧洲则不同，譬如泰特现代美术馆对于建筑的再利用，就无法明眼看到。凯伦·史密斯认为，西方（欧美）的美术馆通常都是面向公众的，是向每一个人开放的，人们自然也不再是精英专属。

1992 年，英国议会通过博物馆和画廊法案，泰特美术馆和英国其他主要的国家博物馆一样，在管理方面经历了转折。根据该法案，泰特改组为独立组织机构，而不再属于政府体制的一部分，成立董事会，尽管继续获得"拨款"，但要负责自身的财务状况。这和英国的经济衰退不无关系，未来的筹资模式将为三分之一的政府资金、三分之一的自创营收和三分之一的赞助。这个变化意味着博物馆有能力根据自身的战略利益进行长期的运营和计划，而不再受短期的政府利益和政策影响。于是，泰特迎来了转型，它不但与社会中其他类型的机构建立了良好的合作关系，而且加大支持新的活动形式，以便生产新的知识内容，如此一来，极有可能吸引新的观众。

> 泰特是另外一种模式，即各个分馆是有区别的，馆群中的每一个馆，或者说泰特现代就是泰特现代，对不对？不同的馆是有分工的，在这里面告诉你，这个重复性是不存在的。那么我们回到 OCAT 这个问题，就是它的重复性，如果跟这两个馆群相比的话，第一，它的重复性极强。即便说

张培力那边做影像，深圳那边做其他，这个内容的重复性是非常强的，这是第一点。第二点就是这个要对应泰特的话是你没有区别，对不对？虽然我们前面讲 OCAT 的（分类）有差异性，但是跟泰特一对比，发现它的差异性根本就是单一性了，是吧？那么，我们再跟古根海姆一对比的话，发现这个重复是没有必要的。这个重复是它的可重复的价值性不高。因为OCAT 还面临一个什么困境呢？就是面临着我们中国所有的这些机构对当代艺术的这种展览展示，它还融入一种大的重复性当中去。所以就是在深圳做了，那么它不像古根海姆的藏品，我觉得如果在深圳做了，在西安再做一遍，也挺好，对吧？因为毕竟我们国家大了，但就是一是没有藏品，二是它的区别性，它只是在一个当代艺术范围内的一个区别，那么它的区别性是有限区别，而不像泰特那种它是另外一种区别，它有点像一个城市，比如说我们去伦敦，大英博物馆我看什么，实际上是看这个物质的，就是叫作物质的这种存在。那么大英的这个国家美术馆，我实际上是看古典绘画的，泰特我就是看印象派，以及印象派以来的这些现当代作品，实际上是这种区别。那么 OCAT 只是集中在当代艺术的这一个里边来找区别。（T-2/2021-03-13）

受访者 T-2 指出了泰特及西方著名博物馆典藏品的重要性，抑或艺术作品作为文化资产对公众心理带来的影响力。同时，也指出泰特美术馆群与 OCAT 馆群的最大不同，即本质上覆盖艺术类型的多元面貌和年限范畴的长度。OCAT 尽管希冀做成一个综合性、立体感的独立艺术机构，但与西方的实际差距也是肉眼可见的。

二、与国内美术馆群的异同

中国以当代艺术为定位的私立美术馆尽管历史时间不长，但也随着社会企业和金融机构的发展而高涨。然而，大多数艺术机构都在追求一种短平快的机构模式和票房效应。短时期内对于艺术生态或城市中的文化效应来说是活跃的，但是对于独立艺术创作和学术支持而言，需要更为长期的系统计划和执行力（巫鸿，2018：562）。OCAT 则有着更为长远的思考和史学视野。

如果说有不同就是 OCAT，一是集团化运营，连锁店，在各地形成一种直接切入的艺术势力，对在地产生的影响是其他机构所没有的；二是早年打下的基础使资方对这件事整体上有一定的认可度——毕竟不能直接带来收益，内部有争议也正常；三是至少从目前看比较稳定，不像很多私立美

术馆不确定性特别强，而且急功近利。（S-4/2021-01-20）

受访者 S-4 指出了 OCAT 的三个特点，由于 OCAT 馆群背后的赞助企业华侨城是央企，实质上它是一个公办民营的艺术机构，介乎于公立美术馆与私立美术馆之间。总之，它的特质可概括为：一是地域性，二是认可度，三是稳定性。这与某些地产企业出资的美术馆有很大不同，那些企业将楼房卖完之后便不再资助美术馆。虽然不能确定 OCAT 馆群的未来，但就目前来说，它每个分馆每年获得的资本投入与其他私立美术馆并不能相比，如广东时代美术馆、龙美术馆、民生美术馆等，可还算稳定。"如果说和其他民营美术馆相比，可能最大的优势就在于完全不必考虑任何商业的回报和营收的问题。"（T-5/2021-04-18）受访者指出了 OCAT 馆群的独立性及优势所在，也同时暗示出它的公益性。换句话说，OCAT 馆群从设立之始的定位是准确的，持之以恒对自身理念的坚持是正确的。

（一）民生美术馆群

民生美术馆群包括上海民生现代美术馆、北京民生现代美术馆。前者创建于 2008 年，2010 年对外开放，2017 年搬迁至浦东，与 2014 年成立的上海二十一世纪民生美术馆实现整合，2019 年迁址静安区新业坊。后者展馆建设和筹备于 2012 年启动，2015 年开馆。它们的背后赞助者是中国民生银行股份有限公司，该公司是中国第一家由民间资本设立的全国性股份制商业银行。

（二）K11 艺术空间群

2008 年，郑志刚先生（Adrian Cheng）创立 K11，把艺术、人文、自然三大元素融合进品牌，他将艺术与商业融合，企图创造一个可持续发展的"艺术+商业"的运营模式，在大中国创造生活艺术商场、写字楼和住宅（见表 4-4）。K11 Art Foundation（KAF）是由他于 2010 年成立的香港非营利机构，旨在推动中国当代艺术的发展。秉持此使命，KAF 举办展览、艺术家驻留计划和教育等项目，致力扶植艺术家。KAF 亦积极与国际艺术文化机构建立伙伴关系，与策展人等专家共同缔造具影响力的跨界交流机会，丰富当代艺术论述。[1] 由此可见，这类企业将时尚与艺术创作之间日益破碎的融合，往往抹去了后者的公共性和政治性。所以，在模式上 K11 与 OCAT 都是以美术馆（艺术空间）群在运营，但本质上的差异在于前者的意图过于明显，直接靠艺术作为工具来拉高商

---

① 参见 k11 Art Foundation 官网，2021-03-26.

业品牌的形象，且有矮化艺术之嫌；后者则更加强调艺术的学术性和实验性。

表 4-4　K11 艺术空间群构成一览表

序号	各分馆名称	成立时间
1	香港 chi K11 艺术空间	2009 年
2	武汉 chi K11 艺术空间	2010 年
3	北京 K11 环保体验馆	2010 年
4	上海 chi K11 艺术空间	2013 年
5	沈阳 chi K11 艺术空间	2017 年
6	广州 chi K11 艺术空间	2018 年
7	天津 K11	2019 年

资料来源：笔者整理。

华侨城的陈剑反思认为"华侨城做当代艺术，其实是站得更高，看得更远，也不是求近期的或者是直接的商业回报"（巫鸿，2018：413）。从陈剑的观点可以看出，华侨城集团将支持艺术提升至企业的战略高度，甚至认为是自己的责任，且具备长远的眼光和思考。

> 我认为 K11 这个模式，它其实和 OCAT 有点像，但是我觉得 OCAT 还是比这个 K11 强的，连同你第一个问题的知识生产这个事。它的知识生产多样性更强一些，因为 K11 还是主要通过展览来带动的这个方式，但是 OCAT 的方式比较多元。第一个是他们在做展览的时候，前几年的这种当代艺术史中的重要艺术家的大型个展，它很有这种贡献性。第二个是他们的这个黄专，他设置的这一些，我也不知道是不是黄专设置的，就是它的这种模式，每个馆、每个地方承担的作用还不太一样……另外一个，它的这个生产机制上不仅仅是在展览，比如说《世界 3》书籍的出版，包括它们 OCAT 研究中心的研究性展览的这种模式，所以它这个知识生产我更多地把它串一串的话，它还是一个当代艺术史模式下的一种方式。（T-2/2021-03-13）

从表面上看，OCAT 与 K11 都是伴随着背后的企业在做全国性扩张。然而，受访者 T-2 也指出了它们彼此本质的不同，前者以研究、展演、出版等建构当代艺术史的方式进行知识生产，后者以艺术展览提升商场品味。

三、OCAT 馆群的价值与独特性

OCAT 馆群并不是为做展览而展览，而是以学术独立性研究为内核，做立足于中国本土的当代艺术航空港。为厘清 OCAT 的价值与独特性，笔者将这一问题直接问及数位受访者，得到了如下回答。

> 我就说一下 OCAT 的具体的价值，其实从目前我们国内能够数得上号的这些美术馆，就 OCAT 至少黄老师在的（时候）以及黄老师去世之后的两年，它保持了非常连贯的学术性的诉求，甚至北京馆直到今天还在（坚持）这种学术性的诉求和学术生产的过程。那这个是真的其他美术馆，无论是馆群还是个体的美术馆都做不到的，因为 OCAT 从它一开始在何香凝美术馆的时候，它就是这样的一个定位，黄专在何香凝美术馆的时候，就是一个非常学术的定位，何香凝美术馆的展览也没那么重要，何香凝美术馆最重要的就是学术、研究、讨论、人文知识讲座这些东西，所以以这个为基底。我不知道你有没有对上河美术馆有过一定的了解，上河美术馆只存在了两三年时间，就在成都，然后上河当时它的学术委员会主席也是巫鸿，也是黄专请过来的，上河当时的核心是吕澎。其实也就是在上河这样的一个案例当中，黄专是能够感受到说我们如果就是扎扎实实地来做学术，我们就是以学术为目标来做艺术的话，其实是有可行性的，所以虽然上河今天已经淹没在整个历史当中了，然后它留下的材料也很少，但是其实给了黄专一个很明确的方向就是觉得这条路可以走。而且黄专在世的时候，每个馆就是因为他挑选的这些馆长，每一位都是有点研究，或者至少不反制。理解吗？就是至少不反对知识生产，那么无论是凯伦·史密斯、张培力还是没有形成的武汉馆，本来要建武汉馆，在东湖上，然后馆长是隋建国，那么都一样。因为张培力、隋建国这些人都至少不反制，所以就是我认为因为他们确实当时没有什么样的商业目标，他们没有绩效考核的要求，他们就真的想好好地做艺术，好好地把学术做好，无论能够做到什么样的地步，这跟今天后来发展起来的这些民营美术馆在核心诉求上，一开始就不一样。（T-4/2021-04-27）

受访者 T-4 指出了 OCAT 的价值在于其对学术性诉求和学术生产的过程的坚持，这源自黄专自上河美术馆的参与经验至何香凝美术馆的研究实践，以一脉相承的学术性为第一位的考量。甚至包括黄专将 OCAT 研究中心"托孤式"地邀请巫鸿做执行馆长，凯伦·史密斯、张培力、冯峰也都是他邀请而来做各

个分馆的执行馆长，做展演活动的学术把关。也正如受访者 T-4 所言，这些被挑选或被邀请而来的艺术界人士，以及未建成的武汉馆执行馆长，都强调知识生产的重要性，对当代艺术的未来有所坚持，或者说他们在各自的位置上做着对学术有贡献、有意义的践行。

> 今天所谓的一些美术馆在做学术，它更多的还是一种品牌，比如泰康空间，是很看重学术的，但是这样的学术，就在近期，如果你之后有机会了解泰康空间的话，就在近期他们有一些员工离职，其实就是很大程度上受不了泰康整个集团已经将泰康空间的学术研究当成一种绩效考核的形式在做，那么它的绩效考核是直接跟保险的销售量挂钩的，每个员工都要卖保险。然后广东时代美术馆的每个员工都有卖房的绩效，他们每个员工身上都扛着卖房的指标，如果你今年卖不到房，要扣钱的。所以我觉得最独特点在于，当这个企业真的对你本身就是一个实验，对你没有经济上诉求的时候，它的独特性能够显现出来。这一点上，可能今天在 A4 美术馆身上体现得还比较好，就是 A4 美术馆的老板其实不太在乎这个事情能不能赚钱，所以 A4 美术馆在过去几年的这个内容，包括李杰他们的运作当中。其实我个人是很看好 A4 美术馆的发展，以及他们过去所做的这些工作。所以就如果是独特性的话，可能就在于这里，它就是有先发优势，然后它的先发又奠定了它的工作核心、它的框架，所以也许它有一定的参考意义，比如说每一个馆，……泰康空间也过来考察，然后红砖美术馆也过来考察，龙美术馆也过来考察，每一个馆都说他们要建立一个学术部，都说要建立档案库，可是真正能够把这个事情做下来的人，反正我目前还没看到，除了泰康空间真的能够招到一批不错的员工，……至少红砖美术馆也好，龙美术馆也好，没有一个有苗头，都没有，这也不是他们的核心诉求，只是嘴上一句话而已，也是一种语言的套路。（T-4/2021-04-27）

在关于 OCAT 的独特性提问之时，受访者 T-4 回应并列举了泰康空间（北京）、广东时代美术馆（广州）、A4 美术馆（成都）、红砖美术馆（北京）、龙美术馆（上海）作为案例，提出 OCAT 具有学术先发优势，较早地确立了美术馆工作的核心和框架，表现在对于学术研究的重视、对于文献档案的累积。换句话说，这种学术意识与理念的建立早晚比具体做什么实践更重要，受访者 S-8 也是如此认为。如今的 OCAT 与泰康空间、广东时代美术馆一样，也开始面临着员工业绩考核压力，虽不像后两者卖保险、卖房那样的操作方式，但各种报表审批、年终汇报、优秀员工评比等企业管理方法，势必会导致美术馆员工的积极性大打折扣，甚至波及 OCAT 所谓的知识生产效果。这也体现出企业对于 OCAT 的干预与掌控程度，那么如此下去 OCAT 的独立性也是需要打以问号的。红砖美术馆和龙美术馆也并不以学术作为核心诉求，而是以展演实践为主要目的。

再看以下这位受访者的回答，"OCAT 的价值和独特性，最重要的一点，就是它的展览和研究非常独立，这也得益于（学术）委员会的机制"（S-9/2021-02-06）。从 S-9 的访谈可以看出，一方面对于学术委员会机制的肯定，另一方面对于机构独立性的强调。

> 优势在于黄专等人早年积累的人脉关系为他们提供了很好的行业资源，当然这也是相互的。这种优势在近年来美术馆大跃进、各类独立空间、资本纷纷出现的情况下逐渐消失了或者至少没有那么强烈了，而且在黄专去世之后凝聚力、号召力有些断崖式下跌。各分馆在机构运行上可能还是有些问题，或许和整个中国的情况一样，关键人物在其中发挥着极为重要的作用，团队比重不高。（S-4/2021-01-20）

这位受访者不仅指出了黄专对机构的影响力以及相互成就的特点，而且也批判性地分析了艺术机构运营上的一些困境和问题。

> OCAT 从 2005 年正式开馆，馆长黄专一直坚持独立的学术研究和注重历史性和思想性的展览策划，可以说就国内状况而言，是非常独特和具有持续性的。一直到后期 2015 年北京研究中心的成立，都可以看到 OCAT 在中国当代艺术中的特殊轨迹。（T-5/2021-04-18）

受访者 T-5 强调了 OCAT 之于中国现状的独特性与持续性，这二者又体现在研究性、历史性和思想性的坚持，对应的是 OCAT 馆群自始至终的理念。

综上所述，数位受访者从不同面向回应了 OCAT 的价值与独特性在于对学术性、研究性、独立性的持续坚持，这样的要求在中国其他美术馆的确并不多见。其实自 OCAT 成立以来，它既不甘心作为华侨城地产的附属品，又不愿作为当代艺术的点缀而存在。之所以选择以当代艺术来定位，是因为它可以回应当代社会所产生的问题。朱青生认为当代艺术是对人性的一种不间断的拷问，是对人受到知识、计算和思想奴役的一种不间断的解放，是对无所谓前提和无所谓前置条件的人的创造力的鼓励和动作（巫鸿，2018：225）。朱青生在北京大学历史系担任教授，一直在编撰《中国当代艺术年鉴》，他和黄专一样都是做学问的人，但是两者对当代艺术研究的切入点非常不同。

第三节　OCAT 馆群的运营机制

本节对 OCAT 馆群各场馆和展区的运营机制进行了逐一分析，挖掘其特点。此外，还探讨了 OCAT 馆群运营的不足之处。

一、OCAT 深圳馆的运营机制

OCAT 深圳馆随着业务和时代的发展，对于人员架构中的专业部分构成及工作面向也处于不断地调整之中。目前分为展览部：负责艺术家、策划人的联络沟通、各艺术项目的运作和相关出版物的编辑。研究部：主要承担各艺术项目的相关文献研究、出版物编辑、档案管理。公共关系与公共教育部：主要负责媒体、合作伙伴的联络、形象推广、公共教育及拓展。这三个部门互相合作，负责 OCAT 展览、OCAT 图书馆、OCAT 工作室、OCAT 表演、OCAT 放映、OCAT 出版等内容，共举办展览 65 场，研讨会 15 场，讲座与对谈 161 场，驻地创作 10 期，表演 18 期，放映 10 期，出版物 38 本（见表 4-5）。因此，OCAT 深圳馆的运营机制形成了以下特色。

表 4-5　OCAT 深圳馆实践类别与数量一览表

类别	展览（场）	研讨会（场）	讲座、对谈（场）	驻地（期）	表演（期）	放映（期）	出版物（本）
数量	65	15	161	10	18	10	38

数据来源：笔者整理。

（一）以研究型个案展览为主体

OCT 当代艺术中心在设立以来梳理了谷文达、隋建国、汪建伟、王广义、张培力、徐坦等多位中国重量级当代艺术家的作品，并分别以个展和出版的方式呈现了创作者的完整思路与脉络，为中国当代艺术史的建构贡献了自己的一份力量，并形成了显而易见的研究与展览模式。在笔者问及艺术家如何形成这种运作机制时，其中一位这样回答："这些展览是对我创作的梳理，基于黄专先生的学术判断，以及他和艺术家进行有效的沟通之后的预见性。而这种以深入的个案为基础的研究方式，能有效地延续下来，这点非常重要。"（S-9/2021-02-06）其中关键词"预见性"很重要，受访者道出了一个核心点，即一位策展人的眼光和远见卓识非常重要，有助于增进展览的深度和广度。

> 其实很明显就是黄专老师有一个大的这种（角度），就前面我们说的当代艺术史的概念，所以他的所有的展览是站在那里边去的，但是卢迎华是站在她的角度上来的。我觉得这跟黄专老师一开始设计的 OCAT 的那个理念是符合的，所以你去看的时候，你看不出黄专这个影子在里边。包括像让亚鸿老师来做这个北京研究中心一样，其实我觉得这些都是他没有逃脱的一个事情，就是对当代艺术的个案研究和当代艺术的这种历史性研究，这个总体是没有逃脱掉的。（T-2/2021-03-13）

受访者 T-2 指出了 OCAT 尽管是一家小型的艺术机构，但从未脱离当代艺术史概念的框架，对当代艺术家的作品与社会背景一个接续一个的梳理，研究型个案不只是呈现艺术家的作品，还包括作品草图和创作者思考脉络。

> 黄老师有一个方法叫跟随法，他在后来采访当中也有提到这些东西，但是跟随法的利弊都比较明显。跟随法的好处在于他对这些艺术家知根知底，他们从小一起长大，他跟王广义、隋建国这些人认识得很早，跟王广义 1989 年以前就认识了，他跟隋建国、张培力是先后于 1994 年、1995 年认识的，那个时候是他们刚刚成为好的艺术家的那个阶段，所以就是等于说黄专参与了他们整个作为艺术家崛起的那个过程。黄专其实是有一个大名单的，就这个名单具体里面有谁，可能没有人知道，但是黄专是非常死硬地认为中国当代艺术圈就这么一些人，他看得上，只有这么一些人值得被写进中国当代艺术史，所以当黄专无论是在选择学委会还是选择馆长的时候，实际上他的选择面是很窄的，他只能选这些人。（T-4/2021-04-27）

受访者 T-4 提到黄专对中国当代艺术家个案研究展所使用的"跟随法"，也谈及了这一方法的优点在于策展人对艺术家们的创作与生活有着深入的了解。黄专对于挑选的参展艺术家与作品非常苛刻，而且心中有数。总之，OCAT 在早期慢条斯理地做了数个艺术家的个展，积累了丰富的案例和文献资料。

1. 谷文达

谷文达是生活在海外的中国艺术家，他的作品有着极强的代表性和影响力。"文化翻译：谷文达《碑林——唐诗后著》"是 OCAT 成立以来的首个艺术家个展，同时出版与展览同名书籍。《碑林——唐诗后著》是艺术家于 1993—2005年创作完成的作品，由 50 块石碑（墓志碑体）组成。每块碑的尺寸为 110 厘米×190 厘米×20 厘米，重约 1.3 吨。谷文达将中国古代唐诗转译 3 遍后刻在碑上，每一首唐诗刻一块碑，具有四种不同形式语言："①唐诗原文；②透过'意译'

方式将唐诗原文译成英文；③再以'音译'方式把英文重新译成中文；④最后再透过'意译'方式将中文译成英文"。艺术家本人想表达的是语言在翻译过程中的不准确性及文化的不可译性，投射出他向中国传统文化致敬以及对所谓的全球化语境持有的怀疑态度。

当代艺术并非传统写实主义那般担负政治宣传功能，它本身具备对社会与自身不断的反思与再认识。朱朱（2016）认为，就此作品的观念性而言属于同义反复，实现一块单独的碑体即可，而非需要 50 块碑来加以反复。他以"重复堆叠"来定义这一时代的艺术家（谷文达、蔡国强、徐冰、黄永砅等）。巫鸿则基于中国古代艺术和建筑研究时的"纪念碑性"概念，指出"反纪念碑性"是谷文达在中国当代艺术中最早和最深入探讨的。

2. 隋建国

在 OCAT 馆群模式成立之前，彼时 OCAT 还负责着"上海浦江华侨城十年公共艺术计划"的策展，2007 年首展即是"点穴：隋建国艺术展"，同时出版同名书籍。在文献梳理中，黄专将艺术家隋建国的创作分为现代主义（1987—1989）、材料观念主义（1990—1996）和视觉文化研究（1997—2007）三个时期。之后，OCAT 深圳馆又举办了"体系：隋建国 2008—2018"展。除此之外，在上海浦江展区制作的《偏离 17.5 度》公共艺术计划，是基于新浦江城规划而发生，发想点在于相对地球南北轴线，地产开发布局为了适应浦东地区城市交通道路的网络，向东偏离了 17.5 度。艺术家以此作为灵感，试图建立一个正南正北的坐标系统，由铸铁方柱构成，每年树立一个，无论其坐落在何样位置和地段，这个绝对坐标尺寸不变，形成柱阵。不夸张地说，该展完整呈现了隋建国的创作历程。空间观念、空间与时间的关系、隐喻和象征的艺术语言是隋氏在推进创作过程中的关键词。一位好艺术家会与他所处的社会发生关系，作品透露着时代的气息。无论是艺术家还是公众，作为一个社会个体，最重要的是需要独立思考，最大的独立思考恰恰不是你就一个问题，得出一个完全与众不同的看法，而是你如何设定自己的思想议程。从某种意义上来讲，1989 年中国现代艺术大展决定了中国由现代美术过渡到当代美术。这既是对"85 新潮美术"运动的总结，也是一个民族的艺术主流从非正常的对社会的歌颂状态，转型到对社会的批判状态，并逐步成为艺术界的共识。在艺术家隋建国的其他作品中，注重作品的意象，如《中山装》前面的 5 粒扣子分别代表行政、立法、审判、考核、监督五权分立，4 个口袋分别代表礼、义、廉、耻四种美德，3 粒袖扣则代表民族主义、人民的权力和力量。隋建国自己称之为"无个性的写实，彻底的社会主义"（何香凝美术馆 OCT 当代艺术中心、阿拉里奥（北京）艺术品经营有限公司，2007：480）。在学院写实教学与观念主义影响之下，他把整个写实系统作为现成品来运用，因此投射了社会与时代背景。

当下，通俗文化与精致文化之间的鸿沟愈趋消弭，换言之，双方之间的界限被打破。隋建国的作品有着倍增性特质。对于当代艺术的理解，与其说是成为国际大展中的游荡者，倒不如说应该与自身的族群所面临的生存困境、社会情境与文化语境，提出问题，并在区域中产生作用，更不应着迷于应和全球流行图式的表征。

3. 汪建伟

2008 年 6 月 28 日—7 月 28 日，汪建伟个展"征兆——汪建伟大型剧场作品展"在 OCAT 开幕。同时出版《剧场：汪建伟的艺术》一书。他的作品极具公共性和欣赏性，曾经参加过卡塞尔文献展，是中国较具影响力的新媒体艺术家之一。"征兆"是一件大型剧场式艺术创作，富有寓言性，艺术家对艺术生产、社会情境、心理学等进行提问和探讨，作品透过图像、影像、雕塑、表演等跨媒介手法，呈现了中国人当下的社会文化意蕴和个体、空间场域的复杂性。"征兆"是从医学延伸来的词，路易·皮埃尔·阿尔都塞（Louis Pierre Althusser）认为这个词对于从传统文学到当代文学的转换是一个重要的概念，词及其语法已经不是要构造一种认知的意义，而是提供一种"征候性阅读"（何香凝美术馆 OCT 当代艺术中心，2008a：42）。

4. 王广义

"视觉政治学：另一个王广义"是对艺术家王广义的个案研究。与展览同名之书将艺术家王广义的创作分为四个阶段：危机（1989）、体制研究（1990—2001）、唯物主义神学（2000—2008）、冷战美学（何香凝美术馆 OCT 当代艺术中心，2008b）。王广义对社会主义意识形态的生产与个体精神发展之间的关系有着深入的研究和好奇心，在 1988 年提出"清理人文热情"的观点，在他看来艺术家和批评家如果不关怀和现实社会相关的问题，而是仅赋予艺术问题形而上学的人文倾向与内涵，是非常危险的事情和方向。

5. 张培力

"静音：张培力个展"是艺术家个案研究之一。张培力既是 OCAT 上海馆馆长、OCAT 学术委员会委员，又是中国美术学院教授。他曾是"85 美术新潮"运动中活跃的艺术家，参与筹办了"85 新空间展"和"池社"等团体，早期主张"理性绘画"。1988 年创作了中国第一件录像艺术作品《30×30》，被称为"中国录像艺术之父"。自 1995 年始放弃架上绘画，转向录像、摄影、装置等跨媒介艺术创作，代表作品有《"X"系列》（油画）、《艺术计划第二号》（文字）、《焦距》（录像装置）等。

作品《静音》是一件现场制作的大型作品，结合 OCAT 展厅曾经是"厂房"用途的空间特质，将杭州某服装厂的现场挪移至 OCAT 展厅，透过机器、影像等还原车间现场。与此展同时编辑出版《张培力艺术工作手册》，内容包括张培力过往所有作品的详细资讯、工作常用语、艺术家访谈文本，以及张培力对新媒体艺术教学的观念。

6. 徐坦

"可能的语词游戏——徐坦语言工作室"于 2011 年 1 月 22 日—3 月 22 日在 OCAT 展出。同时出版《语词、意识与艺术——徐坦"关键词"视觉语言实验档案》一书。该专案是徐坦自 2005 年开始的"关键词"计划，以语词和意识关系为主题的视觉艺术。其中，2009 年"关键词学校"曾参加第五十三届威尼斯双年展主题展。

> 比如徐坦，工作做得很好，方法也特别好。但你说徐坦，一张画能卖多少钱，或者他一本出版物能卖多少钱，这个可能还不一定。确实是这里面有一个所谓关于历史的判断，就是什么样的人能进入到历史或者说当代何以成史。这就是黄老师的原话，他一直在寻找什么样的知识是我们可以被留下来的。他不断运用各种各样科学的方法，或者说各种各样的理论。因为人的知识，或者说人的这种所谓的价值，无非最后其实还是体现在我们的理论上面。这种理论，其实它永远都是一个问号。它是在不断地被论证和推翻，甚至于不断被建构，因为是一个所谓的循环过程。对于黄老师所讲，历史其实就是一堆的问题，现在能找到的，所有的知识全部都是问题。我觉得这也是 OCAT 最重要的一个点。它是一个艺术中心，但它其实是在构建一套关于我们去怎么判断现在正在发生的这些事情，和包括我们怎么跟过去的知识联系在一起，这是我个人在 OCAT 这么多年受益最重要的一个点。（F-13/2020-10-08）

受访者 F-13 指出了两个重点：一是艺术家作品的价值与市场、艺术史的关系；二是独立艺术机构问题意识的重要性。前者一直是艺术界中的困扰问题，判断一件作品或一位艺术家是否对艺术史有贡献，要看其是否为艺术创新带来新的可能性，而非艺术市场收入的高低。毕竟艺术史是一条历史长河，艺术市场仅是短期的价格波动。后者是艺术机构试图建构自身对艺术的判断力，联结历史的经验与纬度，所有的核心即是问题意识的养成，在循环式前进中达到螺旋式上升。

7. 舒群

"图像的辩证法：舒群的艺术"于 2009 年 6 月 20 日—8 月 20 日在 OCAT 展出。同时出版与展览同名出版物，其中绘画作品约占全书的 1/3，其他是关于哲学的对话和艺术家自 20 世纪 80 年代以来所做的哲学笔记，以及发表的论文。舒群是 80 年代"北方艺术群体"的组织者之一，他倡导理性绘画。此次展览共分为绝对原则、走出崇高、象征秩序三个部分，企图呈现艺术家的艺术创作脉络。

除以上几位艺术家外，还举办了魏光庆、王川、王鲁炎、曾力、关伟等艺术家个展。OCAT 透过为这些艺术家策划个展，不仅研究了他们自 20 世纪 80 年代以来的创作脉络，而且完整再现了他们的艺术张力。个展、研讨会和出版物"三位一体"的方法为中国当代艺术史建构形塑了详细的研究资料与文献。

（二）青年 OCAT 计划

当许多人批评黄专做了很多他的艺术家哥儿们的展览时，他曾言："一代人做一代人的事儿。"（F-2/2020-08-02）从他的回应可以看出，这也是为何 OCAT 做年轻艺术家展览相对较少的原因。

"青年 OCAT 计划"的启动，标志着 OCAT 深圳馆开始关注年轻艺术家和策展人。该计划首个展览"去"是由王景、满宇共同策展，于 2010 年 1 月 9 日开幕，邀请了北京、上海、珠三角等地的 9 位艺术家，共展出 8 件作品。与展览同时举办的还有"自由交流计划——国际当代艺术机构研究项目"工作坊、"零距离：五周年庆典展"、跳格——优秀舞蹈录像放映等。第二个青年 OCAT 计划展览是"从电影看——当代艺术的电影痕迹与自我建构"。该展策展人是董冰峰、杜庆春、黄建宏、朱朱，这是中国第一次以电影语言为元素和内容对华人当代影响艺术的历史与创作脉络的一次梳理和研究，分为叙事、机器/机制、实验、文化 4 个板块。第三个青年 OCAT 计划展览是"早安，世界！——贾蔼力个展"，由吴蔚策划。第四个青年 OCAT 计划展览是"动物园：邱黯雄个展"，隐喻"囚禁"意蕴，由衰败的动物园场景构成。艺术家试图以一种豪尔赫·路易斯·博尔赫斯（Jorge Luis Borges）的方式，揭露出所谓人的历史中"文明"如何以集体主义的各种变体方式"囚禁"乃至"抹灭"个体。（OCT 当代艺术中心，2015：187）展览以《新山海经 I》作为开端，透过动物化的方式表达对消费社会与现实物质主义的批判。艺术家关怀"人与动物"的关系问题，并对这一问题提出质疑与反思，并追问"自由"建构的社会机制中所带来的约束与囚禁。在此个展之后，下一个青年 OCAT 计划是"小运动——当代艺术中的自我实践"，由刘鼎、卢迎华共同策展，苏伟做助理策展人。

> 2012—2016 年，包括 2017 年，我跟卢迎华、刘秀仪一起工作。因为展览部这边算是比较直接面对艺术总监的，从这个项目前期的筹备，到怎么做，以及他们对艺术史或者历史的一些想法，其实我也是在不断地从他们那边去吸收一些影响。我也看到他们不同的工作方式。卢迎华，她也会做很多的研究，做关于历史地再回溯，我觉得挺好的。不像黄老师思想的框架，并没有那么的强大，她可能更多的是通过现在正在发生的这些事情，不断地跟艺术家去访谈，去找很多现在正在发生的一些艺术史的史料。它也是一种工作方式，有点像这种采访、收集，然后再分析再整理，最后才形成一个展览，也是一种所谓研究型的办法。看她现在在中间美术馆做的这些关于 1989 年之前的工作，我觉得这个也还是挺重要的。我们都觉得（现当代艺术）是从 1989 年开始的，但其实你在这个之前包括 1985 年，以及"85 美术新潮"之前，1970 年代开始，"文革"之后，对这段历史是没有人去梳理的。卢迎华其实正在做这个工作。（F-13/2020-10-08）

卢迎华也是在参与策划青年 OCAT 计划"小运动——当代艺术中的自我实践"展之后，获得了黄专老师的认可，邀请她出任 OCAT 深圳馆的艺术总监。受访者 F-13 透露了卢迎华对历史文献资料的关注及 20 世纪 70 年代中国现当代艺术的研究兴趣。青年 OCAT 计划出现在 OCAT 成立五周年之际，是 OCAT 借由回顾过往所举办的展演基础之上所触发的对未来的展望，这个系列计划不仅是黄专对自身工作的一次反省，也为机构展演内容填补了一项空白。

> 一个是卢迎华那个国际背景肯定是黄专觉得比较重视的一面，还有一个我觉得可能卢迎华也有这种对于历史的研究兴趣，把当代艺术跟社会主义、现代主义、现实主义这些连接起来的兴趣，可能也是她关注的一方面。我觉得黄专比较欣赏卢迎华，可能就先卢迎华还没来的时候，在 OCAT 做的那个"小运动"，感觉那时候还挺赞赏这个展览。我觉得"小运动"那个展做得还不错，或者说挺反映了他们的这种研究，至于后来他们也做了一届雕塑双年展，实际上是延续"小运动的"，就等于把"小运动"那个展览扩大了一下。（S-8/2021-02-06）

受访者 S-8 指出了卢迎华与黄专和 OCAT 深圳馆的渊源，卢迎华对艺术史研究的能力是黄专较为看重的地方，这是其一。其二是种种迹象表明黄专当时想把工作重心移往北京，创办 OCAT 研究中心，专心从事研究工作，同时他的病情在北京大医院医治较为方便。因此，在"小运动"展览之后，2012 年随着

OCAT 馆群的成立，黄专前往北京筹建 OCAT 研究中心，工作重心也开始偏向北京。如前文所述，OCAT 深圳馆将卢迎华聘为艺术总监，由她负责 OCAT 深圳馆的展览计划与日常工作。

（三）双年展模式的设立、停滞与重启

1998—2020 年底，深圳国际当代雕塑展一共举办了八届。前六届由何香凝美术馆做第一主办单位，后两届由 OCAT 深圳馆主办并正式更名为"深圳雕塑双年展"。值得一提的是，"第四届深圳当代雕塑艺术展——被移植的现场"出现了几件争议性作品。如黄永砯的《蝙蝠计划》、顾德新的《2001 年 12 月 12 日》、尹秀珍的《深圳制造》。《蝙蝠计划》是艺术家复制在中国南海与中国军机相撞的美国 EP-3 间谍飞机 20 米长的中部和尾部，该作品被认为可能影响一些国家之间的关系而被撤出展览，禁止展出。《2001 年 12 月 12 日》是艺术家将 10 吨苹果置于华侨城生态广场的水池中，蔚为壮观，而在不远处一根 3 米高的金属柱子上镶有一颗镀金苹果。两者之间的对比源于材料的置换，以及关系属性所形成的张力。《深圳制造》是艺术家从打工者那里征集来数百件他们的衣服，一部分用水泥将其封存在洗脸盆里，摆放在生态广场通道两侧；另一部分衣物被挂在广场豪华棚下方。这引来公众的不满和争议，认为影响了他们休闲、散步的心情。"第六届深圳当代雕塑艺术展——透视的景观"由冯博一策划，展览主题包括两个面向的意义："一是中国正处于一个高歌猛进的现代化阶段，发展与变化是这个时代的主旋律。二是艺术家创作的冲动源自现实与艺术家内心的冲突，它检验艺术家原有的人文关怀和价值取向，它潜伏在视觉形象的深处，成为精神的张力。"（OCT 当代艺术中心，2015：162）在关于深圳当代雕塑艺术展的提问时，受访者 S-7 如此回应：

> 它不是做了好多届吗？其实做多少届，每一届的内容，我觉得不是特别重要。我觉得重要的在于，为什么要建立这么一个国际当代雕塑展？在这个国际雕塑展当中，它在 OCAT 的这种工作内容，它要强调什么？我的意思还是跟它整个运行，包括它的机制，包括它的方式结合起来。（S-7/2021-02-04）

受访者 S-7 认为更重要的是 OCAT 的运营机制与双年展背后的原因，而不只是做了多少届双年展这一结果。结果只是表象，决策过程与原因才是本质。由此可见，深圳当代雕塑艺术展体现的是主办方与国际当代艺术交流的具体呈现方式之一。

"第七届深圳雕塑双年展——偶然的信息：艺术不是一个体系，也不是一个

世界"的举办，标志着 OCAT 升级为一家独立的民营美术馆。在此之前，以
"OCT 当代艺术中心"之名作为何香凝美术馆的馆中馆而存在。该届双年展由刘
鼎、卢迎华和苏伟三人组成策展团队，他们希冀把展览视为一场重提个案研究
秩序的综合性展示，由"不期而遇的遭遇"和"你看到的就是我看到的"两部
分构成。前者是朝向中国本土在 20 世纪 90 年代的实验性创作，试图透过历史
回望来重述艺术家个体的作品；后者是面向全球视野及范围中一些具有个体精
神的艺术家所建构的艺术系统、艺术机制的关联性，突出偶然性、随机性、感
性、内在性以及有机性的力量、艺术本能。

　　以往，OCT 当代艺术中心与华·美术馆都是各自独立运行，并无交集。两
者与何香凝美术馆构成了深圳华侨城区域的"艺术铁三角"。前两者分别以当代
艺术和设计为定位，后者以中国传统艺术与现代艺术为定位。不同之处在于，
前两者都是以华侨城企业资助为主；后者为国家级美术馆，企业被委托托管。
如果问他们有没有政治任务、外交任务和资本任务，那么后者具备的可能性更
大。而作为企业投资的前两者，更多突显的是资本任务，或者说追求利润是企
业运营的本质，艺术在此扮演的是锦上添花的角色，毕竟艺术或美术馆是非常
"烧钱"的行业，并不是在财务报表上明眼可见的短期效益。当然，从长期利益
来看，艺术作为一家企业的社会责任显现，是值得称赞的。反过来看，也正突
显了企业领导者的长远眼光与宽厚胸怀。

　　"第八届深圳雕塑双年展——我们从未参与"策展人是丹尼尔，时任泰特现
代美术馆与泰特英国美术馆策展人和公共项目的召集人，同时也是 OCAT 学术
委员之一。这一主题的设立源于 20 世纪 90 年代以来的参与式艺术，是一种关
系艺术（Relational Art），透过与观众的互动所生成作品的社会架构而建立的艺
术创作。如果再向前追溯，则是 20 世纪初期的那些激进、前卫、先锋的艺术运
动，如意大利未来主义（Futurismo）、苏黎世达达主义（Dada）。一方面，可理
解为指向未来社会的"总体艺术"，打破各种艺术形式之间的界限与差别，也就
是说超越各类艺术媒介的差异性。另一方面，表现为艺术的去作者化，强调作
品的过程性、参与性，观众之间的平等性、公共性，超越具有矛盾的狭隘主题
与立场，进而走向艺术家与观众的合作。那么，这是否意味着艺术家对自我艺
术独立性与特殊性的犬儒，甚至是放弃？然而，事实并非如此，观众从被动观
看转向仪式的参与，一系列的活动内外保存了极大的异质性、灵活性、主动性
和抵抗性。重要的是，是对历史与社会语境的一种警惕和质询。在此展举办之
后，双年展陷入了停滞。

　　就艺术家与艺术职业特色来说，一方面当代艺术需要一定的社会资源的支

持来进行创作；另一方面当代艺术的自主性、独立性的自由是其最基本的诉求。因此，所谓的知识生产，在没有公共参与的情形下，其意义为何？以此而言，是不是可以说艺术家与企业形成了一种共谋关系？艺术仅仅沦落为为企业作嫁衣的陪衬？

2021 年 4 月 20 日，OCAT 深圳馆的微信公众号推送了一条新讯息："甩丫的！飞去来器——第九届 OCAT 双年展正式启动"。可喜的是停滞数年的双年展终于又重新启动，尽管笔者在之前田野调查时已略有耳闻。在此主题中，将之前"深圳、当代、雕塑、年度"等字眼消除，直接更名为"OCAT 双年展"，预示着跨领域策展时代的来临，加之策展团队由 1 位主策展人和 11 位联合策展人构成，参展艺术家将由联合策展人决定。换句话说，这不仅意味着即将挑选的参展作品的多元，而且更彰显了策展民主化价值观的实验。

（四）美术馆场域的表演与放映

在展览之外，OCAT 深圳馆会定期进行表演与放映活动，把美术馆进行短暂的剧场化，舞蹈、戏剧等在场馆内发生，亦会将激进的影像艺术引入美术馆放映。万事开头难，OCAT 在设立之初便以朝向多样艺术形式的视野，在推动视觉艺术为主的框架中，同时关怀实验性表演、音乐、新媒体艺术、实验影像等跨领域艺术发展。譬如草场地工作站/生活舞蹈工作室自 2008 年至 2012 年策划的当代舞蹈剧场演出季中，除自己的作品《治疗》《回忆之一》《回忆之二：饥饿》外，纸老虎戏剧工作室的作品《朗诵》、何其沃的《两面体》、章梦奇的《自画像及自我性教育》也都有参与其中。2019 年策划的《声场》将美术馆整个展厅 A 空间搭建为声音剧场，以声音和视觉艺术相结合的演出形式为主，邀请 10 组来自各地的视听艺术家，带来 10 件不同的视听作品，建构一个巨大的声音场域。围绕表演的研究将会扩展到声音定义及发展的脉络，以及关于"声音"作为媒介本身的多元性、不可辨识性、争议性的讨论，也将牵涉声音和当代艺术、影像、音乐、表演的关系。

（五）国际驻地艺术创作模式的开展

与如今遍地开花的驻地创作模式相比，OCAT 是中国最早开展"国际工作室交流计划"模式的当代艺术中心之一，在中国艺术界具有引领性和示范性。

"国际工作室交流计划"（OCAT Residency Programme）是何香凝美术馆 OCT 当代艺术中心的交流项目之一。该计划以当代视觉艺术为主体，提供一定的经费和设施邀请国内外优秀的艺术家、策展人和研究者来此工作，为他们的创作、策展、研究提供空间，以整合海内外当代文化资源，进行多层面的艺术交流活动，从而把 OCT 当代艺术中心建构成为专业化的国际当代艺术机构。①第一届开始于 2006 年，迄今举办了 10 届。在中国做国际驻地艺术可以说属于走在前面，当时的中国艺术界这类交流计划尚未流行。该计划开放给全球艺术家申请，从报名的艺术家中每次挑选 5 位，每期驻地 3 个月，OCAT 给出的条件也是优厚的，例如提供每位艺术家的机票（国际）往返、日常餐费与交通费、通信费、作品材料费、讲座及交流的费用等，以及必备的住宿、工作和休闲区。

（六）以实验设计为主题的艺术展

在国内方面，"'出位：非商业'设计艺术展"是由冯博一和韩家英在 OCAT 深圳馆策划的展览。由于深圳改革开放经济发展的需要，设计在这座城市扮演着重要的角色。参展的创作者广煜、韩家英、韩湛宁、黄炳培、黄扬、刘珩、刘小康、刘治治、梁远苇、区德诚、王序、王粤飞、张达利都是中国著名的设计师，她们从观念层面对设计的意义进行了一次思考。在展览开幕后举办了"文化消费时代的'设计想象'——'出位：非商业'设计艺术展学术座谈会"，在会中策展人冯博一提出大众文化、消费文化的兴盛是构成中国当代文化的一个显流，在这样一个环境当中，作为设计师是一种什么样的立场、态度、看法，或者说设计与大众文化与当代现实的关系是怎样的，以及设计师如何利用中国传统文化资源、现实文化资源，包括思维方式的利用。设计达到一定境界之后，绝对不是一个形式层面的东西，更多的是思维方式和方法论上的变化。②此外，冯博一认为对当代文化境遇的思考，将导致对旧有艺术形式在方法论上的改造，而艺术家需要的是用一种规定为"艺术"的方法来体现这种思想和观念。③

在国际方面，"人文触觉"荷兰 Droog 大师设计展（深圳站）和"丹麦神话"设计展是中国设计专业蓬勃发展之时所进行两次介绍国际设计理念的机会。它们并不强调设计的功能性，注重设计的实验性、观念性。前者是兰尼·朗马克斯（Renny Ramakers）和赫斯·贝克（Gijs Bakker）于 1993 年在荷兰创立。后者是 1984 年丹麦 Rosendahl 公司所拥有的作品，以家居日用品设计为主，在

---

① 引自"何香凝美术馆 OCT 当代艺术中心国际工作室交流计划协议书"，由冯博一提供。
② 引自"文化消费时代的'设计想象'——'出位：非商业'设计艺术展学术座谈会纪要"，由冯博一提供。
③ 引自"文化消费时代的'设计想象'——'出位：非商业'设计艺术展学术座谈会纪要"，由冯博一提供。

彰显实用性和功能性的同时也展现了与日常生活的关系。

综上所述，笔者透过对 OCAT 展演、计划等分类处理，在其运营机制方面具有以下意义：第一，多元化艺术展演呈现。在实验艺术的前提下，该馆具有表演、舞蹈、放映等多元艺术形态，不只是举办视觉性艺术展览。第二，热衷于塑造自身机构的学术形象，不单纯以西方作为模板，而是与其艺术家和艺术机构开展愈来愈多的合作，以独立性的声音搅动中国艺坛，因应国际艺术趋势。第三，重视历史档案的累积。艺术的策展与实践、对话与交流、表达与感知、接力与打破，共同形塑了美术馆档案，该馆特别重视对于档案的建构，是研究者与艺术界的基本需要，也可以使阅读者在了解历史之后再形成看法。第四，展览、研究和出版结合为一体。

二、华·美术馆的运营机制

华·美术馆是馆群中很特别的一个分馆。这个特别不仅在于它的名称没有用 OCAT 做前缀，而且在于它最初的定位是设计。提到设计这个专业，不得不让人想到它的功能性与实用价值，也就导致该馆与其他场馆的差异性很明显。华馆经历了两任执行馆长（学术主持），第一任是在中国设计界大名鼎鼎的王序老师，第二任是广州美术学院实验艺术系创始人冯峰教授。前者着重于设计本身，尤其偏向平面设计，因为他自己的职业生涯即从事平面设计，OCAT 的许多出版物即由他设计。后者着重于打破设计与艺术的界限，加之当代艺术素养，不以社会设计行业为准则，而是从"人"的需求出发来思考设计、艺术或美术馆的存在与表达。

> 之前王序在的时候，他其实是按照那种观众的一个认知结构做的分类，比如说我们做大师展，这个是跟王序老师之前的经验有关，他是最早于20世纪90年代在中国香港做设计杂志的。然后，他推荐引进了特别多的国外设计师，比如说中岛英树、田明网敬一、松永真、蒙古齐、卓思乐，这些比较大师级。……第二，是竞赛。在设计行业里，因为设计本身是产品，它本身是具有功能性的，它和艺术其实是不一样的，艺术可以不具备特别明确的功能性，但是设计一定是。它是为了解决一个问题而提出的一个答案，所以它天然有功能性，它其实具备至少有一个最佳选择，不是第一或者最好选择，是最佳选择，符合预算符合甲方的需求，所以竞赛是变得有可能的，不像是我们全场艺术大奖这样的，一个大家投票的方式。它是可以被选择出最合适那个和不太合适的那个，所以它就有竞赛的一个这样的东西。

所以，关于竞赛我们做什么呢？纽约的 ADC，东京的 Tokyo TDC，就是字体指导俱乐部，然后我们自己做一个深圳的 GDC，平面设计在中国等，……然后我们还做一些比较新锐的活动，比如 D-Talk 论坛，我们在参与一系列的讲座，其实这个是对于公众层面。（F-15/2020-10-11）

由此可见，执行馆长的人选非常重要，直接决定着一家美术馆的实践内容和发展方向。受访者 F-15 指出由王序的个人关系和国际联结，举办了中岛英树、田明网敬一、松永真、蒙古齐、卓思乐等国际设计大咖，吸引了大量的专业学生和业界人士参观。毕竟，深圳曾致力于将城市打造为"设计之都"，伴随着经济的开放，行业的快速迭代离不开设计，也集结了国内大批的设计人才来此创业。总之，创新型人才的集聚使得该都市活力十足。

等冯老师来了以后，我们就聊天，我是觉得老冯特别，他不希望美术馆是一个固化的场馆，他希望是更有突破性，更加的跨界，还有作为全国第一家以设计为学术方向的美术馆，他其实是希望更多元，那么，慢慢地经过一年之后，老冯提出来，设计归纳之后，要解决你的功能、衣、食、住、行，这就是你的生活，与各个设计部分相关的。比如说"衣"后来我们做了"时尚当下及未来"展，还有其他的一些展览，吃设计是"吃"，然后，"住"就是关于一些建筑，一些空间或者说一些居所，或者说适合你的一些空间，比如说我们做了"超景观"展，就是那个尤根·贝（Jurgen Bey）的，其实他跟住没有什么直接的关系，可能是设计了这样的一个圈层，比如他用水，就叫水学堂。他用水来作为整个社区驱动的设计原发点，还做了海藻学堂。整个就是围绕荷兰跟民生相关的一些东西，比如说水，治水是荷兰人一直在做的事，因为它（海拔）低。然后，比如说海藻学堂，因为它海洋资源也挺丰富的，荷兰还有牧场、风车，所以他好多东西就是把这些元素加进来了，做了他长期研究的一个内容。所以，衣食住行，"行"有可能是出行，还有可能是行动，所以在这个部分就囊括了其他层面的一些项目，后来做进去。衣食住行，整个华馆学术方向落地的点，就在这几个部分。（F-15/2020-10-11）

受访者 F-15 说明了冯峰与王序思路的不同，从日常生活出发，以人的衣食住行作为原点来思考设计，调整展览策略，将华馆引向多元化的道路，不把设计窄化。荷兰整个国家的定位就是以发展设计专业为主，从受访者的回应可看出华馆举办了多位荷兰设计师的展览，主要是观念性设计，不指向设计职业，更多考虑以人的行为作为取径，且注重实验性。

　　因为我们这个是全国首家设计馆，而且包括学术总监冯峰的这样一个身份，他艺术家的身份，教育学院的身份，还有美术馆艺术界的身份，所以，有一个加 X，这个 X 会更多元，更加有实验性，更加有探索性。我们其实所有做的展览，一个当然是受制于成本，还有一个就是我们希望这个东西，它一定不是行业展览，不是说平面设计协会、工业设计协会做的一个展览，他不想作为一个行业的、陈列的项目。而是希望，比如说，像"吃"设计，其实不是食物设计，也不是吃这个东西的设计，是吃的这个行为和人、和公众整个一套的碰撞融合，形成的这样一个东西，所以，这个与他的 X 有很大的关系。他是基于这四个类，或者说还有更多的我们常规接触的一些类，他是这样的一个，所以我们在做展览的时候，每一个展览其实是在努力地往这几个方向走，所以他不会说，我们展览分类不会像 OCAT 那样按功能，比如像 OCAT 展览、OCAT 放映、OCAT 图书馆，图书馆就是讨论、讲座，然后 OCAT 表演，OCAT 出版等。他不是按照这种属性来分的，而是说我们整个的都是围绕着我们的衣食住行加 X 的核心，在不断地做我们的展览，做我们的公共教育活动，做我们的论坛，做我们的研讨会，所以，这个是我们的一个出发点和着眼点。然后我们的想法其实是，希望展示这种新锐的设计，和具有先锋性和探索性的实验艺术，以及他们通过跨界和交互产生的新的项目，新的门类等，这个是我们华·美术馆大家都有一个普遍认知的东西，就是所有的同事，比如说有人来谈项目，我们一眼能感觉这个项目是不是适合华馆做，就是包括所有策划部的同事大家基本都有了一定的判断，所以我觉得这个其实是老冯来之后一个比较明显的变化，大家对这个项目和自己的契合度有一个判断，我觉得这挺好。这就是现在华馆的展览，就是做哪些、不做哪些的一个规则。（F-15/2020-10-11）

透过受访者 F-15 进一步的分析，可将"衣食住行+X"作为华馆的展览和活动核心，这个做法不仅区别于总馆和其他分馆，即使是与中国其他美术馆相比，也是十分独特的。尤其是选项 X，不做自我限定，包容度更为宽广，指向探索性未来之设计。

　　任总之前跟我讲过一个东西，我是一直记得的，就是说你一年，一个央企，一千多万元的总的营业额也好，GDP，一千多个亿，你涨到五千多个亿，在央企里面，还是那个层次，跳不开，但是你的文化属性这个东西，和这种打法是独树一帜的。没有任何一个央企会是你这样，特别是做旅游，做文化，这其实是他的挺（独到的方面），这是华侨城一个非常典型的特点，而且是有生命力的这样一个点。如果抛开了这些东西，过分地去追求GDP，当然企业是要不断地壮大，要发展，但是，在某一些层级里面，你会丧失掉自己的一些特点，因为艺术这个东西不是说你花钱，就马上有成效，它其实是需要培育和一点一点地增长，才会形成你自己的观念也好，或者说你的认知也好，才能反哺到投资方的自己的运营，它的 DNA 里面去，所以他就觉得华侨城做艺术，是他骨子里的一个遗传代码，就是这样子，应该是文化加旅游。华侨城就是旅游起家的，所以其实是他觉得这个是情怀，他觉得这个企业的根，有一部分至少在这里。（F-15/2020-10-11）

受访者 F-15 透过记忆的追溯再次验证了第一代华侨城掌门人任克雷的文化理想和企业家的战略思维，从接受廖家对何香凝美术馆的托管到成立 OCAT 与华馆，一步一步从个人情怀的表现，扩展到一家国有企业对文化艺术的深耕。按照任总的理想，文化是根，企业是大树，旅游是枝叶。根基扎得越深越稳，大树更能茁壮成长、枝繁叶茂。

在此基础上，华·美术馆共举办展览 90 场，讲座 73 场，论坛 32 场，创意坊 32 期，现场表演与剧场 20 期，放映与音乐节 10 期，出版物 23 本（见表 4-6）。该馆所形成的运营机制特色如下。

表 4-6　华·美术馆实践类别与数量一览表

类别	展览 （场）	讲座 （场）	论坛 （场）	创意坊 （期）	现场表演、剧场 （期）	放映、音乐节 （期）	出版物 （本）
数量	90	73	32	32	20	10	23

数据来源：根据笔者整理。

（一）观念性设计与实验艺术相结合

2008 年 9 月 1 日，深圳华侨城华·美术馆的开馆展"移花接木——中国当代艺术中的后现代方式"举行，此展由冯博一主策划，王晓松、赵孝萱策划，作品构成是在中国当代艺术语境中利用后现代方式进行的创作。"挪用、戏仿、整容与篡改"可谓是后现代创作对经典概念与图像再利用的典型方式。在展览前言中提到，54 位艺术家的 90 件作品可分为三个特征：一是依据古典大师的某一幅作品或经典符号直接临摹、翻制进作品中；二是涉及公共图像与绘画间的转化关系问题；三是在挪用与复制中替换、戏仿与置换，甚至突出滑稽性。然而，在之后王序任职馆长时，做了较多平面设计类展览，原因在于王序本身是一位平面设计师，在这之前经营着以自己名字命名的设计公司。华·美术馆定位为全国第一家设计博物馆。

从建馆初期的功能性设计展览模式转向与人的行为相关的设计理念模式，不仅体现在策展思路的升华，而且更加符合生活轨迹，投射出未来的大设计理念。

"时尚：当下即未来"展览包括来自 13 个国家和地区的 36 位（组）参展设计师与艺术家，透过"材质与体验、人体再定义、新价值与新故事、时装行动主义：社区和政治"4 个主题，展示了国际时装设计界的最新语言探索。

"吃设计"（Eating Design）创始人玛瑞吉·沃格赞（Marije Vogelzang）透过观众述说关于食物的故事与"吃"这一行为的设计，形构个人创作并面向食物设计的未来性。重要的是，这位设计师依据心理学、仪式感、文化形塑视角来创造食物的新可能，甚至关乎食材的腐坏、身体的亚健康，以及环境污染等问题。回到问题的源头——食物设计，以渴求解决方法，再造新食品。有着 18 年（展览）"吃"设计工作经验的她，试图以行为、装置等多元创作手法来探索食物与"吃"这个行为之间的关系，譬如历史、浪费、文化、加工等，而并非是仅仅关注食品设计的外包装。她认为，"食物会进入我们的胃，但也能够激活我们的大脑，唤起强烈的记忆和情绪"，并且在多年的设计研究中探索出以"感官、自然、文化、社会、技巧、心理、科学及动作"关键词作为灵感来源，以便让作品提供多维度思考。总之，"吃"设计是一种关注参与行为，由食物来触发情感的设计。中国人对美食有着深刻的向往，俗语常言秀色可餐，设计或艺术也不只是满足观感，而且还能够满足于味觉，也更应有所行动。

"超景观 Land 'E'scape"展览由 Makkink & Bey 工作室（Studio Makkink & Bey）团队策划，此展是以设计为媒介，透过设计与景观之间的融合，对未来生活进行想象，以期探讨产品与空间的对话、空间的机能转化展望工作和生活形态。该展划分为四个区块：绘图室、模型室、起居室和教学室。绘图室展出初始概念的具象化成果，大尺度塑造"蓝色泡沫"制品；模型室是抽象化设计表达，把设计发想至设计过程模拟再思考；起居室则利用中国房屋的平面图，希冀观者从苍蝇的角度体验居家感；教学室是对教育的关怀，重塑教学场所，结合观赏性和功能性以拓展至应用范围。①

---

① 引自华·美术馆超景观展览新闻通稿，由华·美术馆提供。

（二）D-Talk 系列设计论坛

D-Talk 系列设计论坛从 2012 年第一回"设计师的设计日志"到 2020 底第十五回"让生命胜出！"，成为华馆颇有影响力的专业品牌活动之一。

> 华馆的情况不是像 OCAT 这样的底色在那里，华·美术馆一开始是做设计馆。当时我做公共项目的时候是一直有把它分几个群体的，比如，我的公共项目针对专业人群应该要做什么，所以有 D-Talk 设计论坛，有实验场项目，是做设计行业里边的一些跟能力培养有关系的，我们也知道学校里面的这个设计教育跟市场是脱节的，跟实际的外部社会脱节，很多人进入了工作领域之后，设计师行业其实还是有它实际的需求，跟他在这个行业里面的困惑，需要去解决。我们如果作为第一家设计美术馆来讲，要去促进到设计领域的一些发展的话，所以在公共项目里面，对于专业的这个人群，是需要去进行覆盖的，对专业人群的话，有这两个项目。D-Talk 设计论坛，会一年做一次，每次我要在设计里面找一个话题点，去引起一个集合的讨论，那我把它作为一个具有专业性的，或者是说具有一定的，就是至少每个演讲者他是有自己研究的基础或者实践的基础，是能跟大家共同分享、讨论，后来的这两年尤其会和社会上面一些整体性议题结合，还有一些跨学科的这块会联系到一起。（F-14/2020-10-09）

受访者 F-14 指出了学院设计教育与市场的脱节，强调了美术馆公共教育的功能，作为社会性教育机构联结知名设计师与专业实践者之间的沟通、对话，针对社会当前热议议题做出及时的反应，以期展现机构化的作用。

（三）"我们在参与"系列讲座

讲座作为展览期间的必要内容外，也是公共教育的重要方式之一。华·美术馆"我们在参与"系列讲座自建馆之初到 2020 年底共举办 73 场，形成了一定的规模和影响力。它在 2016 年下半年迎来了全新的转型升级，经过精心策划，推出"大拿说"和"青年烩"系列，将关注点集中在卓有建树的经验价值和代表未来的青年生态之上。

> 针对普通的大众来讲，就是知识普及型的，比如"我们在参与"系列的讲座，是我刚刚说那个政府里面会支持的。在这个里面的话就不仅仅做设计领域的，更要设计跟其他东西交叉，比如说设计×哲学，设计×艺术，设计×饮食，设计×其他，就是大概这几年，比如一年 12 期，大概每一期是

一个领域，就尽量不重复。因为这样子的话，同一个领域的东西，其实大家互相去讲的时候，有些东西是有点混淆的。我们想就一年里面能够 12 个不同的人讲，不同的方向，而且找的每一个人，里面有两个系列，一个叫大拿说，大拿说这个系列，是找在这个行业里面，非常具有代表性，有自己对这个行业的切身实践——多年的观察跟投入。他们去讲这个东西，能够代表这个行业的摸索，从他个人的经验里面是能看到他摸索的情况，可能也能够代表这个行业的一些发展的东西，然后他也能提出一些关于这个行业的问题和他的观察，这样比较具有代表性，那么所以用大拿说去进行不同领域的一个切入，而且在这里就提倡一个就是设计之外的，跟多学科的这种关系，这样子的话，直接的一个效应是极大地扩展了我们的人群。很有可能会说这场设计跟音乐有关的，可能会来很多过去不是华·美术馆的这块人群。因为我这一期做跟环境有关的，但可能很多都是做环境的理工科背景，我那次做的是跟科幻有关的，它又是另外一个人群。其实这块的话，我们通过这个系列的讲座直接扩展了很多的可能以往不太来美术馆的人群，所以它挺有效的，我觉得很有意思的一个实践，在这几年里面。另外这个系列里面有一个叫"青年烩"的项目，"青年烩"一年一期，那这一期里面的话，就比如那一天，我会找五个不同代表中国的青年创作人。我是在强调，比如"大拿说"可能是在世界范围里面邀请嘉宾，但是在"青年烩"里面的话，我们要关注的是今天中国的青年创作人，通过他们的工作，现在可以看得到中国的青年一代的样貌，他们在思考什么，他们的困惑，他们的问题，他跟整个中国的现在的这些年轻人其实是有共鸣的，有他们自己的一个解决问题的方式，有他们自己的一种风格。那么每年的这个"青年烩"里面，有两年我就做 Canton 这个主题，就包括了香港、澳门和珠三角不同领域的青年创作人，大家聚在一起，通过他们的分享，来看看到底他们的创作生态是怎么样的，我们的青年人是怎么样的一个状态，也是每次到这种项目的时候，年轻人就会特别地受欢迎。在这种项目里面，我们后来也会特别在整个的观感和形式上，也会做一些不太一样的尝试，比如说上一届就是去年的那一届，大家一边听讲座，一边喝酒，然后，那个场合就青年人现在分享的场合，是大排档的那种桌子椅子，但是我们背后的LED 屏很高级。大家进来之后体验到的有可能是"我们开烩了"，"开烩"之前大家一边听，我们给大家发了零食，就是能量包，因为活动时间很长，给大家参与的时候的这种感觉是跟青年人的生活方式是能够联系到一起的。那这样子的话，大家在美术馆里面的体验，甚至包括参与者的体验来讲的话，我们想说能不能形成一种有机的环境，就不是一个单纯地听跟讲，它可能会成为一个体验式的东西。（F-14/2020-10-09）

受访者 F-14 深入地分析了"我们在参与"系列讲座的内容规划以及后面划分为两个系列："大拿说"和"青年烩"。顾名思义，"大拿说"是邀请行业内的大咖，有着丰富的实践或研究经验的前辈，以及跨领域分享；"青年烩"是邀请年轻人分享在现时代的思考和问题，分享的形式较为轻松与活泼。

（四）有界无边——华·美术馆之夜

该计划含有跨界的含义，旨在透过美术馆夜晚的活动打破美术馆物理层面的"墙"和观念层面"墙"，调节美术馆的气氛，进而探讨美术馆的可能性。

> 还有一类，面向大众的，就是这种体验型的。体验型的这块很典型的一个是"有界无边——华·美术馆之夜"，我在这里面想做的是两个尝试，一个是到底什么东西能进入美术馆，尤其华馆就在一个马路边上，到底进这个建筑里边跟在这个外面的差别是什么？你要说其实我们美术馆确实一直是面向公众开放的，可是始终好像就以这个墙为界，什么东西，什么作品能够进入到这里面，或者说观众进来之后的感受是怎么样？其实墙内墙外是有一点分别的，所以我们应该是想说有界无边，能不能尝试着去摸索一下美术馆对于艺术创作的这堵墙的边界。另外一个就是关于艺术作品创作的本身，为什么叫有界无边？很多东西，比如像我们学院里面的专业一样，是一定会有这个界限在。因为你要有一个定义或者是说有一个界限，才能够去形容得了一个东西，去展开一个讨论，但是这个定义或者边界，是可浮动的，它可以随着我们对一个事情的发展跟认识，是可以产生一个变化，但是完全没有这个边界的话，有些东西又难以去进行划定范围内的讨论，或者说形成到什么样貌。所以就把它叫作有界无边。（F-14/2020-10-09）

受访者 F-14 阐释了该活动的来源与发想，作为实际操办者，意在让观众体验到和日常不一样的美术馆。

华·美术馆的命名源于时任华侨城集团的总经理任克雷，之所以叫作"华"，既是指华侨城的华，又可以指是中华的华，这个名字的开放性特别大。之所以用"美术馆"，而没用"设计馆"，也是考虑到美术馆的概念将会更加宽泛。

从华·美术馆学术带头人的更替来看，可分为三个阶段：第一个阶段是成立初期，倪静做馆长，樊宁做副馆长，那是没有艺术总监或执行馆长的时期。因为该馆定位要做中国第一家设计主题的美术馆，所以跟深圳这座城市的设计行业有很大关系，深圳的设计师群体非常庞大，也形成了一定的专业累积。特色的展览有"社会能量—当代荷兰交流设计"展等。第二个阶段是与 OCAT 的合并，成立一个馆群，即邀请设计师王序先生做执行馆长的时期。他把自身在设计专业里的资源都用上了，一方面，世界最一流的平面设计师回顾性个展都在该馆发生，比如松永真、蒙古齐、卓思乐、安尚秀（韩国）等。另一方面，引进日本的 Tokyo TDC 年赛展和纽约 ADC（纽约艺术指导俱乐部）年展。第三个阶段是广州美术学院的冯峰老师做执行馆长。由于冯峰进行过设计与实验艺术方面的跨领域教学，他跳脱出社会行业的分类框架，设定衣食住行作为展览方向，与人的行为与功能有关系。例如，关于"衣"，做了"时尚：当下及未来"展；关于"食"，做了"吃设计"展，并不是食物本身的设计，而是与人吃东西的行为有关；关于"住"，做了"超景观"展，由 Makkink & Bey 工作室团队策展；关于"行"，既指向出行，又指行动。

华·美术馆还有一个非常显著的特点是重视公共教育。该馆并非停留在通过一般意义上的志愿者培训来进行导览的公共教育，而是开发出一套"导览培训师培育计划"。

　　跨馆运作之后，慢慢在运作的实际过程当中发现问题。这个运作机制原来是每个项目公司负责当地分馆的行政、财务、人事，后来就是因为那个项目公司比如地产，通常不理解这个艺术行业里面的东西，所以它运作起来的话，他们就经常觉得很受挫，或者是说很难去运转，慢慢就在这个运作过程当中研究出一个模式，像华·美术馆这样，当时是酒店管着，后来重新梳理管理模式把行政托管到 OCAT 深圳馆这边来了。当时我们所有的物业这些东西，如资产，是属于华侨城洲际大酒店的，因为这个馆的物业是属于酒店，所以其实在华馆合并到 OCAT 之后就开始有了一个运作模式，既然要把华馆并到 OCAT 去，我们怎么去把这里面的管理权与物权能够处理清楚，就摸索出一个叫作行政托管，行政托管给 OCAT，但是华馆的产业，还是归属于酒店，然后酒店拨款。以前就是放在酒店，我们要报账都到酒店那边，其他项目公司也是一样，就是所有的报销，包括人员签的合同，都是跟项目公司签。既然我们要托管到 OCAT，托管哪个部分给它呢？真的就是把这个人事，还有财务。比如一年如果拨款 300 万或 500 万，把这钱就拨到 OCAT 的账户上，我们报销什么的，都走 OCAT 这边去，这个就叫行政托管。我们在实际操作上，就不需要再走到酒店那边去了，我们就直接进入 OCAT 这边的财务体系，包括人员的签署，人事。……刚讲的这种托管的管理模式，后来就解决了 OCAT 西安馆的问题。西安馆也通过这个托管的方式，把行政财务这块的关系都归拢到 OCAT 深圳馆这边来。北京馆的问题也是这两年开始解决掉了，然后正因为把这些功能收拢了过来，就要有馆群办公室。（F-14/2020-10-09）

受访者 F-14 指出了华·美术馆在 OCAT 馆群成立前后的行政管理状态，创造了"行政托管"这一行政运营模式。紧随其后，OCAT 西安馆和 OCAT 研究中心的行政与财务部分也托管在深圳总馆。正是基于此，OCAT 馆群办公室也应运而生，负责协调各个分馆的部分事务。值得一提的是，OCAT 上海馆的行政与财务是由本馆独立运行，在这方面也相较于其他分馆更显独立。

三、OCAT 上海馆的运营机制

笔者在田野调查中发现，OCAT 馆群各个分馆之中，OCAT 上海馆与总馆 OCAT 深圳馆的关系是最为疏离的，也更加具有独立性。一方面，无论是资金来源和展览与活动规划，其他各馆与总馆联系较多且紧密，主要体现在例如 OCAT 西安馆和 OCAT 研究中心的财务报账是由总馆财务来负责，华·美术馆由于地理位置与总馆距离相近，不只是展览与活动互相有合作，而且员工之间的合作也有较多机会，甚至两个馆负责公共教育的主任曾是同一人。另一方面，体现在执行馆长的做事方法上，OCAT 上海馆执行馆长本身是一位很有个性的艺术家。该馆背后的上海华侨城公司总经理是建筑师出身，对当代艺术较为理解和支持。

OCAT 上海馆从 2012 年开馆至 2020 年底，共举办展览 34 场，论坛 19 场，讲座 119 场，"Agora 广场"系列主题言说 22 场，公共放映 17 期，工作坊 7 期，POP UP 阅读角计划 4 个，桑肯花园 7 次，出版物 14 本（见表4-7）。因此该馆形成的运营机制特色如下。

表4-7　OCAT 上海馆实践类别与数量一览表

类别	展览（场）	论坛（场）	讲座（场）	"Agora 广场"系列主题言说（场）	放映（期）	工作坊（期）	POP UP 阅读角计划（个）	桑肯花园（次）	出版物（本）
数量	34	19	119	22	17	7	4	7	14

数据来源：根据笔者整理。

（一）影像艺术与建筑艺术的交汇

以新媒体和建筑艺术为定位的 OCAT 上海馆从未偏离展示内容，形成了小而精的艺术呈现方式，与上海其他美术馆形成巨大的反差，不求大不求全，一心一意做出自身的特色。

OCAT 上海馆馆长张培力，是中国当代艺术界较具影响力的观念艺术家之一。他希冀上海馆是专业而活跃的艺术机构，面对艺术界有学术坚持和运营的专业性，面对观众有足够的吸引力，并可在此公共空间讨论各种议题。华侨城上海公司的老总是建筑设计出身，这也促成了该馆的定位。同时，上海的地理位置与历史经验，造就了民营美术馆在上海的蓬勃发展。在上海，各大民营美术馆林立，如上海外滩美术馆、龙美术馆、民生现代美术馆、喜马拉雅美术馆、余德耀美术馆等，OCAT 上海馆可谓是小而精的，既无泛滥的、毫无问题可言的当代艺术展，也没有举办为了增进人流量的"网红展"。而且，此馆特别注重年轻或新锐艺术家的培养。

OCAT 上海馆的开馆展是"断章取义——杨福东①作品展"，由顾铮策划，共展出艺术家的 50 余件摄影作品和一部影像装置作品。"杨福东的作品优美而伤感，以古典文人气质与现代场景对接，模糊了历史感与现实性，拓宽了影像叙事的方式，反映着新一代年轻知识分子在富裕的物质生活与日益匮乏的精神世界之间的妥协、困惑和无力感，同时也暗含了被现代化狂潮践踏的中国传统文化的无奈。"② 策展人指出展览标题的含义是艺术家在自身所面临的传统与现实时对于意义的表达。正如杨福东在展览手册中所言："许多偶发的启发特别重要。我会把这种学习叫作断章取义。"创作者这种强化在地经验与风格实验的美学突显，说明了在制度与个体之间自我调整的一种新的艺术范式（董冰峰，2018：90-91）。

在访谈中，笔者问及受访者 F-17 理想的影像艺术展示空间为何种样貌，他对其进行了想象与描述：

> 我以前的目标是如果有 8000 平方米的空间，有可能会（做分隔），比如说大空间，其他的各个小空间，我有可能会同时有很多专题的展览，比

---

① 杨福东，1971 年生于北京，1995 年毕业于中国美术学院油画系，目前中国较有影响力的艺术家之一，代表作品有《陌生天堂》《竹林七贤》等。

② 郭雯．【雅昌带你看展览第 59 期】断章取义：杨福东影像艺术［EB/OL］．雅昌艺术网，2012-10-01.

如说专题的一个专门开设的播放厅，播放厅里边就是有点像观看电影一样，坐得很舒服，一直在循环播放一些作品，单视频的，就像看电影一样。那么有些厅里边专门播放的是纪录片，有些播放厅里面专门播放的是实验短片，有些厅里边专门播放的是动画。那很多人比如对动画感兴趣的小朋友，他们可以专门去找那些动画的作品，然后，比如说有些厅专门是给摄影的，有些可能专门是展机械装置的，所以我可能会有一些这种的分类，这个空间上做一些分类的安排。当然就是一年里面可能会有几个大展，可能会把这些空间打通，但以后如果有条件的话可以专门开辟出一个视频的阅览室，有些视频档案戴着耳机，不会影响到别人，一个屏幕一张卡。（F-17/2020-10-13）

受访者 F-17 设想了他心目中完美的影像美术馆呈现空间，包括对展厅或播放厅的区隔，以及对展览的规划。

（二）与国际策展人的合作

澳大利亚的亚太媒体艺术（Media Art Asia Pacific，MAAP）的机构总监金曼（Kim Machan）在 OCAT 上海馆策划过 2 个展览："海陆空——重访录像艺术的空间性"（2014）和"重新聚焦媒介：东亚录像艺术的兴起"（2020—2021）。前者由 17 位国际当代艺术家带来最具趣味性和挑战性的录像作品，消解了地平线的魔咒，将观者平面性的视觉经验转换至对空间的感知中。其中荷兰艺术家简·迪贝兹（Jan Dibbets）展出了 3 件"地平线系列"作品《地平线 I，II，III—海》（*Horizon I，II，III-Sea*），投放在 7 个屏幕的 3 组作品首次齐聚一堂，在胶片质感的影像中，颠动的摄像机镜头以不平行于海平线的方式切开涌动的海浪，分、合、起、落，画面中瞬时组成的几何形和类似极简主义音乐的重复使人沉醉在舒适的晕眩感中，这组作品也是策展人着迷于探讨空间性的起因。后者汇集了山口胜弘、白南准、小野洋子等来自日本、韩国和中国的 15 位重量级艺术家，重新审视录像这一艺术媒介在东亚的呈现方式，以及在东亚的兴起和艺术家独特的表达手法。该展展现了东亚录像艺术是如何在后媒介的当代艺术实践背景下，成为一种以录像艺术之媒介特殊性为条件的全球混合艺术形式。作为一种特征鲜明的新技术和实验性艺术媒介，录像艺术的到来没有文化传统的先行铺路，也没有重要的艺术惯例或历史前提，但它却成为一种全新的全球性当代艺术工具。[1]

---

[1]　引自"重新聚焦媒介：东亚录像艺术的兴起"展览介绍。

（三）"Agora 广场" 系列主题言说

公元前 387 年柏拉图离开了苏格拉底（Socrates）生前经常游走并在此诘问雅典人的 Agora，在雅典城北面建立了 Academy。20 年后 17 岁的亚里士多德（Aristotle）进入 Academy 跟随柏拉图学习。又一个 20 年，亚里士多德离开了 Academy，开始与其老师完全不同的研究方向——对于自然科学、逻辑学和形而上学的探索。"Agora 广场"是一个多回合式的思想对话场域。"Agora"一词既非主题，也不是边界；它是一个公制空间，是由参与者建立的"共同语境"。它不是召集主讲人和对话嘉宾陈述中性的专业领域实践过程和研究成果，而是要求其在共建"共享语境"中提供个人的观点、立场、态度和价值判断。[1] 该系列的策划人、发起人是殷漪，意在探寻公共空间的话语与可能性，主张形成可以公开辩论的公共领域，尊重参与者个体的观点与价值表达，以形塑出平等、对话、讨论的氛围与场域。

总结而言，OCAT 上海馆的运营机制还具有以下意义：第一，注重举办年青新媒体艺术家的展览，为年轻人提供"舞台"。譬如"第？代——青年艺术家作品展"由陈维、陈轴、程然、关小、胡昀、李明、李然、陆扬、马秋莎、叶凌瀚等 10 个"微型个展"组成。该展试图消解中国惯常所言"80 后""90 后""玩世一代""卡通一代"等分类方法，以"？"反问的方式打破代际定位的形式，明确了艺术新形态的立场。策展人玛丽娅·科斯坦蒂诺（Mariagrazia Costantino）认为，展览标题中的"Degeneration"一词蕴含多重含义。首先，从字面表层阐释为"偏离原本的属性"，即呈现一种无法停止的进程。其次，这个词可拆分为"de"和"generation"两个部分来看，一般意义上前者表示某种被剥夺的状态，后者则突出"年代"的缺失与剥离。简言之，展览"第？代"以提问的方式来质询和反思。第二，特展小而精。对于中国的美术馆生态而言，上海有大量的美术馆存在，近些年的建设速度尤其明显，无论是资本还是空间，OCAT 馆在此方面并不具有竞争力。但是它锁定在影像艺术和建筑艺术的定位，有着明显的专精特质。第三，公共教育阅读角计划独具特色。

四、OCAT 西安馆的运营机制

在西安推行当代艺术并不是一件容易的事，因为当地大多数人的观念都已经根深蒂固了，认为传统艺术才是好的艺术品。OCAT 西安馆自 2013 年成立以

---

[1] 引自"Agora 广场"系列主题言说，OCAT 上海馆微信公众号推送，2015 年 3 月 12 日。

来，是西安这座城市第一家以当代艺术为定位的美术馆。使命是整合当地及国际资源，以国际化水准呈现并推介中国当代艺术，同时支持多样化的、立足西安的文化交流项目。希冀透过展览与实践，既可回望历史，又能展望未来。众所周知，西安古称长安，曾是东方与西方交汇之地（唐代）。这座有着几百年建都史的老城，不仅有着庞大的文化遗产古迹，文博系统健全，而且展品足够精致。2020 年，OCAT 西安馆建设了新馆，搬迁至西安沣河东路西咸沣东文化中心。借由搬迁之际，举办了"六周年回顾展"，将过往六年间展览与公共活动中具有特点的项目作为内容，包括了如在学术研究方面"与××有关"系列展览、"OCAT 西安角""西安肖像"几个专案中的一部分作品。除此之外，邓大非的长卷作品《西安笔记：废墟纪念》和德莱顿·古德温（Dryden Goodwin）[①] 的人物素描作品《出—土》，创作内容来自艺术家对西安地域特征的观察和思考，属于驻地创作的馆藏作品。

OCAT 西安馆强调在地性的展览与研究，新馆开馆展的另一个展览是"沣水研究计划"（2020 年 9 月 17 日–2021 年 1 月 18 日）。策展人为杨西，艺术家及作品有彭德《六双眼睛看沣水》、李勇《寂静时刻的两端》、任钊《水镜》、杨欣嘉《路不拾遗 II》。此展是基于具体的"地方"出发，把那些神话、史料、文学作品、地理变迁等视为编织当代文本的材料，去营造多方面的叙事和感受。（杨西，策展前言）

在搬入新址之前，OCAT 西安馆每年的展期依据春、夏、秋、冬四季来划分为四档展览，由于原来场馆的空间结构特质，每次举办 3 位艺术家个展。除时间依据季节区分之外，展览内容方面又分为四个学术品牌展：与××有关、自我空间、西安角、西安驻地（西安笔记、西安肖像）。公共教育活动内容包括西安对话、西安放映、西安周末、课堂在美术馆等。"当然深圳是一个非常具有实验精神的城市，因为它是经济特区，在蛮荒之中繁盛起来，它的文化并不在原来的计划之中。西安则反之，是历史，而非经济主导着这个城市的文化生活，历史塑造并左右了西安，这个城市充满了文化遗迹，但是尚没有当代艺术的一席

---

① 古德温是伦敦大学学院教授并任斯莱德美术学院版画系主任。他出生于 1971 年，自 1992 年起长居伦敦。他的作品在国内外平台进行展出，包括泰特现代美术馆、泰特美术馆、泰特利物浦美术馆、摄影师画廊、英国国家肖像美术馆、威尼斯双年展以及戈德堡哈塞尔·布莱德基金会等。其作品被收藏于纽约现代艺术博物馆、泰特美术馆、国立肖像美术馆以及伦敦科学博物馆。影片《无见：看见的方式》于 2016 年获波兰比得哥什的卡梅林电影节最佳纪录片摄影师奖提名，2015 年获哥本哈根 CPH：DOX 电影节 DOX：AWARD 最佳纪录片奖，2016 年作为鹿特丹国际电影节官方选择影片进行展映。

之地。"（巫鸿，2018：380）艺术驻留计划的开展，联结了国际与本土的联系。此外，执行馆长凯伦·史密斯是英国人身份，使得西安馆天然具有国际视野。

在此基础上，OCAT 西安馆共举办展览 47 场，西安角 7 场，自我空间 5 场，讲座、论坛与对话 71 场，放映 20 期，西安周末 15 期，课堂在美术馆 11 期，出版物 5 本（见表 4-8）。该馆形成的运营机制特色如下。

表 4-8　OCAT 西安馆实践类别与数量一览表

类别	展览（场）	西安角（场）	自我空间（场）	讲座、论坛、对话（场）	放映（期）	西安周末（期）	课堂在美术馆（期）	出版物（本）
数量	47	7	5	71	20	15	11	5

数据来源：根据笔者整理。

（一）与××有关

展览"与绘画有关"于 2014 年 3 月 22 日至 7 月 21 日在 OCAT 西安馆展出，参展的艺术家包括贾蔼力、王音、段建宇、赵刚、李姝睿、邱瑞祥六位。绘画真的已经过时了吗？当代画家的创作只是在不断重复历史吗？在展览新闻通稿的第一句，策展人就发出这样的诘问，以提问的方式来探索这一传统媒介的新可能性。

展览"与绘画的动作有关"于 2015 年 8 月 22 日—11 月 1 日在 OCAT 西安馆展出，由蒲鸿策展，是该馆第二个"与××有关"系列展览，这一系列探讨当代艺术在中国语境中发生的热点议题。策展人关怀"用笔刷将颜料涂抹在画布上的单一性动作"的绘画传统观点，参展艺术家包括丁乙、王川、王光乐、徐红明、徐震、杨述、张恩利、赵要。从展览名称可以看出，强调与动作有关，意味着与绘画的视觉无关。策展人指出研究的着眼点不在风格，不在技法，也不关注艺术家如何通过创作符号来完善自己的视觉系统。在笼统的非具象或抽象主题下，它实际展示的是当代语境下八位艺术家关于绘画处境的八组解决方案。参展作品精心挑选自艺术家创作的某一特殊时期，这个时期充满了艺术家个人对自身绘画语言的修正、改变、深入，乃至自我推翻的种种动作。它回避单一艺术史和社会史的归纳逻辑，试图从个体的视角来编织"富文本格式"下的中国当代绘画现状。

展览"艺术于我而言——西安美术学院油画系 98、99 级毕业十年展"是策展人岳杨对该系两级毕业生的一次集体的梳理与回溯，希冀展现接受专业艺术教育并身处今日发展迅速的中国的参展者，在毕业十余年的时光中，所学艺专业和个人轨迹之间的关系。1998—1999 年正值中国高校扩大招生的初期，接受高等教育使他们和艺术紧密地连接在一起。毕业后的十几年间，扩招带来的就业压力和大多数人身为独生子女背负的家庭压力同时在他们身上体现，他们每个人处在不同的生存境遇里，专业艺术教育对于他们人生的作用在这一时间段内发酵并初成形态。每个个体都是鲜活的，艺术与这些最具生机个体的个人现实之间的关系发生了怎样的变化？在他们的个人历史里，艺术起到了什么作用，扮演何等角色？面临来自社会和家庭多重压力时，艺术对于他们而言到底是什么，或者说曾经是什么，经过十几年后又变成了什么？是谋生的手段，还是未竟的事业？是青年时代的美好，还是现今依然的热爱？是信手拈来的表达手段，还是规则艰涩的游戏？是心中的净土，还是奢侈的幸福？这两级共有 105 位同学，现在从事着艺术类教师、职业艺术家、设计师、商业管理、记者、编辑、导演等多种职业，此次展览展示了他们之中 59 位同学的 200 余件作品。该展恰似一项社会调查，呈现了从事艺术创作的不易与生活的现状。

（二）自我空间

作为"自我空间"的首展——"陈秋林：另一种废墟"（2017 年 3 月 4 日—4 月 9 日），艺术家陈秋林带来她的作品《一天》。作品呈现了艺术家对贵州省东南部山区的女性生活的考察。《一天》中，床作为主体出现在装置和以当地女性为主角的录像及摄影中，成为当地女性生存现实的写照。陈秋林在作品创作中注入了她细腻的观察和体会，发掘生活在这片土地上的女性淳良的秉性和她们对于传统的敬畏，并将这些特质集于片中的女主角，让她如空谷幽兰一般游走于村落小巷间，以一幕幕玄秘的情景展示了这里被遗落在现代文明环境深处，被边缘化却无法摒弃的古老传统。

"鞠婷：洋葱"（2017 年 4 月 15 日—5 月 28 日）属于"自我空间"展览，浓重的颜料和厚实的涂层使艺术家鞠婷的油画作品具有极高的辨识度，并且这些作品还兼有一种雕塑般的形态与质感。自 2013 年成为一名独立艺术家后，鞠婷产生了许多中国式的创作想法，并将它们与自己的表现意向紧密相连。由此，她的创作中最为明显的特征之一就是对刀具的使用。她选择以一种手术般精准的方式对材料进行刻画，可以称其为杰出的雕刻师或雕塑家。刀刻的形式初见于她的第一个系列作品。你可以看到鞠婷用一把颜料刀切开已经仔细涂抹于画布上的层次，以此创造出了一种带有图案的浮雕。这些图案通常是条状且垂直分布的，就像割裂开了画作的表面。这些铭刻在表面的线条仿佛一种呈现画作里常见意象的媒介，但同时它们又被掩埋于厚重的材料中仅留下简单的轮廓。

对于鞠婷来说，这是一种将时代特征内化的手段，而更重要的，这也是一个打破惯例探索自我创作语言的过程。2013 年末，具体的意象已经被整片的线条所取代，一种新的抽象语言也就此形成。

"周范：恐惧症"（2017 年 12 月 2 日—2018 年 1 月 28 日）同样属于"自我空间"展览系列，自 2012 年起，常驻上海的艺术家周范决定将他的创作聚焦于景观绘画，而他在绘画中的个人表现力也因此变得极具特色而引人入胜。意想不到的是周范选择了景观主题后，在创作中反而回归艺术家熟悉的话题或延续一些传统的表现形式。在他的创作语境中，景观是一种形而上的概念；是对一个人特有的空间体验和一个深奥而又野性的自然观念的视觉隐喻。在周范的作品中自然生长和人造城市景观间的矛盾如一种心理语言一样被运用于视觉中。

（三）西安角

西安角是在 OCAT 西安馆旧址展厅中选择了一个角落，来进行展览空间实验，由杨西作为策划人。这一计划主要以西安本地艺术家和艺术群体的作品为展示对象，"意图激发出西安本地艺术家特有的创造力，通过他们的知识结构，对传统艺术的理解和自我方法论的思考，采用不同的媒介和语言，阐述出日常的所见关系"①。与其说计划是以观念艺术为导向，倒不如说是策划人非常关怀艺术与日常生活、社会环境的关系呈现，以及作为年轻艺术家或艺术群体的状态表达和思想脉络检视。"其实这个跟深圳的那个青年计划有一点点相似，但更多的是成为我们西安本地的一个元素，是请了西安本地的年轻策展人，然后来做一些西安本土的艺术家，或者是在西安有学习经历，或者是在西安有生活经历的这种年轻的艺术家，然后来做他们的个展或小群展，大概是持续了三年，从 2016 年开始。"（F-5/2020-9-22）受访者 F-5 也提到了"西安角"计划的核心诉求，即西安在地的创作者或具有学习、生活经历，有联结的创作者可作为选择对象。这充分体现出 OCAT 西安馆对于西安本地年轻艺术创作者的支持力度，希冀与当代发生更多的关系，给予年轻世代更多机会，推动创造性。

（四）西安驻地（西安笔记、西安肖像）

2018 年 8 月，英国艺术家古德温在 OCAT 西安馆驻留了 21 天，走访了 12 家文物及考古机构，并为机构的幕后工作人员绘制肖像，参与者人数多达 60

---

① OCAT 西安馆. 西安角［EB/OL］. OCAT 西安馆官网，2021-03-27.

位，完成"出—土"① 专案。此案是"西安肖像"系列之三，艺术家凭借直接对文物领域内具有专业知识与经验的工作人员（藏品管理者、考古发掘者、博物馆研究员）进行观察，针对被访者的头部面孔创作出约 60 幅铅笔素描，考古学家在泥土中发掘文物的过程与创作者的绘画过程形塑出一种对比，跨越时空完成了一次联结。正如古德温所言："我以游览历史遗迹与博物馆，尤其是参观关于西安历史上不同时代节点中带有人面部、头部或人像造型的藏品作为创作的出发点；比如出土于汉阳陵陶俑塑像，或是陕西历史博物馆的唐代古墓壁画，或是半坡人制造的器皿，又或是兵马俑遗址。并着迷于考古学家和历史学家如何通过在遗址发掘现场发现的古人遗存的碎片和细节，观察他们曾经生活的痕迹、他们的遗骸以及他们所创造的艺术作品，从而推敲和构筑出一幅当时的图景。'出—土'期望通过一系列绘画与交流的举动，真实地反映出构建该项目的全部过程。"② 贯穿专案的核心是对人物形象的诠释，如何从生活中捕捉并将其透过雕塑、绘画等形式进行呈现。而存在于今昔间的在情感与价值方面的比较也会引起人们的共鸣。与此同时，专案也将通过对中文与英文交流中所蕴含的语言与文化的转译诠释进行呈现。

五、OCAT 研究中心的运营机制

OCAT 研究中心的成立，前后也并不一帆风顺，是经历了一波三折后终于在 2015 年开馆。在此之前，筹划了一年左右时间，最初是想建立一个类似瓦尔堡图书馆那样的机构。准确来说，2012 年以馆群模式运营之后，黄专便开始把自己的工作重心挪到北京。2013 年初始团队也搭建好了，各项工作开展了一年左右被企业告知停建。

> OCAT 馆群的计划应该是 2012 年启动的。2013 年黄专开始启动北京研究中心的计划，组建团队，确立了北京研究中心是以艺术史研究为核心，并且承担各个分馆在北京的展示和介绍工作。相当于 OCAT 馆群在北京的一个形象宣传阵地。（T-5/2021-04-18）

---

① "出土"（Unearth）是经常出现在博物馆中的词语，它用于描述深埋于地下的文物如何被发掘的过程。此展览中，连字符将词语拆分为单独的两部分，给予了这种破土而出状态的深一种更丰富的含义：揭示了艺术性，由土坯到精致人形作品创作的转化，而使用从土壤和植物中获取的泥土、石头、颜料和石墨的过程，灌注着人们创造艺术的努力。相似的，纸张也是绘画创作的"基础"，想象力就在此上涌现。同时，艺术家也通过肖像创作为通常隐于幕后的工作人员赋予了更为清晰的"面孔"。

② OCAT 西安馆 . 出—土 ［EB/OL］. OCAT 西安馆官网，2021-03-26.

　　受访者 T-5 对黄专缘何成立研究中心这样提道："另外角度，北京研究中心的建立，也是黄专本人认为中国当代艺术的发展的重心，应该相当大的程度是要建立在学术研究、贯通不同思想和学科领域的一项工作，而不仅仅停留在视觉艺术或者举办艺术展览的层面上。"（T-5/2021-04-18）OCAT 研究中心刚成立时与亚洲艺术文献库（Asia Art Archive，AAA）有过一些合作。亚洲艺术文献库于 2000 年在中国香港成立，为记录和保存亚洲当代艺术史而建立。它不是一个静态被动的资料库，而更像一个积极进取的平台，致力于为广大用户提供交流与反思的途径。文献库的馆藏属于公众，并力图开辟一个开放式空间，以催生创意思维和艺术作品。后面因为侧重面向不同，就没有再持续进行合作。

　　从黄专最初想建设一个类似于瓦尔堡图书馆那样的文献机构至最后命名为研究中心，可以看出与出资方博弈的结果和策略的转向。尤其是在北京这一特定区域，知名大学、研究所、美术馆、博物馆等机构林立，如何找到自己的定位是重中之重。

　　我认为确实可以做一种新的东西，特别在北京这种文化地理上。北京一个是学术占位特别多，大学最集中，而且研究所、社科院，反正这些研究机构也是北京最集中，还有一个最集中的就是艺术家，当代艺术、古代传统（艺术），也都非常集中。北京在我看来特别从国外往回看，都是大院一样。中国的系统，它每个系统有一种自己的（围墙）。即使（说）没有围墙，（实际上）它也（还是）有一种围墙。一人一个围墙，每一个人属于一个大院，比如美院，我就是美院，清华美院就是清华美院，北大就是北大，清华就是清华，当然也可以简单从（这个角度理解），没有什么真正的往来，或者学术上。所以我觉得像 OCAT 做一个新的东西，它其实很小，而且经费也不会太多，做一些事情能够影响一下这种架构，就是我们叫 Infrastructure，这种硬件的架构，一种学术的结构，就是机构的结构。这是你的这种学科要做这种机构性的东西，比如美术馆也是机构，就是 OCAT 有点儿，我也说了希望做一个在围墙之外，创造一种交流的空间。它可以把这个围墙里的人吸引过来，产生一种互动，然后就在这里头产生一种新能量，或者做出点儿东西。（S-10/2021-0209）

　　OCAT 研究中心在中国建立了一种新型艺术机构，既不同于一般意义上的研究所，也不同于美术馆中的研究部，开发出一种关于当代艺术的"历史研究"模式，既做文献的整理与出版，又做研究性展览展示。总的来说，它强调当代艺术与人类精神史、观念史、思想史和视觉文化史的整体关系。建馆经历了搁浅之后又重新开始，学术目标和社会职能做了相应的调整。一是从最初设想的以艺术家和综合研究为主题的研讨调整为以艺术史理论研究为主；二是以展览为核心调整为以年度讲座为核心。具体而言，每年邀请一至二位在国际或国内具有学术研究影响力的学者，以艺术史理论问题为基础，设置一个从未演讲或发表过的课题，进行多场次讲座，在此前后还会展开一系列研讨和专题演讲，最后，在"OCAT 艺术与思想丛书"框架下出版成书。简言之，年度讲座和出版是 OCAT 研究中心的核心工作。

OCAT 研究中心（OCAT Institute）设有五个工作部门：行政部、研究出版部、公共项目部、图书文献部、展览部。它既不是传统意义上的研究中心，也不是传统意义上的美术馆，是介于两者之间的一种新型艺术研究机构。

> 刚开始创建研究中心的时候，黄专老师最开始是想设立一个文献馆，一个图书馆，这个图书馆是从 20 世纪 80 年代以来他们的一个文化理想，这个其实也跟范景中先生有关，是他们在学习西方艺术史学时的一个理想。他们当时接触到西方艺术史学里面经常提到的瓦尔堡，瓦尔堡有个图书馆，一个私人图书馆，瓦尔堡对于编目以及对总体知识的追求都让他们很向往，所以对于他们这一代人或者说对于他们这个群体来说，有一个共同的理想，也不仅仅是黄专老师一个人，他们都有这样一个理想，就是要让中国的艺术史能够成熟起来，像西方艺术史那样能够成为人文学科里面的一个重要的学科，在这个过程里面建立一个图书馆也是一个非常重要的事情。（F-3/2020-07-28）

从访谈中得知，一开始 2013 年黄专在北京华侨城筹办场馆时，理想是建一个类似于"瓦尔堡图书馆"的场所。他和董冰峰、冯华年、欧阳潇、方立华一起筹办了一年，当时的名字叫"OCAT 北京文献与研究馆"。由于地方华侨城的不支持，黄专写了一篇短文《别了，北京》，结果在微信朋友圈和媒体中疯狂传播。在此之后，又经过一年多时间的拉锯，谈判的结果是深圳华侨城出资，北京华侨城出场地，把地产开发的售楼部改造成现在的 OCAT 研究中心。在有关命名和独立性的访谈中，也可略知一二。

> 比方说这个机构真正建立起来的时候，并没有叫图书馆，也没有叫文献馆，而是叫作 OCAT 研究中心。我觉得这个名字的变化可能既有主动的也有被动的缘故，主动的就是也许在做这件事情的两三年里面，他的认识又有了一些前进，他可能又有了一些新的想法，被动的就是可能要马上建立一个图书馆很难，不太现实，尤其是涉及我们谈到的独立性的问题。其实你要做一个美术馆或机构，总能找到赞助人，总能把你想要的东西大概做出来，但同时又要坚持独立性就会很难，就需要各种各样的协调，所以

我们就经常讲，我们对于华侨城也有各种的不满，但是有时候想起来又觉得了不起，毕竟这 15 年就这样过去了，大部分情况下投资方还是真的没有干预，就是完全从你的独立学术考虑出发来组织你的活动。我觉得到目前为止，大体上都还是能够保持这样的一种独立性，华侨城提供赞助，但是不会对你提出很具体的要求。（F-3/2020-07-28）

以上这段话，呈现了这一切的来之不易，也表现出黄专在病情复发之后，想专注做一些研究的工作，一来不像展览筹办工作那样与太多人打交道的费心费力；二来也可见他对艺术研究的莫忘初衷。

我个人觉得就是 OCAT 馆群中尤其是北京馆，它的重点在研究，重点不是展览。其他的分馆可能重点在展览，或者一些展演，或者表演放映，未必在研究。当然深圳馆有它的特殊性在，因为它是第一个设立，包括它之前出的文献。（F-12/2020-09-30）

受访者 F-12 指出了 OCAT 研究中心的工作核心是研究，并非展览实践。这也表现出其成立之初由图书馆设想转向至研究中心的改变。开办前期企业不支持建图书馆的想法，因为图书馆过于静态且需要投入大量的资金，并不能获得足够的回报。站在企业的角度思考，对于曝光度高的活动进行投入，可以为企业带来更大的"广告"效果，促进企业收入的提升。由此可见 OCAT 与企业之间也处于一种"博弈"的状态，前者更多从学术研究的理想作为出发点，后者则更多以企业利益作为出发点。这并无对错之分，有的是立场不同之别。

我那天还跟一位策展人聊，他们的展览想强调艺术要一直处于一个边缘化的状态，你一旦获得了主流的话语权，那个可能就不是当代艺术想表达的那个东西了。但是它又必须是个展览，事实上又没有特别边缘，因为它还是有东西要表达，有思想要传达。我觉得这个好像跟 OCAT 的状态有点像，就有点像一个艺术家做馆长或者一个艺术家做老师，一方面他有自己的独立的艺术思考，他有自己的作品。比如说 OCAT，有自己的研究性，然后就展览这些体系也都是自己去思考的，有规划的。但另一方面就是你获得这个话语权的过程，比如，同时有一位老师、馆长，给予更多的正确的方向上引导，至少保证这个馆传播出去的东西是成立的。它如果没有这个话语权，没有这个权利，那它是不是就很容易摇摆。我也不知道，就是感觉这个是很多股力量在拉着你，但是你又有一条自己要走的路。（F-12/2020-09-30）

作为一家新型艺术机构，OCAT 研究中心有着自身清晰的定位，摸索出一条

是邀请一些很有名的当代艺术家过来，但是可能为了迎合大众的口味，学术性有的时候有点欠缺，但是 OCAT 这方面我觉得还做得挺好的。当时我来实习也是因为他们也会做一些学术文章的出版，做学术讲座，包括年度讲座，这让我感觉还挺不容易的，做这个事情。（T-1/2021-03-12）

此外，在问及受访者 T-1 在实习过程中的参与度、感受和学到的东西，以及为学习带来的影响方面，受访者 T-1 回答道：

因为毕竟 OCAT 研究中心它规模比较小，所以实习生的话参与度就会比较高，每个部门都参与进去了，策展部也参与了，出版也参与了，公教也参与了，所有都能体会一下，这方面就真的是能把我学到的一些知识来做一个输出，然后通过不同的部门做一个输出，这一点我觉得其实对我帮助还挺大的。（T-1/2021-03-12）

受访者 T-1 对 OCAT 研究中心的优点可以侃侃而谈，在被问及不足之处时，仅从自身在其他机构的实习经验方面做了一些对比。

最大的优点就是像我刚才说的，学术性和大众普遍的这种输出做一个结合，这是最大的一个优点。因为我跟周边不太了解当代艺术的人聊天，朋友都会觉得看不懂，就觉得千人千面的当代艺术，没有办法理解。但是我觉得 OCAT 做得像展览，他们不光是导览，还有一些就是围绕着展览做的讲座活动，包括请策展人出来讲，和观众进行一个面对面的讨论。这个事情的话对于大众理解中国当代艺术和理解整个当代艺术世界性的这样的一个语境，我觉得是挺有帮助的。策展人出来讲这个事情是很难得的，能把他们的理念真的讲出来，因为很多当代艺术的理念性、概念性的东西偏强，你直接去看的话，没有太多背景知识的人可能未必能了解到他们里面到底想表达什么。那把这个桥梁给架起来就挺重要的。（T-1/2021-03-12）

受访者 T-1 认为 OCAT 的学术性与主动通过策展人将学术知识传播给大众所做的实践与努力，是 OCAT 最大的优点。当代艺术的受众群体很有限，只占人口比例的很小一部分。

回看首届年度讲座计划，在迪迪-于贝尔曼举办讲座的同时，也做了"记忆的灼痛"的展览，然后也生成以此主题为名的出版物。原创讲座、研讨班、研究展览和出版物四者为一体的知识生产其实对讲者的要求是蛮高的，并不是每一位讲者都具有做展览的经验，尽管他们对某一领域有着深厚的研究经验。于是，主办方在后面的数期年度讲座中也有妥协，放弃了对展览的要求。

2016 年的讲者是巫鸿，主题是"'空间'的美术史"，分为三讲。一是空间与图像；二是空间与物；三是空间与整体美术。2017 年的讲者是雅希·埃尔斯纳（Jaś Elsner），主题是"从欧洲中心主义到比较主义：全球转向下的艺术史"，分为三讲。一是艺术史：对一种欧洲传统的学科接受；二是潘氏之圈：历史与艺术史探究的对象；三是欧洲中心主义及其超越。2018 年的讲者是 W. J. T. 米切尔（W. J. T. Mitchell），主题是"元图像：图像及理论话语"，分为三讲。一是图像学 3.0：当下的图像理论；二是关于面孔；三是雕塑无限。2019 年的讲者是柯律格（Craig Clunas），主题是"中国艺术史上的三个跨国瞬间"，分为三讲：一是 1902—1903 年：谢赫在加尔各答，中村不折在巴黎；二是 1922—1923 年：董其昌在伦敦，杜里舒在北京；三是 1927—1928 年：潘玉良在罗马，保罗·塞尚在上海。2020 年的讲座由于新冠疫情，推迟至 2021 年 1 月，讲者是达瑞奥·冈博尼（Dario Gamboni），主题是"现代主义、无偶像论与宗教"，分为三讲。一是"摩西区分"与现代主义；二是无偶像论、物质性与神圣性；三是"抽象"与创造性破坏。

（三）研究型策展计划

OCAT 研究中心也关怀学术与艺术的结合研究，自 2018 年起开始推出"研究型展览"计划，向全球开放征集策展计划方案，为策展人和优秀研究者提供展览机会，并召集学界资深人士担任评审委员，从投稿中评选出数份入围方案和一份终评方案进行展示。

2018 年历时 3 个月的征集，共收到 18 份完整的策划方案，经初评，5 份入围展方案是何伊宁的"描绘历史：中国当代摄影中的历史叙事"，胡昊、刘张铂泷、聂小依的"重组/演绎：激活档案与公共记忆的当代艺术实践"，环形网管团队的"环形网吧"，莫万莉、邓圆也、林琳的"止物"，徐然的"凝视与被凝视的介入——来自社区摄影大赛的图像"。"2018 研究型展览：策展方案入围展"于 2018 年 9 月 7 日—11 月 30 日在 OCAT 研究中心下层展厅进行公开展示。在展示期间，评审委员通过听取 5 位（组）策展人对自己方案的阐述，选出何伊宁的方案作为"2018 研究型展览策展计划"的优胜方案，并在之后不久进行单独展示。

2019 年的"研究型展览策展计划"方案在近 3 个月的征集时间里，共收到超过 50 份投稿，其中完整策划方案 45 份，包括中文投稿 20 份，英文投稿 25 份；独立策展方案 24 份，联合策展方案 21 份。评审委员们选出 7 份入围方案，分别是安德里斯·布林克马尼斯（Andris Brinkmanis）、保罗·卡福尼（Paolo

Caffoni）、印帅的"幼年与历史（Infancy and History）"，陈淑瑜的"焦虑的空间档案——从地洞到桃花源"，杜帆的"再思考当民族志作为艺术的方法论"；Pan Yuxi（潘雨希）的"全球回响：声音的人类学研究（Global Echoes：An Anthropology of Sound）"，边路原（Rupert Griffith）和朱欣慰的"光音恒久（The Persistence of Light and Sound）"，王欢、王子云的"寻异志——人迹、城际与世变"，赵玉、龚慧的"苏格兰高原的狮子——写作的平行展览"。"2019 研究型展览：策展方案入围展"于 2019 年 8 月 24 日—11 月 24 日在 OCAT 研究中心展出，最终评选出陈淑瑜的方案为优胜方案。

2020 年的"研究型展览策展计划"方案在将近 3 个月的征集时间里，共收到完整策划方案 50 份，包括中文投稿 38 份，英文投稿 12 份；独立策展方案 37 份，联合策展方案 13 份。评审委员们选出 6 份入围方案，分别是蔡艺璇、曹雪菲的"齐物生息：重溯自然环境对地缘空间及权力的调整"，李石影、袁中天的"一场探索冷眼旁观又自得其乐的展览"，白雨婷的"动物故我在（The Animal That Therefore I Am）"，李艺卓的"Viral Transmission：A Medium in Between（又何间焉：病毒特性的多介质表达）"，于潍颖的"城市，声音，轻盈——移动边界与虚构叙事"，周雷的"瘞翳呓忆噫疫——瘟疫六字诀《声疫解剖学》文献展"。"2020 研究型展览：策展方案入围展"于 2020 年 9 月 12 日—12 月 6 日在 OCAT 研究中心展示，由于时间关系，截至笔者写作之时，还未评选出优胜方案。

值得一提的是，从 3 届评选出的研究型展览策展计划入围展的名单可以看出，在国外就读艺术史或策展专业的人获选概率较大，他们有着良好的专业教育背景和外语水平能力，且入围策展人的年龄愈趋于年轻化。

（四）出版

出版是研究和讲座的结果，是 OCAT 研究中心重要工作类型之一。出版物主要包括透过年度讲座所生成的内容和《世界 3》学术年刊。前者已出版 5 本，分别是《记忆的灼痛》《关于展览的展览》《遗址与图像》《"空间"的美术史》《影像·历史·诗歌：关于爱森斯坦的三场视觉艺术讲座》；后者已出版 3 本，分别是《世界 3：作为观念的艺术史》《世界 3：开放的图像学》《世界 3：海外中国艺术史研究》。

　　除了会一直把《世界 3》当成我们的学术年刊继续往下做，我们还有其他的图录，还有年度演讲的演讲集，这几个是大块。《世界 3》是一个学术年刊，每年都会有一个主题；展览图录是一个把展览跟研究结合起来的平台，或者说一个媒介，这个媒介在国际学术界上是很重要的，有很多成名的学者都是从做图录开始，图录上能够体现出来很多工作方法，有时候我们把传统学术和当代研究结合起来，经常也体现在图录的编纂上面。(F-3/2020-07-28)

正如受访者 F-3 所言，除了年度讲座出版物（演讲集）和《世界3》系列之外，还有展览图录的编纂，也构成了 OCAT 文献出版的一个分支。

（五）文献收藏

所谓文献收藏，也正是黄专设立中国式瓦尔堡图书馆的初心，目前的名称是"OCAT 研究中心图书室"，以艺术图书为主，同时包括文化研究相关的人文社科类图书，书籍的种类涉及：①艺术理论和艺术史相关书籍。②关于一般的表现问题和关于象征的本质的书籍（人类学、宗教、哲学、科学史）。③语言和文学相关书籍。④与人类生活的社会形态相关书籍（历史、法律、民俗学等）。⑤收集以主体研究课题为中心的文献档案，包括手稿、草图、图片、录音、影像和其他相关资料，系统地建立具备珍贵文献藏品的档案库。①

> 我们是以书为主，基本上都是艺术史类，或者说是人文社科类的一些比较重要的专著，不是画册什么的，当然我们也有画册。……未来，图书馆我们是按照至少 5 万册的量来做图书馆的书架。目前肯定是做不到这个量，但是哪怕以后它有了这样一个量，我们也是把它作为一个和展厅并行的空间，它是图书馆，是一个可以看书的地方，可以藏书的地方，同时也是一个空间，是一个可以产生知识的空间，我们可以在里面做一些活动，包括工作坊，有些讨论，有一些沙龙等，我们都可以在其中进行。(F-10/2020-09-25)

从受访者 F-10 的回答可以看出，OCAT 研究中心图书室的建设需要一个较长的时间。从其规划和设想而言，是很值得期待的。该图书室是向公众开放的，希冀做艺术史类相关的研究者所需要的文献资料比较全面，并提供相应的列印和扫描服务。除此之外，该图书室也想联结到更广泛的人群，受访者 F-10 也有谈到这一点。

> 除了仅仅针对艺术人群，我觉得艺术更多的还是希望和外界发生关系

---

① 参见 OCAT 研究中心官网。

的。那如何把这一部分整个补充进来，我觉得最终在图像视觉上，它是一个基本出发点，从这些图像视觉出发，我们最终能抵达哪些地方，那些地方可能也是需要去和应该去触及的一些地方。我们现在购置的书也都是在往这些方向去铺，包括我们自己也在讨论，这个书除了做这样一些专业的针对研究者的之外，我们要不要也有一些普及性的读物，我觉得这个也是未来需要考虑的一点。因为研究者他可能已经不需要这样子的工作了，甚至他可能通过自己的一些手段，能够在我们的图书馆之外，比如说像您，您可能有各种各样的数据库，您有学校图书馆，您就已经能够拿到这些书，反而看不到这些书的人，他是一些非研究者或者说非艺术行业的工作者，他到了我们这样的图书馆的空间之后，他看到这样子的书反而会望而却步，那我们如何给他提供一个路径或者说提供一些阶梯，能够让他一步步地进入这个领域里面来。我觉得这也是未来需要考虑的点。（F-10/2020-09-25）

由此可见，OCAT 研究中心除考量专业人士外，也会思考自身与大众之间的关系，也希望借由图书作为媒介，达到与大众沟通的效果，顾及公共教育的面向。

总之，OCAT 研究中心（北京馆）的运营机制具有以下意义：第一，以学术研究为核心，开展深度的历史性综合研究计划。第二，年度讲座关注艺术学术前沿问题。第三，研究型策展计划着重培养年轻世代策展人，给予他们策展实践的机会。第四，文献收藏和研究出版并进。

六、OCAT 展区的运营机制

（一）与地方企业合作

OCAT 展区的实践包括展览 21 场，研讨会 2 场，公共教育 3 期，讲座 11 场（见表 4-10）。

表 4-10　OCAT 展区实践类别与数量一览表

类别	展览（场）	研讨会（场）	公共教育（期）	讲座（场）
数量	21	2	3	11

数据来源：根据笔者整理。

华侨城集团作为一个大央企，经过 30 多年的发展，其产业遍布中国 20 多个城市。华侨城集团未来的规划，将围绕文化旅游核心产业，向三大方向前进：一是继续推进"旅游+地产"的创业模式；二是创新"旅游+互联网+金融"的补偿模式；三是启动"文化+旅游+城镇化"的发展模式。① 这意味着各地方华侨城企业在开发地产的进程中，需要艺术和美术馆活动来进行加值，获得民众良好的口碑，以便带来文化效益和社会效益，甚至经济效益。导致 OCAT 面临着被胁迫参与进来，面临新建美术馆与开发结束后资金来源的困境和两难。于是，OCAT 展区应时而生，既有助于满足企业品牌宣传的需求，又可为 OCAT 的一种"美术馆"扩张。它的主要操作方式是将 OCAT 馆藏结合当地语境，由策展人发想出展览或活动名称和内容。

> 我们做分馆的话，那就去考量说这个项目，将来能够持续营利的时间有多长，去支持到一个美术馆每年掏几百万元这种情况能够有多久。如果不是很持续，现在在卖楼时可能每年都有营销经费，对企业来说不多，它可以负担，那卖完了楼，怎么办？还有没有钱可以支持这个美术馆，到时候没有钱，那美术馆怎么办？开个分馆就是一个很大的责任，所以我们后来就说为什么会有些是分展区，或者是说如果别人找我们来做馆，他想要做个馆，但我们可能还会再权衡一下，到底做一个馆还是做一个分展区？不是说你（企业）想做一个分馆，我就做一个分馆。我们会跟他们协商，就这个事情里面，到底应该是把握在哪个度上，那分展区它有一个好处就是可能一年里面做一个项目，或者我们采取项目合作制，我可以做完这个项目，你不需要去运营一个常规的馆，我们也不需要去考虑一个长效的人和一个机构的供养。（F-14/2020-10-09）

受访者 F-14 解释了展区运营模式的不得已，是 OCAT 与企业之间所寻得的一种平衡。好处是当代艺术通过地方企业地产的开发而生根，发出另一种声音；弊端是艺术具有临时性特征。值得一提的是，OCAT 上海浦江展区的十年公共艺术计划自 2007 年开始已经步入第二个十年，取名"生长力——上海浦江华侨城十年公共艺术计划"，也凸显出局部地区的可持续性。在此过程中，艺术家隋建国每年都会为作品《偏离 17.5 度》立一根柱子，与此同时举办一位艺术家的个展，为上海浦江带来不可估量的艺术生命力。

除 OCAT 上海浦江展区外，策展人朱朱在南京栖霞展区自 2018 年至 2020 年

---

① 关于华侨城 [EB/OL]．华侨城网，2021-03-04.

3年间连续策划的"流动的书""浮云的根""必要的空"展览也是不错的呈现。

（二）美术馆概念的扩张——盒子空间的理念与实践

华侨城欢乐海岸盒子艺术空间成立于2014年年底，是由深圳华侨城欢乐海岸全额投资，广州美术学院油画系策划组运营管理，中山大学艺术与文化创新研究发展中心为顾问的非营利公益性艺术机构。空间位于深圳华侨城欢乐海岸购物中心，由主展厅与17个可移动的副展厅构成。2015年5月4日开始第一个展览，2018年开始由OCAT深圳馆统筹管理，更名为OCAT欢乐海岸展区·盒子空间。空间共举办展览24场，出版画册13本，精神分析讨论班10期（见表4-11）。

表4-11　OCAT欢乐海岸展区·盒子空间实践类别与数量一览表

类别	展览（场）	出版画册（本）	精神分析讨论班（期）
数量	24	13	10

数据来源：根据笔者整理。

OCAT欢乐海岸展区的盒子空间可谓是美术馆概念的另一种扩张，与商业模式相结合的"美术馆概念"，这不仅仅是商场的营销策略，也是美术馆概念另类扩张的方式之一，也是实验艺术走入大众生活的快速通道和捷径，也与传统的展示空间不同。这也促使策展人和艺术家透过不同渠道、场所将艺术理念传达到公共空间，直接面向商场的购物者。

七、OCAT馆群运营机制的不足之处

OCAT馆群有着显著的独特性和特点，尤其是深圳馆对新类型公共艺术的支持、研究型个案展览和国际驻地艺术工作室的开展，华·美术馆对设计与社会的结合，上海馆对影像艺术的专注，西安馆对在地性当代艺术的强调和联结，研究中心（北京馆）对学术前沿的年度讲座、年轻人研究型策展计划的展示平台和国际交流的贡献都是值得肯定和赞扬的。然而，针对OCAT馆群的运营，也有需要指出的问题和不足之处，期待能获得改进以便更好地"亡羊补牢"，营造更健康、更成熟的运营机制。OCAT馆群建立之后，黄专开始把工作重心移往北京，OCAT深圳馆开始聘用艺术总监制度，前后经历了卢迎华和刘秀仪两任，再之后就没有采用此制度。

到后来深圳馆没有再签艺术总监，因为发现这个机制也有一个问题，

它对机构内部的人的培养会有一些影响，或者说对一个机构的持续性发展会有一些影响。因为换一个艺术总监，他可能就是另外一个思路，不是每个人都像黄专老师一样，是把它当作一个自己的东西，和命运联系在一起。他们可能过几年，在这里用这个平台去做的这块，肯定会跟他自己个人的兴趣有关，但是，不一定他会做好了准备要长期持续地在这边工作。那么如果又换了一个艺术总监的话，这个机构的机制是不是又要变了？例如，部门设置那些方面是不是要变？如果一直变来变去的话，对于机构的工作特色，能不能形成一个脉络，就肯定会有影响，所以后来刘秀仪之后，我们没有再签这个艺术总监，也是因为想尝试一下我们能不能自己建立起一个工作机制、一个体系。（F-14/2020-10-09）

受访者 F-14 阐释了聘请艺术总监制度所存在的问题，以及 OCAT 深圳馆为何现在并没有采取此运营机制，而是从机构内部来培养带头人和工作团队。

（一）学术委员会机制的问题

首先是学术委员会开会次数，目前的执行频率是一年一次，这个次数是否偏少是一个值得商榷的问题。如果效果不好将会导致信息沟通的不及时，修正策略是可否改为半年一次或每个季度开一次？此不失为一个好的方式，这不仅可以增强各委员之间的粘连度，而且有些具体的问题透过面对面迅速沟通，解决问题会更有效率，在程序上更为正确。其次是部分分馆馆长兼任学术委员会成员议题，如前文所述，自我监督将会失去第三方监督的公正性。

> 在我的观察当中，OCAT 整体的馆群是处于一个相对比较松散的状态。因为理论上是有学术委员会来凝聚大家的内容，但实际上学委会的会议质量，从过去几年大家都很有怀疑，其实每次好不容易把大家凑齐了，但是大家聊的问题，不外乎都是以前那些解决不了的老问题，所以慢慢比如说张培力就不来了，然后包括……那一次学委会，汪建伟也在会上说我们这些问题年复一年，这么聊到底有什么意义？其实学术委员内部也产生了一些困惑，再具体到执行层面上，就是大家目前缺少一个很明确的指导方向，也就是整个 OCAT 馆群到底具体是什么样的状态和走向什么样的地方？（T-4/2021-04-27）

受访者 T-4 讲述了学术委员会近几年所遭遇的问题与困境，反馈到理事会和华侨城企业后已读不回，这样的态度与结果导致某些学术委员开始拒绝参加年度会议。由此可见，学术委员会本应该决定着 OCAT 馆群未来的发展方向与学术视野，但年复一年问题的累积得不到解决，致使会议的质量也日趋衰落。

（二）选择参展艺术家问题

在初期机构的使命，是支持和发展中国已成名和新出现的艺术家的前卫艺术实践。成名艺术家的展览的确做了不少，但新出现的艺术家展览做得并不多。换句话说，作为一家致力于视觉艺术，包括绘画、装置、行为艺术、音乐表演、电影、录像和多媒体艺术等综合媒介的艺术机构，数年来，推出的年轻艺术家并不多，甚至屈指可数。当业界同行提出质疑时，创始人黄专坦言只了解这些艺术家，并大多数是他的好朋友、哥们儿。"美术馆群并不是 OCAT 首先开始的，我想它的形成与企业的经营战略有关，这种模式有利于迅速地在异地产生文化辐射力，尤其是在氛围不够好的地区。如果说不足，就是圈子化有些严重，最近这几年思路也不清晰，失去了早年对中国现实甚至观念上的敏锐。"（S-4/2021-01-20）受访者 S-4 将 OCAT 的不足归结为圈子化问题，认为近几年展演思路的不清晰主要是因为 OCAT 深圳馆的变化。其他各个分馆由于执行馆长的稳定性，所有实践活动依然在按部就班的推进中。

（三）典藏制度的不完备

一座美术馆的定位和竞争力，取决于典藏品的品质。典藏是美术馆的核心功能之一，也关乎美术馆的运营策略。OCT 当代艺术中心时期在黄专的苦心经营下，形成了自身的研究脉络与展览方法。重要的是，OCT 当代艺术中心的大多数收藏品是中国艺术家作品。远观国际上做得出色的美术馆，如泰特美术馆，其藏品有很大且非常重要的一部分是英国艺术家的作品，并对他们举办展览与推动。这与中国民营美术馆中一些靠国际艺术明星来增加参观人流量，抑或是还在引入明星艺术家或明星展览到本土阶段，是容易与稳妥的操作手法，与其说是在积极加入"全球化"，倒不如说是简单，可不用费多少脑力的工作。进一步来说，可追问的是这类美术馆的馆藏策略是什么？

当代艺术的展览是参观者和美术馆机制的分界面。当代艺术展品也和传统艺术品不同，展示手法不是把绘画作品装框挂在白盒子墙面上，而是特别考虑展品的装置与周围环境的空间关系，也不仅如此，灯光、安全性、展期的时间长短，以及其他不可见因素都决定着展览作品表面的完整性。泰特英国美术馆的参观者多为美术爱好者、观光客和学生，原因在于展品是自 1500 年至今的英国艺术家作品；成立于 21 世纪的泰特现代美术馆，它的意义则是一种社会现象，超越了美术馆原本概念，转变为游览胜地。虽然中国都处于中华文化传统的脉络之下，一直强调的是彼此的共同性，忽略的是各地社区的差异性，譬如，深圳、西安、上海、北京，参观者的需求也各不相同。一家艺术机构在解决生存的前提下，如果想扮演好文化艺术保护者的角色，或者享有文化资产保存国际声誉的话，那么必须由当地社群的精神、文化的面貌和价值发挥重要决定和推动作用。

（四）对年轻艺术家推介的不足

OCT 当代艺术中心时期，对年轻艺术家推介明显不足，但也不是没有，仅有数位，展览样态多以成熟艺术家或黄专的艺术家"哥们儿"为主。OCAT 馆群成立之后，这一现状有了明显的改善。

张春旸和秦晋是 OCAT 推出的为数不多的年轻艺术家，2006 年展览"我们是幸福的牺牲品——张春旸与秦晋"由方立华策展，她认为展览主题蕴含着两层含义，一层是"我们是幸福的"，再一层是"我们是牺牲品"。两位年轻艺术家透过自身的体验生成作品来反思同代人所遭遇的共同问题，既是对于幸福异化的警惕，又是精神性意识的表述与思辨。

> 这个展就是私人关系还不错的，但是他（黄专）没有挖掘或者说推出一批批的相对比较年轻的艺术家。他跟我说他跟这些人熟，年轻人他也不太熟，所以他也没太做这方面……他也不太愿意了解（年轻艺术家）。个人关注的东西不太一样，所以他基本上都是做同代人，而且是跟他关系不错的这些人。（S-7/2021-04-27）

受访者 S-7 也认为早期黄专时代的 OCAT 不太关注年轻艺术家，而是花更多精力策划与黄专关系不错的同代艺术家。

自"我们是幸福的牺牲品"展览数年之后，艺术家秦晋在 OCAT 馆群中举办了 2 次个展，参加了 3 次群展。个展分别是 2014 年在 OCAT 深圳馆的"对迷信的人来说献祭就是真的"与 2015 年在 OCAT 西安馆的"用骨头顺从，用皮肉示弱"。群展分别是 2018 年的"小说艺术"、2020 年的"策展课"和"南方不是一座孤岛"。

《握住我的盆骨》是艺术家秦晋 2014 年的作品，在作品说明中，她自述道："将一个按照自己骨盆大小做的粉色骨盆，放置在一个狭小的房间内，观众可以双手握住骨盆上部两个像把手的位置，像粉笔一样不停地在房间的内部书写涂画，直至骨盆完全消失。作品的影像部分是记录艺术家手握一支骨盆粉笔从家中出门，沿着日常上班的线路步行（过马路，走过跨江的大桥等），手上的盆骨在粗糙的路上不断地磨损直至消失。"骨盆，作为身体的一个部分，成为艺术家与观众互动的行为绘画，表达了个体的叙事方式与结构，以及在她的影像中阐释了对时间与生命的反省。另一件《白沫》的作品说明是"影片从讲述一个老人 C 不断地写信给自己的母亲开始，她的母亲在她幼年时就已经去世。影片的三屏结构将三个时空并置在一起，分别是：时间压缩了的纯粹意识空间，C 在一天时间里老去；老人 C 在现实的空间中和自己依旧年轻洁白的母亲相遇；年幼 C 和母亲的共处时光的回忆。影片包含了两个不断循环的部分，这两个部分首尾相连，内容看起来几乎没有什么不同，但是在一些不起眼的细节上又是不同的，只是看起来极为相似。影片没有对白，但是在旁白的部分中信件内容被揭示出来。也正像影片结构所暗含的时空关系一样，影片探讨关于时间、身体、死亡，以及不断幻灭的生命所具有的美感"。艺术家结合自己的生命历程，以电影的方法建构出叙事内容。录像三屏同步播放的视觉重复性展示效果不断吸引着观众的思考节奏，透露出艺术家对于时间与空间框架的逃离。作品中三个女性角色既代表了一个人生命的不同阶段，又暗喻着三个不同时代的身份。这也表达了艺术家对于个体出生、成长、为人父母、死亡等生命循环往复、不停延续的省思。《二十九年八个月零九天》是一件装置作品，艺术家秦晋拍摄了自己熨烫衣服的过程，是由一系列重复而单调的熨烫行为构成，显示出艺术家的耐心程度。她将熨烫一件又一件的衣服，在不断调高熨斗的热度和压力之下，这些衣服被烫平，变薄、焦黄，甚至碳化至将碎的状态。在展览中，艺术家将录像与衣服一并展示，呈现了艺术家犹如诵经、呼吸般的仪式化，消解极致与日常的界限。

总之，像秦晋这样的艺术家在 OCAT 中呈现的并不多见，尤其是 2010 年"青年 OCAT 计划"推出之前。自 2010 年之后，相对来说，对于年轻艺术家的关注愈趋增长。

（五）硬件老化和人员结构

硬件老化是每一个实体馆舍在成立数年之后都会遇到的问题，所以具有一定的维修基金是很重要的事情。OCAT 上海馆和西安馆刚刚搬了新馆舍，遇到的是新设备和新空间营造的问题，OCAT 深圳馆和华·美术馆是馆群中成立较早的两个场馆，都面临着严峻的硬件老化问题。

另外，就是人员结构的问题。由于美术馆具体事务的烦琐，一场展览或一次活动的举办，都将耗费巨大的人力资源。大到参展艺术家合同的签订，小至讲座中麦克风电池的更换，都需要有专人负责。

　　短期来看，就是硬件问题，硬件和人员的这个结构问题。硬件问题就是老化、老旧，这个就是很多馆都有这样的问题，华馆也是有这样的问题，但是现在就是凭我们的经验再让这个问题处理起来会稍微容易一点，这个没有办法，一动就是好多钱。人员问题，就是我们的人员流动性还是有点大，还有这种项目制，大家的分工并不是特别明确，其实也明确不了。我们两个层面，一个是我们作为这个团队的核心骨干，希望是培养这种综合能力稍微强一点的员工，因为每个展览其实涉及的面都很广。还有一个，也是受制于经费，我们其实有很多这样的一个规划，但是没有办法，就是费用不支持你，满足这样满编的一个状态，所以，它其实会有挺多这样的一个掣肘，这是华馆近期面临的问题。（F-15/2020-10-11）

受访者 F-15 谈及了华馆所遭遇到的硬件老化和人力不足的现实问题，有一部分涉及的是管理的问题与运营经费的限制。

　　我觉得长远的问题，这个我跟……也探讨过，就是在这样现行的一个投资方的角色之下，怎么样来实现馆的发展以及投资方的诉求，……就是社会影响力的发展，能够保持一个平衡关系。不容易，而且还有一个就是像国外的一些美术馆，它其实慢慢地已经脱离了单一投资方的这样的模式，它的发展，我觉得才会长远。因为要有一个比如说基金会，古根海姆美术馆的这种，然后像泰特美术馆，它有很大的社会资金进来，它有一个很大的这种如佛教中的供养人，这样的一个体制，慢慢地，我们也希望建立起这样的一些机制。（F-15/2020-10-11）

受访者 F-15 还从长远发展的角度触及了希冀建立美术馆基金会制度的运营机制。

　　总之，OCAT 馆群各个场馆的运营特色是很明显的，但也正如任何一家美术馆一样，都存在着这样或者那样的问题，也有很多不足之处亟须解决。

第五章

艺术机构与艺术语境的共构：OCAT 馆群的影响与作用

　　本章首先分析了 OCAT 馆群的典藏保存、藏品研究、展览展示、公共教育等核心功能。其次探讨了 OCAT 馆群的知识生产理念，以及作为文化资产场域的相关问题。最后着重透过案例分析了 OCAT 馆群的实践对中国当代艺术语境的影响和作用。OCAT 的理念与一些实践在中国处于先行一步，譬如，公共艺术计划、国际驻地工作室计划等专案的开展。

　　美术馆是做什么的，又是为谁而设立？自 20 世纪 80 年代始这类问题就被西方博物馆、美术馆界所关注。正如泰特现代美术馆馆长克里斯·德尔康（Chris Dercon）所指，当今博物馆的批判性和话语性体现在实践与学术合作关系的启发中，该馆也正在朝着一座未来博物馆的方向发展，趋势是越来越类似于传统的大学环境，有关在哪里生产知识以及由谁生产知识的重要问题（Walsh，2015：195-196）。简言之，就是美术馆愈加关注自身的知识生产问题。再看亚洲，私立美术馆在日本美术馆数量中约占据一半，由于和社区之间的关系紧密，因此各馆面貌多样。大致可分为个人收藏、企业赞助、宗教法人三类。"个人收藏类：以个人或家族收藏为核心或开始；企业赞助类：作为企业赞助艺术文化之一环而设者；宗教法人类：宗教法人所设者。"（蔡世蓉译，2008：44）这些场馆与日本公立美术馆一起为日本社会带来文化和艺术价值，产生了不容小觑的影响。不管是公立美术馆还是私立美术馆，抑或是其他概念下的新类型美术馆，重要的是美术馆的定位，"若定位清楚且未来愿景明确的话，不至于每每就经济效益面来考量就说要废馆"（蔡世蓉译，2008：93）。因此，就美术馆而言，准确的定位与持续稳定的经济来源是非常重要的。

　　此外，西方较关注知识生产和公共价值创新的关系，为了鼓励和支持新模式的研究，独立非营利性艺术机构与大学的地位一样，可以直接向政府申请研究经费，譬如，类似于泰特这样的美术馆被指定为独立研究组织。英国于 2005 年创建"艺术与人文研究委员会"（the Arts and Humanities Research Council，AHRC），由政府提供资金用于支持艺术和人文科学领域的研究与研究生学习，涉及语言和法律、考古学和英国文学，以及设计、创意和表演艺术。在博物馆及其内部产生的知识类型，其根源在于知识与实践领域之间，理论与实践之间的历史性分离（Walsh，2015：196）。然而，在中国政府很少对当代艺术机构给予资金支持，这方面的资助几乎可以说是缺失的。

第一节　OCAT 馆群的核心功能

本节透过美术馆的传统四大核心功能来检视 OCAT 馆群，回到美术馆的源头来分析这一独立性艺术机构。

一、OCAT 馆群的收藏与保存

关于收藏，笔者在田野调查中，走访 OCAT 馆群各分馆之后发现，它们并没有设立足够的藏品空间，更没有设立常设展。OCAT 馆群注重展览、讲座、工作坊，而轻收藏。换言之，是收藏预算不足所致。一般来说，美术馆方在请建筑师做馆舍设计时，常忽略的一点是，美术馆收藏空间不够用，决策者需不断反思："美术馆最基本的存在应该还是收藏、展示作品为主。"（蔡世蓉译，2008：152）美术馆硬件是建筑师的作品，还有一些是老建筑再利用的展示空间，承载着历史的价值，体现的是建筑师的"骄横"，成为当代建筑师表现的舞台。另外，"对美术馆的存在持批判态度的艺术家，对美术馆应如何改革可提供的建议有限，而来参观美术馆的观众，要直接改变美术馆更是困难"（蔡世蓉译，2008：164）。OCAT 的收藏是与华侨城企业的社区开发专案计划相结合的，在社区地产开发的过程中，与场域结合的公共艺术作品设置于当地公共空间中，这样的收藏方式也不是不可以，总比没有好。但 OCAT 在此之外，并没有建立起自身馆舍的收藏系统，原因在于企业没有给予收藏领域的预算，这是值得警惕的。美术馆与艺术空间的本质区别在于，前者因有着丰富的收藏品而存在，后者更强调于现场与临时性，无须藏品，更多是没有足够的收藏场地与预算。从表面来看，美术馆是在收藏艺术品，实质上收藏的是文化资产，是历史。在刚成立的前期，华侨城当代艺术中心也进行了一些收藏。正如自身的定位，OCAT 的收藏方向是当代艺术的经典作品，主要以艺术家捐赠和艺术展览活动的形式收藏。第一批藏品有黄永砯的《蝙蝠计划》、顾德新的《2001 年 12 月 12 日》和林一林的《第十一个五年计划》等（见表 5-1）。

表 5-1　OCAT 早期部分收藏一览

序号	艺术家姓名	作品名称
1	黄永砅	《蝙蝠计划》
2	顾德新	《2001 年 12 月 12 日》
3	林一林	《第十一个五年计划》
4	王广义	《世界，你好!》及草图
5	张晓刚	《大家庭—地铁》及草图
6	方力钧	《欢乐颂》及草图
7	谷文达	《碑林—唐诗后著》之一
8	王川	《生还者系列之献给小津安二郎》
9	盛海	《一个立方》
10	张春旸	《粉饰》之一
11	秦晋	《最后的晚餐》

资料来源：笔者绘制。

收藏对于我们来说是比较难的，因为预算是不够的，但是我们这次有……这个作品是我们能够收藏的，这个我也觉得不错。OCAT 一直想借鉴泰特的模式，泰特分泰特当代、泰特英国，还有泰特圣艾夫斯和泰特利物浦，它分四个馆，但它的收藏是一个收藏。这个收藏不叫泰特当代的收藏，它就叫泰特收藏。我们是一样的，OCAT 有一个收藏，那这个可能包含来自西安的一两件，但它全部都是在一起的。我觉得这个是对的，你必须有一个总的管理，一般的美术馆收藏艺术家的作品，它可能会要求一个稍微优惠的价格。艺术家当然会觉得是他的荣幸，如果作品能够进入某一个美术馆收藏，但是为了满足他的需求，不要让他担心，你肯定要让他觉得这个作品一捐给或放在美术馆是永久性的，而不是过了几年，美术馆倒闭了，企业会拿来拍卖，或者是卖掉，或者是突然变成私人手里的一个东西，这里面也是有一点点复杂的东西，现在 OCAT 深圳是一个独立的机构，但 OCAT 西安不算是独立的机构，比较难去独立行动，去收藏作品。（F-18/2020-10-14）

在各分馆该建立自身的收藏，还是由馆群出面来统一收藏？这样的问题，受访者 F-18 给出了答案，认为可参考泰特美术馆群的收藏模式，它的收藏是以整体馆群样貌来进行收藏的，即泰特收藏。毫无疑问，OCAT 既然依馆群的样态运营，包括分馆和展区在内，建立一个统一的收藏系统是无可厚非的，也便于藏品的管理。

> 对于我们来说，更多的还是一种知识生产和知识收藏，文本的收藏这个可能更加重要，在这个过程当中，这个"物"本身它更多的是你和这个"物"在接触的过程当中产生了一些什么样的东西，这个更加重要，而不仅仅是这个"物"本身，我们展出的大多数作品并没有特别的那种，比如说几张画或几个雕塑，几件影像作品。它真的还是一些比较侧重于文本阅读的展览。（F-10/2020-09-25）

对于 OCAT 研究中心来讲，重要的是文献的收藏大于艺术品的收藏，受访者指出："第一个功能就是收藏的功能，我们没有藏艺术作品，但是我们藏书。书的收藏进度目前比较缓慢，但未来肯定是一点一点把它都完善起来的。"（F-10/2020-09-25）研究中心因为自身的定位研究性质重于展览实践，所以对文献进行收藏是理所当然的。其他分馆的工作人员尽管很明白收藏对于一家美术馆的重要性，但是对现实中收藏资金的匮乏也显得力不从心。

此外，受访者 F-17 指出，收藏是需要眼光的，并不是短期的利益考量，而是在收藏历史，收藏一种品位。

> 国内太多的包括做企业的、做文化的、制定文化政策的人，有很多人，他们根本就不理解。说企业来支持这个东西对企业有什么好处，我在想很多事情，就跟你收藏一件作品一样，如果有钱了，你想收藏什么东西？有的人是收藏石头，有的人是收藏瓷器，有的人是收藏当代艺术。收藏这个东西，不可能说今天收了，明天就卖了，它需要时间积累，而且需要眼光的。像那个人，我不知道他是意大利人还是法国人，弗朗索瓦·皮诺特（Francois Pinault），现在应该算是欧洲的一个奢侈品大王，有一个博物馆在威尼斯。一直以来，他都在做收藏，收藏了很多当代艺术作品，也可以说在全球当代艺术里边，他是最大的藏家之一，他最后可以把威尼斯海关那栋建筑买下来，成为私人美术馆、博物馆，放他的藏品，所以这种情况，他不是靠这个藏品，把他的藏品作为他经济运作的一部分来考虑的。这个里边就是至少有一点是这样，是因为他喜欢，他的口味，他喜欢这样的当代艺术。他会去收藏，收藏当代艺术是什么？收藏当代艺术当然你现在不能说，它就值一个亿，或者值一个什么东西，这个谁都说不好，收藏当代艺术实际上一方面是支持当代艺术，另一方面是他在收藏艺术的时间，他在收藏历史，对不对？（F-17/2021-10-13）

此外，华·美术馆建有自己的藏品库房，但不是很大，藏有一批国际设计师的平面设计作品和一些年鉴，包括美国平面设计协会年鉴。但同样受制于经费，企业并没有给予独立的收藏经费，目前依然是以艺术家捐赠为主。

当代艺术发端于西方社会，和西方艺术史一脉相承，受众群体也较多。当代美术馆具有文化资产保存使命，而保存文化资产也是独立艺术机构的核心价值，"过去的艺术作品就是文化资产，却往往忽略现在与未来的艺术作品也是文化资产"（廖仁义，2020：63）。中国当代艺术的发展充其量不过 40 余年，还是一个新生事物。在企业或富人中，能支持当代艺术、了解并喜好乃至收藏当代艺术的毕竟还是寥寥无几。

二、OCAT 馆群的研究与展示

在研究与展示方面，黄专掌管 OCAT 的时代，倾向于举办研究型艺术家个展，在展览背后，做了充分的文献收集、整理工作，以便厘清一位艺术家的成长过程与作品背后的创作脉络。在展览开幕时，邀请艺术批评家来进行讨论，全方位分析作品的各项元素，还形成文献出版。如今，回望历史，这种以"慢节奏"留下来的资料，反而是做艺术的正确态度与方法。与此同时，也的确为中国当代艺术的发展带来丰厚的文化资产。在 OCAT 创立之初，艺术家研究性个案的开展，既担负了展览功能，又担负了研究功能。2015 年 OCAT 研究中心在北京建立之后，由该馆担负起了艺术研究、文献出版等工作。

> 当代艺术在中国还是一个很年轻的领域，这个年轻的领域里面也确实存在着很多不太严格的研究方法，不太符合学术规范的研究方法，所以黄专想到的问题就是怎么样从这些传统学科，比如，文献学、艺术史中借鉴到一些比较严谨的研究方式，尽管这很难一一落实，却是一个大概的方向。艺术史学科已经发展了几百年，它已经很成熟了，这里面处理文献的方法，解释的方法，著录的方法等，很多东西当代艺术还没有办法用到。在这个背景下就想到了建立这样一个机构，这个机构有图书馆，有文献库，通过这个机构来整理基本文献，再以这个机构作为联络点也好，作为基地也好，来沟通艺术史和当代艺术之间的一些交往，一些学术交流。（F-3/2020-07-28）

受访者 F-3 指出了年轻领域的当代艺术与成熟的艺术史领域相遇后建立的 OCAT 研究中心，是透过文献法、诠释法、著录法等研究方法来促进文献库和图书馆的建设，企图沟通过去、现在与未来的一个新型艺术机构。

2018 年，OCAT 深圳馆编辑出版了《当代已然成史：我（们）与黄专》一书，访谈了 80 位与黄专有过交集和合作的艺术界人士，包括策展人、批评家、大学教师、艺术家、馆长、编辑等。黄专在任时期，非常注重档案（Archives）的建设与累积，学艺术史论的背景使得他了解档案是人类的需要，之后的研究者能够透过档案了解历史，虽然从某种意义上说，历史是被建构出来的，但在尚未找到更好的保存方式之前，档案未必不是一条适合的途径。后人在阅读历史之时，可以与自身的生命经验做出明确的判断，选择接受或不接受。美术馆档案同样需要被分析，被解读，被使用，以获得更大的价值。重要的是，艺术机构身份认证的基础即艺术发生场域的资料。

后来我们就又发展出另一套模式，大概在三年前，当时研究中心和香港的亚洲艺术文献库合作办过一期关于展览研究的研讨班，由亚鸿老师主讲。那一期办过之后，双方商谈如何合作把这个事情办下去，在谈的时候双方各有各的想法，比如说我们希望把这个研讨班确定在北京，每年到北京来做，而亚洲艺术文献库则希望到处走，今年在这个城市，明年在那个城市。虽然没能继续合作，但是研究中心由此发展出自己的另外一个项目，就是大家现在看到的，研究型策展计划。研究型策展计划今年已经到了第三年，实际上也成了研究中心固定展览的其中一个系列，就是会有一个入围展，一个优胜展。所以大体上每年有三到四个展览，有两个肯定就是这个研究型策展计划的入围展以及最终展，另外，年度展览我们也不能说完全放弃，假如说某一年的年度学者还是对展览有兴趣，当然我们还是会支持他把展览做下来。除了这些固定的展览之外，一年我们也就只剩下一两个档期可以做别的展览了，选择的也都是研究型展览，比如说最近刚刚结束的星星四十年（"星星 1979"，策展人：亚鸿、容思玉，2019—2020），所以北京馆的展览模式以及性格都很明确，要求展览具有研究基础，要看策展人的研究能力，并不是说作品不重要，而是说策展思路跟作品同样重要，不是说作品好就行，这跟研究中心一贯的思路，以及跟这个馆最开始设定的目标还是一致的。（F-3/2020-07-28）

受访者 F-3 提及了 OCAT 研究中心设立之初与亚洲艺术文献库的合作经历，关于展览研究的研讨班的举办。之后因为想法不同而未能持续合作，在遗憾之余也启发了研究中心"研究型策展计划"的生成。除此之外，也强调了对策展人研究能力的要求，清晰的策展思路是展览具备的研究基础。

展览"小运动：当代艺术中的自我实践"于 2011 年 9 月 10 日至 11 月 10 日

过去的关联。我们在过去的十年中一直在呼吁并践行着将 1949 年以来的中国社会看成一个整体，我们也在不懈地开展将当代艺术放置在这样一个当代社会的背景中一起观看，并对其进行理论化的工作。对于艺术机制的考察也应同样放置在这样一个中国当代社会的背景中去对其进行考量。[T-3（刘鼎）/2021-04-28]

具有较强历史感的受访者 T-3（刘鼎）对中国艺术界惯常的划分当代艺术起点的年代提出质疑，他更期望从 1949 年来作为时代的分野，同时，将艺术与机制、社会语境作为整体来思考和打量。

在笔者看来，OCAT 馆群各个分馆之间是一种互补、共构的关系。除了从具体的展览实践来思考与研究的关系，还可从 OCAT 馆群各个分馆的定位与关系来分析。

> 华·美术馆我觉得它做得越来越好了，从它以前面向设计到现在兼容并蓄，我觉得它做得越来越多样化，更加当代。它更像是我们能够在上海之类看到的那种美术馆的样貌，会吸引更多的人群。比如说 OCAT 研究中心，它可能吸引的是一些比较专业的人群，华·美术馆我觉得它吸引了大量普通的公众，深圳馆的那几条线索都在，它的步伐是时紧时缓的，这也跟人员变动什么的有一定的关系。但是它整个大的线索始终都在，包括这种个体艺术家的研究，从之前的王广义，再到去年的刘建华老师和隋建国老师，它整个线索始终都在的，包括图书馆的工作，图书馆的一些放映，图书馆的讲座始终都在延续，还有青年艺术家的项目也始终都是在做的。所以就是这几条线索，其实我觉得从最初黄专老师把它确定下来，大家都一直在围绕这些线索在做，当然这个线索到了不同的人手里会碰撞出来一些不同的东西，但是我觉得这些不同的东西反而会显得更加的丰富和多元。（F-10/2020-09-25）

受访者 F-10 对于馆群的几个分馆有较多的了解，以及对它们所做的实践模式与吸引的观众群体进行了分析，也谈及了黄专老师确定的几条展览实践线索，认为透过不同执行者的践行带来更加多样化的面貌。

当代艺术实践已经在空间上呈现交叉进行，在时间上表现为多条脉络，打破且超越了以往艺术史中单一线性发展的规律与节奏。在研究方面，做得较好的是 OCAT 深圳馆和研究中心，其他分馆的研究文献积累略显不足。OCAT 深圳馆做得充足的原因，与创始人黄专先生的身份和影响有关。不足是因为和中国艺术社会总体的氛围有关，重实务轻理论，而且两者间有着明显的鸿沟。至今，批评家与艺术家之间的纠结关系，被创作者自带的权力意识所覆盖，认为理论滞后于艺术实践。

此外，策展人崔灿灿近些年在 OCAT 馆群中策划了数档展览，譬如，"体系：隋建国 2008—2018""策展课——策展与设计""策展课 II：一个馆群的抽样案例""策展课 II：故事与结构"。根据 OCAT 深圳馆微信号公开表明，"策展课 II：故事与结构"邀请了 41 位（组）艺术家或作品，由 19 位策展人以这些作品为素材进行研究与重构，形成 19 个艺术故事与策展结构。"策展课 II：一个馆群的抽样案例"则是关于自我梳理的展览，把 OCAT 馆群中的 5 个分馆和 1 个展区中的典型与特殊案例再研究，在 OCAT 深圳馆展出。展览包括"小说艺术""另一种设计""影像放映计划""西安角"和"沣水研究计划""研究型展览策展计划""上海浦江华侨城十年公共艺术计划"6 组专案。

总之，OCAT 馆群的研究与展示功能是具有深度的，这不仅体现在实践方面，更加着重于对理念的坚持，以高水准和历史视野为当代艺术案例累积了丰富的文献与经验。此外，美术馆制作出特别的展示效果，执行复杂的公共艺术计划，需要专业技术性能力很强的工作人员及投入相当多的时间资源。

三、OCAT 馆群的公共教育

美术馆的公共教育，与其说是在传播知识，倒不如说是对创造性思维的启蒙。在当代艺术中，"生产"代替了"创作"，思考依赖于不停地实践，而非宽泛意义上的经验。虽然普遍性与适用性，但也更会抹杀个体的独特性，固然会带来广度，深度则不敢恭维。过往对于博物馆、美术馆体验的研究，大多数的博物馆、美术馆都遵从对观众的分类方法开始，这种研究方法长期以来阻碍了研究者真正理解观众的博物馆参访体验，而关于哪些人参观博物馆、哪些人不参观博物馆的思考方式，并不能加深对博物馆参访的理解。最新的研究将观众参访博物馆的动机和目的划分为五种类别：探索者、促进者、专业/业余爱好者、体验寻求者与进修者（Falk，2013）。

当前，社群是相当重要的，尽管每个人的诠释未必全然相同，但当代社会对社群的再发现是有必要的。譬如，华·美术馆针对观众的公共教育活动，开发出"导览培训师培育计划"，这一计划是公共教育推进的体现。

> 我们要培训可以培训别人的人，所以当时是做了一个社会招募。就是告诉大家，我要做这件事情了，然后那就有很多人报名，我们筛选大概有 10 个人，进入第一期的这个培训，然后为了这个培训，是做了一个课程体

系的，这个就是自己研发出来的。这个研发的基础是比如说一方面我们自己在做美术馆的这块的实践里面总结出来的，另一方面就是我们去参观别的美术馆，然后作为一个观众，你怎么会体验到的。（F-14/2020-10-09）

受访者 F-14 提及了华·美术馆在公共教育活动中，摸索出一套导览培训机制，透过社会招募，从志愿者团队中选择一批培训成"导览培训师"，再经由他们对其他志愿者进行培训，以增加培训量能，这不仅扩充了导览团队，而且形成了良性的自我更新循环系统。

OCAT 上海馆的公共教育主题是"POP UP 阅读角计划"和展览过程中推出的讲座与工作坊。OCAT 西安馆的公共教育主题为"课堂在美术馆"，针对不同的展览内容开发出面向儿童的课题，譬如，"色彩的韵律：来自星星的凡·高（谷）""六·一盛典 艺术狂欢 游戏大闯关""重构《三打白骨精》——雷磊 & 李星宇动画工作坊"等。

为了打破白盒子美术馆，展厅墙壁的颜色也伴随着展览的不同而改变，要么采用展品的主色调，要么是与之形成鲜明的对比的颜色。独立艺术机构的任务不是像 19 世纪那样宣传国家意识形态，而是要帮助观众培养品位。OCAT 馆群的展演包括了摄影、建筑、设计、绘画、雕塑、电影、舞蹈、剧场等专业，以及声音、新媒体、文献等将这些媒体结合在一起的展览。当下，这种形式的展览，如果从回溯艺术展示的动态及类型形成而言，则是源自 20 世纪 30 年代现代美术馆发展的后果。在今天，社会需要美术馆、博物馆，因为此类艺术机构能够产生教育性对话，当代艺术机构展示与时俱进的艺术品，帮助我们自己定义到底是谁的问题。观众去美术馆，持有自我建构与认同，甚至"未来希望"的深层次因素。当代艺术机构一方面必须持续针对多元文化观众群体来改善自身的活动规划，如儿童、青少年、都市劳工、白领、中产阶层、老人等年龄与文化差异；另一方面需要考虑文化多元议题，如女性主义、种族歧视等。

第二节　OCAT 馆群作为文化资产保存的场域

本节着重分析了 OCAT 馆群倡导的知识生产问题，以及新博物馆学提倡的知识共构问题。另外，也讨论了 OCAT 是否扮演了中国"独立艺术"的角色，与它面临的困境和危机。

一、以知识生产为宗旨

在中国当前的艺术界，专业人士不再以"创作"来指称艺术实践，而是选择"知识生产"来形容行业内部艺术品和艺术计划的呈现过程，目的在于区别艺术家或艺术品在神话时代的艺术实践（刘鼎、卢迎华、苏伟，2011：27）。当代艺术机构也强调"知识生产"，期待做出更好的展演呈现，因此，策展机制与优秀的策展人角色变得越发重要。

（一）策展机制

从策展来讲，在展览中注重时代的语境，以及艺术家的生命经验在作品中的呈现。与此同时，策展人关怀社会性议题，试图透过展览、媒体形成一定的影响力，给公众生活带来启发和对话。OCAT 不仅常谈及知识生产，而且关注公共参与，但是对前者的关怀明显比后者要充分。詹妮弗·巴雷特（Jannifer Barrett）以较为激进的方式论述了博物馆的知识生产与公共参与。首先，讨论博物馆的知识性功能（Intellectual Function）和研究员（Curator）的角色与职责。其次，指出收藏、研究、展示与教育等知识性功能，乃是博物馆作为一个公众文化场域持续发展的关键，担负这些工作的研究员和策展人，既是博物馆知识生产的核心，又是与观众接触的界面。通常，研究员和策展人被认为是知识生产的权威，是博物馆内的全知者，也因此，反而成为公众参与的屏障。最后，巴雷特给出建议，对于公共性议题，研究员应该扮演"协助者"（Facilitator）或"适当的参与者"（Appropriate Participant）的角色，甚至吸纳非专业人士加入知识生产的团队，以帮助相关知识生产的实践（Curatorial Practice），增进博物馆作为公共场域的意义（Barrett，2011：143-163；黄贞燕，2011：7）。博物馆、美术馆以公开的方式展示知识，企图达到普及知识的作用。由于西方博物馆、美术馆运营模式的不足，对于中国社会而言，在社会制度差异之下，美术馆模式的新形态就会不可避免地出现。"一家博物馆要想生存并在日后的文化维护中扮演重要角色，那么它必须由社区的文化价值和精神价值决定。"（钱春霞等译，2008：196）那么，作为地产全额资助的美术馆，势必需要与所在社区有更深层次的联结，以获得在地居民的认同。此外，需与国际美术馆多交流，并不一定是遥远的欧美地区，近邻韩国、日本、新加坡等亚洲艺文圈，也有很多值得学习的地方。美术馆群需以实践为导向的协作性调查和分析来进行运作，重点在于建立知识交流和分享的新模式。21 世纪的美术馆观众愈来愈喜欢互动式、沉浸式的体验，而不是被动地接受。如何从知识生产为核心到知识共构为核心，是美术馆业界人士需要不断思考的问题。

在与独立策展人合作方面，警惕一直采用与"明星"策展人合作的思路。理应与更多的研究性策展人合作，以扩宽艺术作品的历史纬度。中国经济的快速发展影响着策展人的心理膨胀欲，试问，一名策展人在一年当中策划数十场展览，他该如何保证展览的品质？对一个问题的准确提出和研究的深入程度足够吗？另外一点是独立艺术机构应注重对自身新生力量的研究者、策展人的培养。

（二）机构策展人的养成

在当代艺术机构中，栽培能够与时俱进的创造性的机构策展人势在必行。

首先是因为思想和文化的解放，才促成了视觉艺术领域的大爆发。而艺术的问题在中国归根结底还是思想和文化的问题。那么"知识生产"也越来越多成为国内美术馆的机构主张和工作方向。（T-5/2021-04-18）

受访者 T-5 指出，如今，越来越多的美术馆对外声称要做知识生产，只是构成话题性，而不是探讨知识结构和公众之间的联结关系。在欧美，知识生产作为美术馆的必要职能之一，似乎是最基本的展览呈现，因为展览本身就是文化或艺术研究的表征。

那时候没有策展人的概念，即使是到 2010 年，甚至到 2012 年基本上OCAT 所有的展览都还是黄老师一人（策划），那个时候大家都还没有策展的经验，包括立华、莎莎，我们都没有。我们那时还属于一个学习的阶段。（F-13/2020-10-08）

由受访者 F-13 的表述可知，早期 OCAT 由黄专老师一人做展览策划已经非常足够，其他晚辈的工作人员还处于透过展演实务经验来成长的阶段。

深圳 OCAT 在黄专之后等于经历卢迎华那一届。卢迎华其实一直做的这个方式跟黄专还是有很大不同的。卢迎华做的面应该说更紧缩了，就是目标更精确，缩得更紧了。实际卢迎华做的就是跟现在她在中间美术馆做的很像。她那时候已经做了几场关于现实主义的展览我都去看过。还有一个就是面向国际，因为她英语也好，更多地会跟国际上一些最新的现象、最新的一些策展人，这些能够产生更有效的一种互动。所以那个时候 OCAT跟黄专时候的 OCAT 一下子就好像变化很大一样，至少她就不那么去做大咖的展览。所以在人家一般的印象当中，觉得好像在 OCAT 就显得没有那么重要的一样。范围好像变小了，因为以前一做大咖，那肯定一大堆人去看展，是吧？但实际上我觉得卢迎华那时候做的虽然后来有很多争议，但我觉得她的目标性更强。（S-8/2021-02-06）

卢迎华既作为 OCAT 深圳馆的艺术总监，又作为机构策展人，有着自己的研究兴趣和对艺术的见解。这与黄专的策展思路有着明显不同。受访者 S-8 指出，卢迎华的策展范围虽小但目标更聚焦，与前期黄专的宏大叙事策划思路有着显而易见的差异。毫无疑问的是，这个时期的 OCAT 给了机构策展人充足的发挥空间。

OCAT 深圳馆的副馆长方立华、策展人王景、展览部主任李荣蔚，华·美术馆的展览部主任谢安宇，OCAT 上海馆艺术总监陶寒辰，他们作为 OCAT 馆群机构内部的策展人都参与到展览的策划之中，如展览"小说艺术""朱昶全：一个动作的历史""共生：诗与艺术的互文""另一种设计""8102——与现实有关"，表演"声场"等。

传统博物馆学理论以博物馆史研究和典藏管理为主，注重对文物的保存技术。新博物馆学理论以整合社会学、人类学、政治学、心理学等跨领域研究为主，注重"人"——观众的需求。本书研究对象 OCAT 馆群曾经以艺术史视角来研究当代艺术的方向，需要积极地融合跨学科对当代艺术的研究与展示，跳脱出专家建议的"一言堂"方式，更尊重多元化思考，以提出问题为导向，专家建议做辅助性参考，以促进社会的变迁，面向未来。如此，一方面，加强与独立策展人的合作即变得特别重要；另一方面，着重培养机构策展人，构建多层次策展群体与制度。总之，OCAT 馆群对于机构策展人的培养还有许多努力的空间。

二、是知识生产还是知识共构

以往，艺术机构作为中介，起到艺术传播的作用。显而易见的是，从艺术传播到知识生产，当代美术馆是其扮演角色的扩大化。朱青生先生在给《作为知识生产的美术馆》一书的序言中，首句即指出美术馆的展览作为知识的生产，具有双重意义。一是指美术馆的展览本身就是学术的活动，而这个学术的活动具有综合性呈示的意义。二是指美术馆的展览不是传统意义上的知识生产，而是对知识的本身进行反省和批判，并呈示出人的新的觉醒和觉悟的机缘与遭遇（王璜生，2012）。本书研究对象 OCAT 馆群与知识生产的关系联结更紧密。新博物馆学影响下的美术馆注重多元开放的知识与大众之间的共构关系，而中国大多数美术馆发展还处于初级阶段，甚至有些场馆连知识生产的能力都不具备，更别提艺术机制的建设了。在健全的艺术机制中，策展的过程即艺术生产的过程，展览的呈现是艺术研究、建构知识的结果。在这个知识生产链条中，公共教育也是重要的公共服务体现，强调与观众的双向互动，参与其中来共构知识再生成。这便形成完整的传播与服务体系，面对观众年龄和知识结构的不同，涉及的知识系统也便不同。比如，儿童观众需要和成年观众不同的引导与沟通，又如，专业人群和一般大众又将会不同，顾及观众的多元层级也是公共教育的差异性表现。

当代艺术复合性生产线的创作、行政、学术、策划、评审、评述等机制，使得"当代美术馆毫无疑问也逐渐受到公众认知更新的一种挑战，尤其是越来越多的及复杂的社会议题和公众议题的出现，迫使美术馆必须转型完成开放，或承担一定的'公共领域'，不仅用于知识的生产，而且也是就公众问题展开论辩的某种场域"（董冰峰，2018：247）。因此，走向公众是避免美术馆遭遇未来困境的良方。

> 作为观众，我觉得 OCAT 最重要的是在合适的时间做了一件合适的事，对整个深圳或者中国南方的艺术生态产生了比较大的影响，虽然这种影响更多的是象征意义上的，但是艺术机构的综合性特征被强化。主导者是以广州美术学院和湖北艺术界为主体混搭，其中对西方的、现代的想象在后来被逐渐扩展，更加偏重所谓的"文本"。（S-4/2021-01-20）

受访者 S-4 作为非馆方业界人士，谦虚地称自己为观众，实质上他触及了问题的本质，恰当地说明了 OCAT 在中国南方产生的影响力，同时，揭露出主导者在这个年代群体的核心思想价值观，透过展演活动对记忆和宏观叙事进行批判，以及形塑了他们对西方现代社会和艺术的想象。

日本美术馆的运营与文化资产的保存、社区营造计划等密切相关。"如何使地方社会重生？"（蔡世蓉译，2008：7）美术馆被作为社区营造的核心设施而设立，从娱乐化倾向策略到无实体馆舍"美术馆"，凸显了美术馆概念的扩张与危机。"涨潮会让所有船只都浮起来"，这句谚语说明了社会情境的关键性，一个强盛的国度或一支连续不断的文明重点在于对文化资产的尊重，在保存与创新循序渐进的发展中，开创当代艺术的跨域生产线和展演平台，联结国际资源与交流网络，建构出对于文化的认同。文化认同是提问与反思的过程（廖仁义，2020：90），道出了文化建构的真谛。看一件当代艺术作品的优劣，需要结合艺术家的生命经验，考察其创作脉络。如果仅把这件作品抽离出来，其逻辑将不清晰。当代艺术可作为认识思想史与社会学的经验桥梁。轻技艺重策略的艺术家，忙于生成个人化的标签，忽略对人类社会文化发展产生之意义。当代文化论述由"后殖民论述"转向至"空间生产问题"。从当代艺术的本质出发，是设立在传播学之上的"精神性"，由精英或大众、精致或卑微等任一群体中提炼出来的那种崇高的力量。从艺术社会学视角来看，介于有闲阶级与无产阶级之间的展示活动，无论其内容如何、形式如何，产生的传播效应都大于艺术知识本身，简言之，即"传播生产"大于"知识生产"。然而，"知识生产"又有表层与深层之分，深层的知识生产，抑或是真正意义上的知识生产需具有启蒙性，并非一般工具范畴的使用性质，更重要的是，达到一种思想导航作用。由此可见，如果不具有此种深层意义，仅为艺术种种的表面简易包装，即使再用力推波助澜的相关工作者，与服务业界中的角色又有何区别？当代艺术的语言、传播与机制，透过误读和挪用，形构了中国当代艺术的发展特质。

第三节　OCAT 馆群对中国当代艺术语境的影响与作用

人类并不总是处于一种理想的境地，在日常生活中每天都要面对并解决棘手的问题，挖掘深层的社会问题，尝试走出泥潭，获取新的可能性。在当代艺术界，艺术家或研究者一直在试图打破不同学科间既定的界限，以便找到自己的出路。尤其是在当代艺术展览中，艺术家始终希望透过自己的作品引起社会关注甚至是争议，突破狭小的艺术圈层，在社会各界产生广泛的影响力或引人注目的效应。作为艺术家舞台之一的艺术机构，无论在知识生产层面还是在知识共构层面，对独立性与反思的认知都需要进一步提升。

本节旨在讨论 OCAT 馆群在中国社会中对当代艺术发展所起到的推波助澜作用，和在足够深厚的集体主义传统之下，对公共空间的话语建构，以及公共性和私人性的区分带来何种影响。

在 OCAT 成立之时，不管是带头人理念还是机构的实践如国际驻地工作计划等，甚至是资本的投入在中国都具有开拓性。如今，中国不少的大都市迎来美术馆建设热潮，从对馆长、策展人的选取和资本的力度上都远远大于 OCAT。如此一来，OCAT 与这些新成立的私立美术馆对比而言，竞争力就没有那么突出了。然而，十余年的艺术机构实践还是给中国当代艺术语境带来不小的影响与作用。

一、为中国公共艺术的发展带来新类型

由于华侨城地产建设的需求，黄专从何香凝美术馆做策展人开始就将艺术和空间作为条件，发起以年代雕塑展的方式为华侨城公共空间留下了大量的公共艺术作品。这不仅对美术馆概念进行了扩充，而且也在中国率先开辟了结合在地场域特色的公共艺术作品，而不是过往艺术家先在工作室制作作品后置入公共空间的方式。

美国自建国始至 20 世纪 30 年代，政府即拒绝对艺术机构的赞助与支持，他们希冀文化的创举来自普通民众——有公民意识的精英阶层，这样有助于文化的自由生长。通常意义上，公共空间（public space）是社区居民进行交往、聚会、玩耍、商业和娱乐等各种活动的开放性场所，在这里人们可以自由地进行思想交流。而"公共艺术"（public art）这个词起源于 20 世纪 30 年代美国的罗斯福"新政"，面对社会经济的大恐慌，政府希望透过艺术家在公共场域创作，让民众可以在日常生活空间中获得多元的艺术体验与美感经验。"公共艺术"形成概念是在 1973 年，出现在"后现代"语境中，李建盛也认同此说法。从严格意义上讲，在传统、古典空间中的雕塑并不能列入（李建盛，2012：42）。

目前，公共艺术仍然是一个较新的领域，由于涵盖内容广泛和随着社会发展而出现的多元性变化，尚无一个标准的定义。通常，公共艺术是指处于公共空间中具有开放性、参与性并为公众所认可的艺术创作与相应的环境设计。在城市中的公共艺术有数种形式："（1）公共场所的独立作品，在公园或绿地中；（2）在建筑物、山形墙及正面墙上的艺术作品；（3）'功能性'艺术或'城市设备'及视觉导览系统；（4）具政治、历史或哲学讯息的纪念碑。"（布理姬·汉莫，1996：210）本书的案例是跨越这种分类方式的作品，"早期欧美城市通过美术工艺来成就建筑美学与城市人文价值的文化性，公共艺术的形成，正是借由城市经验与地方论述，综合着种种同质与异质的多元项目，逐渐叠合出自我文化的内容；在西方国家的观念认知上，公共艺术创作是一门艺术专业，论及公共性，在于通过作品来共享视觉美学，或借由美学的语言，来陈述具有某种程度的公共议题，进而寻求公众的共鸣。具有开放、公开特质的，由公众自由参与和认同的公共性空间成为公共空间，而公共艺术所指的正是这种公共开放空间中的艺术创作与相应的环境设计。"（林志铭，2017：22）西方对公共艺术的讨论有着自身传统的逻辑，已日臻成熟，而中国的公共艺术发展还处于起步阶段。

  台湾的文艺学界曾经以"公众艺术"来指称"Public Art"，1998 年公共艺术设置办法公布后，"公共艺术"才作为"法定"名称确定下来。公众艺术的样貌可从一个坐标例图（见图 5-1）来看："第一象限的取向糅杂国际化与历史的相融；第二象限包含历史倾向，也有特定区域意识；第三象限凸显现代与社会的结合；第四象限结合国际与现代意念的表现。"（黄才郎，1996：21）黄才郎认为公众艺术的课题，不仅是艺术家与艺术爱好者之间单纯问题的研究，而且是联系空间、环境、建筑、景观、社会民众等客体元素的考量。同时期的中国大陆，韩美林发起《公共艺术百分比建设》，到目前也未见全国性立法出台，仅有数个城市单独建立的指导条例。纵观全球，第一部关于公共艺术百分比条款①最先是在法国立法，美国、日本、韩国等国家与地区积极探索公共艺术，体现在城市规划与设计的各个层面。对于流行国际的补助公共艺术之"百分比法案"，至今中国大陆还未完成立法。

图 5-1 公众艺术的象限

资料来源：引自黄才郎（1996：21）。

  袁运甫认为现代公共艺术可分为三类："第一，具国家文化导向的、纪念性的大型公共艺术；第二，主流人群的公共审美产品；第三，公共艺术的表现形态在向多样化、个性化和社区化的方向发展。"（袁运甫，2003：4）顾名思义，公共艺术兼具"艺术性"与"公共性"特质。李建盛也认为公共艺术最重要的性质就是公共性，公共艺术是存在于公共空间、开放空间，或者更恰当地说是存在于公共领域中的艺术。何为公共领域？哈伯马斯对其概念和公共精神有深入的分析，英国在 17 世纪使用"公共"时指涉的是"世界"或"人类"。法语

---

① 公有建筑物所有人，应设置艺术品，美化建筑物与环境，且其价值不得少于该建筑物造价百分之一，因此公共艺术的法令也常被称为"百分比条款"。

"公共"最早则是用来描述"公众"的。德国在 18 世纪的"公众"，通常是指"阅读世界"。哈伯马斯对此词的理解表明，无论它指代哪一种公众，都是在"进行批判"（曹卫东等译，2002）。进而言之，"公众范围内的公断，便具有'公共性'，而批判本身则表现为'公众舆论'"（李建盛，2012：55）。回溯汉娜·阿伦特（Hannah Arendt）所言，"'公共'这个词描述两个相互关联但又不相同的现象：它首先代表所有在公共领域出现，享受最大的被看见与被听见的公开性的人。对我们，那些会被他人或是我们自己所看到或听到的外表构成了真实性。……再者，'公共'这个词描绘了这个我们共同享有、却又在其中相互凸显个人不同地位的世界本身。"① 汉娜·阿伦特与哈伯马斯对"公共领域"的论述，是指一种公共文化意识和公共参与精神，延伸至艺术范畴，是指艺术的公共审美精神。

在深圳，2006 年 5 月 18 日，王广义的《世界，你好》（200cm×280cm×5cm）、方力钧的《欢乐颂》（200cm×280cm×5cm）、张晓刚的《大家庭—地铁》（200cm×280cm×6cm）三幅地铁壁画安装在深圳地铁线上的世界之窗、华侨城、侨城东三个站点，这不仅是中国地铁发展中的一个创举，而且是中国公共艺术史上的里程碑。策划人黄专称为"地铁美术馆"，这三个站点对应地面上的三大旅游景区：世界之窗、欢乐谷和锦绣中华民俗村，创作主题分别为"大同""欢乐""和睦"。深圳地铁华侨城站壁画缘起于 2004 年 6 月 24 日晚时任何香凝美术馆副馆长的乐正维与黄专之间的一通电话，时任何香凝美术馆馆长任克雷希冀美术馆来给出方案，可以体现深圳与华侨城当代文化的特征。

OCAT 通过数届深圳雕塑双年展与上海浦江华侨城的十年公共艺术计划，不仅邀请的参展艺术家出色，而且强调公共艺术作品与在地环境的联结。在历届雕塑展中，主办方抱持宽泛意义上的雕塑概念，以中国当代社会与文化框架作为背景，关注当代艺术的公共性问题，探讨如何与公共社区发生关系，形成对话与讨论的公共空间与场域。正如前文所述，OCAT 深圳雕塑双年展的前身"第一届当代雕塑艺术年度展"（1998—1999）是由何香凝美术馆和深圳雕塑院主办，尽管当时 OCAT 尚未成立，但是将公共艺术与城市环境结合的意识即在那时觉醒，对于公共艺术的重视具有一脉相承性，尽管这也与华侨城企业地产发展诉求相结合。在"第二届当代雕塑艺术年度展"（1999—2000）中，有英国著

---

① *The Human Condition*，1958 年出版。法文版由 Georges Fradier 翻译，书名为 *Condition de l'homme moderne*，1961 年由 Calmann-Lévy 出版。笔者较偏爱 1992 年由 Paul Ricoeur 作序，Agora Collection 出版的新版本，pp. 90-92。

图 5-2　菲利浦·金:《太阳之源》，1999，雕塑（笔者拍摄）

名艺术家菲利浦·金的作品《太阳之源》（见图 5-2）参展。"第四届深圳当代雕塑艺术展——被移植的现场"（2001—2003）中，参展艺术家布伦的雕塑作品

图 5-3　布伦:《波涛之上·地平线》，2001，雕塑（笔者拍摄）

《波涛之上·地平线》（见图 5-3），由 34 根尺寸不一的方形柱子组成，媒材由混凝土制作。这件作品与哈迪组合（Radi Designers）的雕塑作品《喷泉》（见

图 5-4）都置于深圳华侨城生态广场的公共空间。《喷泉》由铸钢与聚氨酯涂料制作，高 168cm，直径 80cm。作品的体积由两个背靠背的"现代维纳斯"侧影来决定。一个虚构的旋转挤压体将两个侧影连接起来，从而形成作品的躯干，旋转挤压体看上去好像产生于一个旋转的固定动作，将两个侧影相连接。随着一个侧影到另一个侧影的变形，胳膊从躯干中显现出来，将水送出。这一送水的动作由饮水泉的躯干来实现，两个侧影分别是这一变化的起点和终点。

图 5-4　哈迪组合：《喷泉》，2000，雕塑（笔者拍摄）

　　"第六届深圳当代雕塑艺术展——透视的景观"（2007—2008）寓意中国在快速发展现代化进程中，人类生活状态失衡，中国传统的生活方式、文化精神、伦理法则面临种种挑战。在"第七届深圳雕塑双年展——偶然的信息：艺术不是一个体系，也不是一个世界"（2012）中，强调"艺术从来就是不能被规训的，不能被任何人治理和统治，更无法依存任何法则而存在的，它也不是为了进入一种系统，获得某种承认和奖赏而存在的"（OCT 当代艺术中心，2015：195）。"不期而遇的遭遇"部分透过创作者的观念探讨、媒介实验与日常生活关系等手法进行探索，主要体现了艺术家针对 20 世纪 90 年代中国社会语境所持有的立场、态度及诉求。"你看到的就是我看到的"，则是面对艺术机制如策展人、赞助机制、艺术中介机构等系统性僵化问题，策展人希冀以偶然性、游击性、灵活性、有机性等艺术实践的独特性对机制进行挑战和批判。该展强调个体经验与多元秩序，"我们必须重新检验我们所依赖的社会秩序和我们所存在的基础，当某种主义、秩序和组织方式强大到具有唯一性的时候，它同时也必然隐藏着众多的危机。当艺术和经济生活同样迈向一种标准化的生产和分配模式的时候，我们必须回到个体的故事、个体的情境、个体的需求、个体的历史和个体的秩序"（刘鼎等，2012：14）。很明显，策展人这段书写所主张的是个体主义和艺术自治的重要性，表达了对艺术社会运营固定模式的焦虑。值得一提的是，在"公共项目"（Public Projects）部分，纳入了黄永砅的作品《蝙蝠计划》，这个计划源自 2001 年"第四届深圳当代雕塑艺术展：被移植的现场"，由于涉及国际政治，受当时法国相关部门干扰而被迫撤出展览。在黄专与黄永砅的对话中，后者如此描述，这个计划是将那架今年 4 月撞机事件①的 EP-3 美国电子侦察机，按原机尺寸，从中部到尾部共 20 米长、切成三段放在深圳的生态广场。当时这个事件的结局使我很感兴趣，一架飞机被"拆解"由一架飞机代飞，这一过程在我看来，本身就是一件"作品"。当 6 月我到深圳为"被移植的现场"展览看场地时，这个构想就清晰地呈现在眼前，这个展览机缘使这件作品得以实现，在这里，"拆解"是重要的，就像权力自身被解构，这架飞机被美国技术人员拆解是理性的、结构性的，我的拆解是非理性的、非结构性的，切一架飞机如同切一条面包（黄专，2010：217）。在合作方——法方的干预下，黄永砅按 1∶1 尺寸制作的飞机尾部，最终被撤出展览，没有展出。理由是作品原型是美国飞机，法国政界人士担心引起中、美、法三方当局误解与困惑。但是，这件作品已经制作完成，置放于深圳华侨城创意文化园的一块空地中，第七届深圳雕塑双年展策展人考虑到这件作品的公共性，因此，再次将之纳入此次双年展。

在"第八届深圳雕塑双年展——我们从未参与"（2014）中，展览标题即凸显出对艺术机制的反叛，企图"以否定语句打开潜在的空间"（谢飞等译，2018：40）。同时，展览提出"后参与"概念，指出反思与批判是参与式艺术的核心精神，而新自由主义试图让艺术服务于社会，是艺术家应警惕的首要问题。因为艺术一直都在想尽办法摆脱机制的束缚，但是，艺术似乎永远处在机制的层层裹挟之下，虽然这是难以察觉的，但是也只有穿越机制的盔甲与外壳，才能遇见艺术。合作性和参与式的艺术创作是当代艺术的发展趋势之一，目的是走向公众，促进其参与，激发开放的社会现场与情境。该展览认为，"艺术既是社会的，也是雕塑的；不论艺术作品变得多么的观念化、去物质化或是瞬时化，它都仍然是一种物质形态"（谢飞等译，2018：11）。参与式艺术是一种关系艺

---

① 2001 年 4 月 1 日，一架美国 EP-3 侦察机在中国南海上空与一架中国军用飞机相撞，中国飞机被撞毁，美军飞机降落在海南岛上。5 月 29 日，中美政府达成协议，拆除该架 EP-3 飞机后，用一架 AN-124 运输机将其运回美国。

术，强调艺术的在地性与公共性，注重人与人之间的联结，与以往展览形式和建构"世界"的象征性表现不同，当代艺术更加倾向于不表现，也不是一般看来受社会议题启发再表现，而是真正地参与社会性议题。通俗来说，关系艺术不是来表现艺术家的，而是艺术家透过作品给予大众一次交流的契机。

上海浦江华侨城十年公共艺术计划始于 2007 年，这个计划的最初动机只是为上海新浦江城做景观雕塑，策展人黄专先生从商业开发行为中看到了商业与艺术结合的可能性，构筑了与城市人文环境相关的十年长期计划，主要有两个特点，"首先是它的历史性，即它不是中国房地产的短期行为而是与一个城市的历史成长共生的自然过程，一项历史性工程。新浦江城计划每年举办一位中外公共艺术家的个展，主要强调当代艺术与公共空间的互动关系。其次就是它的当代性，它以当代艺术作为塑造中国新型城市文化性格和品位的首选。新浦江城借助这一公共艺术计划，将构筑城市自身的文化和设计的新传统，同时也使它的城市性格和品质有了保证"①。这并不是什么新的"发明创造"，只需借鉴世界上有特征的城市做法即可。佛罗伦萨、巴黎、纽约等国际知名都市发展已有前车之鉴，城市扩张过程中必然伴随有公共艺术的建设过程，而中国的城市建设和设计也应具备这种意识。策展人期望"公共艺术不是城市、楼盘、社区的附属品，而是与城市、社区文化交流和对话的可能性中介"②。从今天回望，此类型公共艺术计划的确是在中国先行一步。但依然必须警惕艺术成为附庸或被实用主义工具化。值得一提的是，首届上海浦江华侨城十年公共艺术计划展览开幕的同时，举办了"自由主义与公共艺术"研讨会，中国的当代艺术不能停留在主流和另类的区分上，必须从主流价值观艺术到惊世骇俗的艺术实验之间建立多层次、多梯度的艺术展示制度。

"上海浦江华侨城十年公共艺术计划·2007"包括"点穴：隋建国艺术展"和作品《偏离 17.5 度》公共空间计划，在前文已略有着墨。"上海浦江华侨城十年公共艺术计划·2008"是"征兆——汪建伟大型剧场作品展"，是以一个寓言式的剧场为背景，针对艺术生产、社会环境、心理身体等与艺术相关的问题进行讨论。该展透过影像、雕塑、表演等多媒体手段，剧场式、全景式地呈现中国社会与文化、身体与伦理等形态。"征兆"借由医学概念"征候"一词，代指一种关系——不确定性，意指在不确定的情境里面，各种组合和穿插有可能形成整体关系。

---

①　2007 年总策划人黄专谈公共艺术计划［R/OL］. 搜狐网，2021-04-04.

②　2007 年总策划人黄专谈公共艺术计划［R/OL］. 搜狐网，2021-04-04.

"上海浦江华侨城十年公共艺术计划·2009" 是 "对视——林天苗艺术展"，该展由《妈的》《徽章》和《对视》三组作品构成。"对视"涉及性别议题，是希冀透过重组一种超越性的互视，试图改变主体凝视建立在性别差异上的权力，使其成为一种反省与交流的互动机制，挑战传统意义上的 "男性凝视" （male gaze）。"上海浦江华侨城十年公共艺术计划·2010" 是 "中园（CHINA PARK）：谷文达艺术展"，是艺术家以中国传统中的 "园林" 公共艺术形式发想，既面对历史又朝向未来，建构出一种独特的中国生态乌托邦。这个计划主要由三部分组成：一是在上海浦江华侨城中意文化广场三块草坪上安置四季绿色书法（园林设计）模型及环境模拟；二是在广场的室内展示方案整体的模拟沙盘装置、水墨和动漫结合观念作品及大型三维动漫虚拟；三是在广场中心安放的公共作品 "碑林" 系列，《词碑之九——华侨城园中园》。这次个展正逢 2010 年上海世博会举办，也恰好回应了 "城市：让生活更美好" 大会主题。

"上海浦江华侨城十年公共艺术计划·2011" 之 "无所遁形：爱德文·斯瓦克曼（Edwin Zwakman）— 刘建华对话展" 于 9 月 3 日至 12 月 3 日展出，以中意文化广场为展示空间，中国艺术家刘建华的作品《古今发掘现场》与荷兰观念艺术家斯瓦克曼的作品《被改造的推土机》产生对话关系。它不但映射互联网构成的虚拟世界中人类无法超越的视觉困境，而且还深入挑战了这一困境背后所隐藏的权力机制，以及话语受操纵的网络现实与反省。"上海浦江华侨城十年公共艺术计划·2012" 是 "王广义：冷战美学"，《冷战美学——戴防毒面具的人》这件大型群雕作品代表了艺术家对冷战后世界格局的重新思考。作品的图像源自冷战时期中国官方印制的宣传画，是 20 世纪 60 年代中国与苏联交恶时期所进行的一场国防教育运动：防核武器、生物武器和化学武器。该作暗示艺术家对历史、战争与政治问题的关怀，对冷战国际政治的警惕，如高度具体的假想敌、高度意识形态化和高度全民性。

"上海浦江华侨城十年公共艺术计划·2013" 是 "重要的不是合同" ——徐震—没顶公司出品，"没顶公司"（MadeIn）是由上海艺术家徐震于 2009 年组织成立的观念主义艺术团体，他们透过一系列跨界活动，以开放的态度不断突破各种艺术机制和规则的现行桎梏。展览分为两部分：一是室外现场改造成一个花园，这个花园的路线由各种革命运动路线组合而成，观众可在里面散步和欣赏作品；二是在路线花园内竖起 30~40 根旗杆，每根旗杆上挂一幅旗帜，每幅旗帜上印了一份华侨城员工合同，并有每个员工的签名，每根旗杆内置吹旗的风扇，这些合同组成的旗帜定时飘扬。"上海浦江华侨城十年公共艺术计划·2014"是 "姜杰：大于一吨半" 展，《大于一吨半》是场景性装置作品，以 "欲望"

为主题，将男性符号景观化、仪式化，试图对生理符号、神话符号、历史符号与权力符号的本质进行视觉性呈现，具有一种悖谬性。该作透过光影效果和软性材料生成一种日常景观。

"上海浦江华侨城十年公共艺术计划·2015"之"暂时什么都不是：展望个展"将艺术家的创作实验又推进了一步，共展出两件作品：一件是《拓地》，艺术家展望依旧运用自己非常熟悉的材料不锈钢，将公共空间的一块地面进行了拓制，观念性极强；另一件是《幻形》，艺术家基于对动作和形体的研究透过雕塑家常用的泥把自己的形象进行塑模、拆解，直至拉扯到极限之感，意在消解图像、塑形、自然的界限。策展人黄专梳理了展望的创作脉络和线索，如太湖石、假山石、镜花园等，在为这次个展撰写的文章《展望：雕塑如何对世界"构形"》中归结为"拓形""应形""幻形"三个阶段，这也启发和影响了艺术家在此之后所进行的"隐形"系列创作。

值得一提的是，艺术家展望的这次个展是黄专生前策划的最后一次艺术家个展。而展望和黄专的互动合作始于1999年在何香凝美术馆举办的"第二届当代雕塑艺术年度展"，这是黄专首次与艺术家合作这类互动性创作。展望此次展出的作品是《鱼戏浮石》，创作思路是基于华侨城在公共广场挖一个湖，做一些户外的雕塑作品参展。展望提出在挖湖过程中有可能会挖出石头，选择一块大石头，用不锈钢拓制一件作品。巧合的是在广场施工现场真的挖出一块大石头，促成了这件作品的完成。此作后来由何香凝美术馆收藏，至今陈列于该馆入口处旁边的水池中，作为永久展示。

自2007年至2016年十年之间，共邀请了隋建国、汪建伟、林天苗、谷文达、爱德文·斯瓦克曼、刘建华、王广义、徐震（没顶公司）、姜杰、展望10位艺术家参展并完成了作品。"上海浦江华侨城十年公共艺术计划·2016"的主题是"一次集结：缅怀与重构"，总策展人黄专先生恰逢这一年去世，在方立华等策展人的召集之下，这10位艺术家齐聚上海，无一人缺席，完成了对黄专先生的一次缅怀，也保持着对他为艺术界所作所为的敬重之意。

在南京栖霞山展区，朱朱作为三年公共艺术计划的策展人，自2018年至2020年三年间为"此岸：OCAT南京公共艺术计划"策划了"流动的书""浮云的根"和"必要的空"展览。这一计划的基本理念是结合南京的人文生态和南京华侨城栖霞开放计划的空间布局，与这片文化休闲旅游度假区同步创造具有中国最高水准的公共艺术景观。这与上海浦江华侨城十年公共艺术计划的目的一致，也是艺术与商业相结合的OCAT惯用的操作方式之一。"此岸"强调此时此地的创造性认知与表达，以艺术实践重审历史遗产、传统价值与现代化进程。"流动的书"是该公共艺术计划的第一个主题展，以水为元素开始发想。朱朱在展览前言中写道："水是一部流动的书，它是我们解读时间、记忆、生命、境遇、伦理和智慧的重要途径，它是形象构成、组合、离散的自然载体，正如法国诗人保罗·克洛岱尔（Paul Claudel）所言：'内心所渴望的一切都可以归结到水的形态'。我们的展区北临长江，后者被认为是孕育中国文明的两条母亲河之一。水作为在地性的重要元素和历史、文化源流的象征，将构成艺术家们的基本对话主题。"

"浮云的根"以山为元素发想，"必要的空"则以留白为元素发想，与第一届的水元素三者呼应了中国古典山水画的要素与精神，在当代语境中重构艺术的价值与意义。

李荣蔚和谢安宇分别为 OCAT 深圳馆和华·美术馆的展览部主任，他们除了本馆各自的工作外，仍需负担华侨城集团在全国各地地产开发过程中对于艺术展演（览）的需求，如在淄博、湛江等地策划当代艺术展演。这种像"游移马戏团一般从一个地点到另一个地点，是否真能如其所愿地对邻里关系有所贡献？或仅限于一场宣传造势活动而已？"（吕佩怡，2011b：50-56）。吕佩怡老师对于台北市都市更新过程中当代艺术的介入与参与的质问，同样适用于笔者对研究对象分析中的省思。总之，除去 OCAT 一直强调的研究、展览和出版之外，殊不知十几年的公共艺术实践为中国公共艺术的发展带来了新类型，为公共空间的多元性建设提供了新的可能性。

二、丰富了华侨城区域和都市艺文生活

首先，毫无疑问，OCAT 馆群对华侨城集团的社会形象具有加值作用。扩大来看，美术馆对于都市发展的整体性而言，不仅有助于提升都市文化形象和影响力，而且有助于形塑出文化地域特质，是文化的象征。具体而言，以 OCAT 深圳馆来说，所在区域为华侨城文化创意产业园。这种从西方兴起的"文创模式"是一种国际流行的做法。该馆也为文创园区起到文化核心的功能，为它周边林立的咖啡厅、餐厅、设计工作室、画廊等源源不断地输入艺术创意的新鲜血液。如此一来，吸引着城市中接续不断的文艺青年和观光客来打卡。尤其是节假日或举办创意市集之时，人流量更是大到惊人。

> 我是觉得像这种东西——新生的艺术力量是需要人来扶持的，需要人来推动的。这个事情谁来做？如果有一个企业来做，如果有一个企业意识到有这样的责任，而且这个事情如果对企业也好，大家是互利的、双赢的，

那么这是一件很好的事情。国外有很多这样的机构，很多名牌，普拉达（Prada）什么的，还有法国的卡地亚基金会，包括雨果博斯（Hugo Boss）、迪奥（Dior）这些大品牌，他们都在做支持艺术的事。最后你可以看到，虽然它不是直接在让这个机构推广它的企业品牌，但是很简单，普拉达也好，迪奥也好，它的博物馆、机构做的展览，那能跟普拉达、迪奥分开吗？分不开的，别人马上想到，想到这些，就想到它背后的这些支持。再换句话说，普拉达这个东西对它来说，只是一年广告投入中支持艺术的一小部分，很小的一部分，而且这个部分，说句实话，它是像一般的广告，但它能够产生一般广告不能有的那种效果。因为它直接就把这个企业的文化和艺术的品位，提升到一个相当高的高度，这个比马路上贴一张照片或者说是在那个电视上做几秒钟的广告，作用要大。（F-17/2020-10-13）

受访者 F-17 认为企业赞助艺术这件事情是双赢的，在国际上也有很多先例。同时，他指出企业每年投入在商业广告上的费用是巨大的开支，支持艺术是以很少的一部分支出获得高度文化品位的首选，作用远大于商业广告。

其次，美术馆鼓励市民参与，在其搭建的艺术平台上形成讨论和对话的场域，提升公众对艺术的感受力。因为当代艺术提倡新材料、新形式、新观念，这将为美术馆参观者带来多样化、多层面的感觉经验。OCAT 馆群中展览、表演、讲座等活动形式为各个地方都市的参与者提供的不再是悬挂在展墙上的作品本身，而是艺术的历史、美学和语境，进一步呈现知识和智识方面的价值与意义。

最后，美术馆是城市的美学参与剧场，与社区和城市的关系调解了不同的兴趣社群和媒介领域，是多向度的公共空间。美术馆不只是一个冷冰冰的公共设施，更重要的是以研究和教育为主的艺术机构。如今，视觉艺术在人们的教育和生活中扮演的角色愈加重要。以学术研究为策略导向的 OCAT 馆群，也正在新博物馆学的影响下，注重教育公众的责任，透过工作坊参与、专业性导览等多元形式与公众互动，使他们的日常生活丰富起来。

三、成为中国当代艺术史建构中一支不可或缺的力量

中国在 30 年左右的私立美术馆发展中，有部分私立美术馆在成立时传播的声音特别大，之后在运营和资金方面出现问题，不得不面临闭馆的结局。OCAT 自从 2005 年成立以来，华侨城对其资金的支持从未间断，这点是值得肯定的，保证了馆群的稳定性、持续性运作。黄专本人和各分馆执行馆长都具有艺术家、学者的独立人格，保障了 OCAT 馆群的独立性。研究型展演等实践与强调公共

艺术现场的在地长期计划，促使 OCAT 在同行中出版了大量的文献资料，成为中国当代艺术史建构中一支不可或缺的力量，扮演着重要的角色。

正如前文所述，OCAT 深圳馆数年之间所持续进行的"中国当代艺术家研究型个案展"的确留下了详尽的文献资料。

> 我对于黄老师的构架这样理解，一个是他那时候重视中国当代艺术尤其是个案梳理，研究型个案，他做了好多个个案。像现在武汉合美术馆也是做个案，我觉得现在看起来它和黄老师的个案就形式上有一点像，但是意义层面完全不一样。因为黄老师做的那个时候，对于当代艺术家基本上还没有这样来做个案的，就是有一个展览、一本书，可能有一个研讨会，而且特别强调这个书是按照艺术史的方法、按高要求去做的。因为这个人要放到当时这个语境下，一般的一个个展它就是一本画册了。我们经常说的画册其实是研究出版物。这个在当时来说是非常突出的，应该说是为中国当代艺术个案积累了很重要的一批出版物，或者也包括文献。我相信以后的人要研究这些当代艺术家至少都绕不开那本出版物，以至于这些艺术家后面可能出更重要的出版物，那是另外一回事。但是最早最好的出版物，很多艺术家都是要从这里开始的。（S-8/2021-02-06）

受访者 S-8 对黄专策划的研究型艺术家个案展览给予了高度的肯定。他认为在彼时的策展语境中，按照"个展+研究性质出版物+研讨会"的方式来为艺术家做个展，与艺术界普遍流行的"个展+图录"的方式形成明显的对比，也凸显了黄专策展思路的优越性，以建构艺术史的方法为中国当代艺术家乃至艺术界做出了巨大贡献。

四、扮演着与国际艺术学界交流的"窗口"角色

OCAT 研究中心的年度讲座计划自建馆以来一共邀请了 6 位国际艺术史学者进行演讲，该计划不仅要求学者在国际艺术史学研究中有一定的建树和重大影响力，而且要求这些学者以北京或中国为背景，结合自身的研究来发想出从未有过的内容分享，是一种新的在地与国际联结的尝试，不能是以往讲过的知识内容。其实，这些限定条件对讲者的研究素养要求还是很高的，但也会产生真正意义上的学术交流，而不是过往国际生产与中国吸收（或翻译）的模式，是进入到知识生产的领域，是跨越地理国界的一种方法和研究。

> 还有一个就是跟国际的交流。那么我觉得黄老师还是特别有雄心的，一个是中国的当代艺术要把它梳理好，另一个就是跟国际交流也希望能够

达到一个较高的水准。他其实从一开始就有这种意识，比如说，一般的中国艺术界的这些人，可能觉得所谓跟国际交往，是国外来一个什么大致还可以的机构就开始交流了。但是他其实是不断去了解怎么真正跟这种国际平台交往的。比如说，顶级的美术馆，顶级的策展人、研究学者，当然他很借助的一个人就是巫鸿了。这个人他之前就有交往了，然后在做广州三年展的时候就是巫鸿、黄专、冯博一，还有王璜生。等于这个结构其实到了 OCAT 这里也有所延续。就国际板块而言，当然他自己也有想各种途径跟国外的这些机构，或者艺术家能够进行真正的国际交往和合作。这其实通过那个雕塑年度展就体现出来了，那个雕塑展后来改为双年展的形式了。它其实就是一个当代艺术展，只是原来开始的时候用雕塑这个概念，实际上就是一个双年展。只是说没有那么大，就是一个小型双年展，这样的一个情况。而且还有这种国际艺术家驻地计划，这个我觉得也是国际交往。当然不只是国外艺术家，也有国内艺术家，我觉得这个也是国外很常见的一个做法。总而言之就是国际方面他其实有很多拓展，他不只是着眼于中国这样的艺术版图，其实还想要达到中国跟西方的这种交流。（S-8/2021-02-06）

受访者 S-8 描述了黄专通过 OCAT 与国际顶级艺术界交流的愿望，以及身体力行的实践，指出这源于黄专与巫鸿、冯博一等人脉关系结构，不满足于中国的艺术版图，更放眼全球的交流水准，而且也回顾了深圳雕塑双年展。此外，OCAT 深圳馆的国际工作室艺术驻地（Art Residences）计划面向全球开放报名，每年从中选取 5 名左右的艺术家或研究者，提供住宿和工作室免费使用，并补贴一定的创作材料费。对驻地艺术家而言，不仅丰富了其创作历程，而且不同的文化碰撞有利于激发新的可能，换言之，驻地创作是他们自身所持有的本国文化与其驻地处的当地文化所进行的一种交流。同时，对于美术馆或社区而言，艺术家与居民的互动与交流，为在地的文化社会带来艺术生态的新价值、新议题。不夸张地说，OCAT 可以说是中国最早开展驻地创作的独立艺术机构，如前文所述受访者 S-8 也指出了这一点，并且他也道出了黄专老师对与国际顶级美术馆与艺术从业者交往和合作的要求与雄心。这种与国际一流研究者、艺术家、策展人交流与合作的企图心可追溯至何香凝美术馆雕塑双年展策划时期，甚至从更早期举办的广州三年展与巫鸿、冯博一和王璜生的合作已初见端倪。此种立足于中国本土，放眼国际的交流方式，既彰显了黄专的胸怀又强化了艺术机构所扮演的"窗口"角色。

OCAT 研究中心举办的"年度学者讲座"，所邀请的学者与其提出的问题和演讲题目，都是国际艺术学研究中最新、最热门的话题，这发生在中国，无形中增强了其与国际的联结。另外，"研究型展览策展计划"的申请方案中，有越来越多的从事策展、当代艺术或艺术史专业的国际留学生加入进来，他们具有国际视角的理论系统性学习经验，成为这个交流平台上一道亮丽的风景线。

OCAT 西安馆也有国际艺术驻留计划。如前文所述艺术家古德温的驻留，"西安肖像"系列即邀请国际艺术家到馆内驻留并进行创作，起到国际与在地的联结作用。

五、为中国影像与新媒体艺术展示搭建了平台

OCAT 上海馆作为影像艺术的展示基地，持续策划出不同类型的影像与新媒体艺术展览，不只在上海是独特的存在，即使是对全中国而言也是深具特色的。批判博物馆学对中国艺术机构的影响，应借鉴雅各·比尔肯（Jacob Birken）的想法，"包容并不是新旧之间的改变，而是将压抑的声音和行动者融入社会的无限过程"。（Birken, 2015：217）在国际博物馆界，后批判博物馆学（Post-critical Museology）已然来临，认识中国艺术机构的发展历程，有必要从当代艺术场所的象征性（艺术身份危机的表达）和批评性甚至社会转变的事实性表现来审视发生在当代艺术场所的各种越界行为（Birken, 2015：218）。后殖民主义、身份政治、文化政治并不等于社会政治。然而，艺术作为独立性艺术机构的一种社会实践，它属于更广泛意义上的人文主义启蒙，并不完全是福柯式的监禁和殖民主义的领域。上海馆的策展实践开拓了一种批判性的关系，为城市多样性带来新的可能性。

除 OCAT 上海馆之外，深圳馆、华·美术馆、西安馆也都有持续的独立影片放映活动，共同为中国影像与新媒体艺术展示或呈现搭建了平台。

六、架构了辐射全国的当代艺术"航空港"网络

美术馆不仅应为一个多元文化价值并存共生的公共场域，而且必须成为一个公开讨论、辩论的公共空间，强调差异性与自我独特性，并非是同质化、单一性的艺术空间。批判博物馆学提倡在更多的展览中设置当代艺术实验，与历史意义的展品相映射，笔者不太喜欢用"弯道超车"这类词汇，当然西方的博物馆、美术馆、当代艺术中心发展有自身的问题，但不能否认他们的自我反身性实践和理论创新能力。中国是不是可以借鉴西方的经验，创新出自身当代艺术机构模型建立的可能？OCAT 馆群各个分馆辐射地域广泛，南至深圳、北到北京、西至西安、东到上海，直线距离少则数百公里，多达上千公里，在物理尺

度上架构了辐射全国的当代艺术"航空港"网络，势必影响到软文化的建设与发展。在这张大网之中，建立一套中国的当代艺术运营机制。

毋庸置疑，跨领域策展时代已然来临。OCAT 馆群各个场馆之间差异性的当代艺术定位，为中国当代艺术机构的未来发展提供了一种思路和方向。在上海馆，影像艺术的场域不只对中国而且对东亚都形成了一定的影响。

新博物馆学视域下的当代美术馆是公共空间、作品和观众共同构成的艺术场域，有助于提升城市创意与发展的核心竞争力。OCAT 馆群借由中国当代艺术和文化的保存与创新，展示了最新的实验艺术创作，这在无形中引领了城市的创意和发展，并培育了在地性的艺术素养与美学内涵，对于文化软实力的贡献无疑会使得当地民众以此为傲。OCAT 创立的"航空港"的理念和无限定性的一系列实践模式是具有开拓性的。它犹如中国当代艺术的"发电站"，源源不断地为中国当代艺术界注入新的活力，与此同时，试图以艺术现场为核心尝试沟通不同的文化领域和学科，是当之无愧的实验艺术展示平台。馆群通过一系列的展演实践、文献出版与开拓性的艺术交流建立了一种中国当代艺术研究的方法论。

七、赋予了地方当代艺术价值，增强了国际当代艺术联结

OCAT 西安馆是西安第一家以当代艺术定位的美术馆。在举行展览和开办公共教育活动中，注重在地与国际的联结，并开展了艺术家驻留计划。该馆作为西安市首家以当代艺术定位的美术馆，为西安丰富的以传统博物馆、美术馆为主的系统带来另一种类型。可以说，中央企业是当代艺术的"避风港"。中国社会在城市化进程中，新大楼的建成意味着新社区的形成，OCAT 馆群中各个分馆的设立即华侨城地产开发过程所带来的产物。原来旧有的社会共同体遭遇冲击，新的地方共同体的重建越发变得重要。如果用过往的老方法来重建是相当困难的，而"美术馆"或"美术馆"机制之价值赋予功能正是有效的（蔡世蓉译，2008：241），OCAT 馆群的实践即带来此种可能。地方上的其他美术馆或与之相关的非营利机构，是 OCAT 的理想伙伴，与它们组成地方协会或联盟，可带来许多重要的效益，如对社区的关怀，获得民众更多支持与参与。

华·美术馆是中国第一家以设计定位的美术馆。自成立以来就注重举办国际设计大师的展览，随着执行馆长人选的更替，从以平面设计为主到"衣食住行+X"更为综合性设计或实验艺术展演的扩张，让在地的观众与国际最新的研究和学术领域有了新的联结方式，走向更为宽泛意义上的美术馆。

因为黄专老师这种艺术史的背景，我觉得 OCAT 对当代艺术的发展还

是一种追认式的作用。比如，像所有的这些人，虽然今天在我们眼中都是大师，但是他在过去都没有被这么重视过，对吧？那么黄专老师做的这个工作相当于弥补过去他们在艺术史当中的这个缺失，然后给他们一个追认。这方面的作用要大很多，包括在北京做的这种研究，它实际上是对过去的一种，比如，一种团体也好，艺术家个体也好，其工作的一种追认、整理，然后重现，我觉得它主要的推动作用在这里，而对新的这些艺术的推动作用要少一些。刚刚我们讲的，与过去的这种工作方式相对比的话，它对未来的当代艺术，或者说我们讲当下当代艺术的发展的这种推动作用，要少很多。另外，当然这种你指的实验性，我认为还是很强的。比如，上海张培力，因为他的这种背景，所以上海的影像就做得非常多，探索性非常强。独立性就刚刚我指的这个，应该现在他们要权限更小一些，先锋性我觉得也是很少的。它的高光还在于刚刚我讲的这些，对于过去的一种研究和梳理。（T-2/2021-03-13）

受访者 T-2 指出 OCAT 馆群对当代艺术起到一种追认式的作用，着重于对艺术家创作的研究和整理，试图将艺术家推进当代艺术史。谈及 OCAT 的实验性，这位受访者认为上海馆的影像艺术展览的探索性较强，这也源于影像这种新媒介愈来愈受年轻人的喜爱，更重要的是上海馆执行馆长张培力的艺术家背景，因为他本身思维方式和观念就较前卫，具备超前意识。

除此之外，OCAT 所举办的双年展，也增强了与国际当代艺术联结的作用，具有标杆意义。更重要的是，要认清"生产"与"创作"之间的差异性，切记停留在对社会哲学的运用替代美学的作用。创作可以作为某种公众话语的模式，如艺术实践、展览方式和展览组织。20 世纪 90 年代开始，"双年展"这一展览模式获得扩张，国际性与区域性交替并行，形成双年展热潮（Biennale Fever）。首波可追溯至 20 世纪 50 年代的圣保罗双年展，以抽象表现主义的艺术实践为主。20 世纪末则以多元主义、后殖民等语境作为线索。步入 21 世纪，"双年展"从原有的按编年史策划的展览开始让位于按主题排列的展览方式——大型联展，形成各地艺术界的年度盛况。艺术家一面反对艺术机构商业化，一面又通过媒体传播走向公众。双年展机制和生产过程所表现的批判力与资本力，转化成艺术界内部结构问题。努力进入双年展以及在不同地方参与的常客艺术家，作品面貌乏味，精神性、独立性与自主性不足，甚至有谋和化倾向。

总之，OCAT 馆群通过不同的展演和其他实践形式，不仅对内各地方城市赋予了当代艺术价值，而且对外增强了与国际当代艺术的联结。

第六章

结论与建议

在本书的研究中，笔者针对独立艺术机构对中国当代艺术语境产生的影响与作用，包括对其运营理念、机制与一系列实践进行研究。以 OCAT 馆群为个案研究对象，分析它的定位、历史脉络、运营机制，以及艺术机构与机制批判之间的关系。换句话说，本书是通过个案研究为主、以文献分析和深度访谈为辅的研究方法，深入讨论了 OCAT 馆群在中国当代艺术语境下扮演的角色。在对本书进行结论和建议之前，首先必须回应论文设计之初提出的核心问题：
"OCAT 馆群在中国当代艺术语境中具有什么价值与独特性？在文化治理与商业社会的双重夹击之下，追问机制批判概念在中国的社会语境是否有特别的发展？其在地性如何？OCAT 馆群对推动中国当代艺术的发展起到什么样的影响与作用以及为中国社会带来什么样的意义？"准确来说，这些研究问题是由内而外，由小及大，一环扣一环形成的链条，足以检视当代艺术机构在中国现实中面临的机会与困境。

关于文献研究方面，海因里希认为当代艺术作品在艺术社会中的角色不再只关注其独特性，而是将艺术作品与其周遭环境以及意识形态联系起来一起衡量，尤其是艺术机构与其运营机制的重要性。弗雷泽指出，由于艺术不能独立于艺术机制之外，因此机制批判发展至批判的机制化。机制批判在西方当代艺术家面临僵化的美术馆制度时，以出走或逃离美术馆的实践作为开端，直到生成比格尔和布赫洛对艺术机制化语言与框架的理论。

第一节　研究结论

本节透过书中对研究问题的论述与讨论，从艺术机构与当代艺术、机制批判和艺术语境的关系三个大面向的描绘与分析，深入触及研究对象理念与实践的各个层面，依此提出研究结论。

一、OCAT 馆群的价值与独特性：学术研究导向的运营策略

学术研究体系的建立及连贯性，同机制、市场品位一样，对当代艺术的形塑起到至关重要的影响与作用。总的来说，OCAT 馆群在中国当代艺术语境中具有的价值与独特性在于，以学术研究为其发展核心，建立了立足于中国本土的当代艺术运营机制，实现了其设立之初设想的做当代艺术的"航空港"理念。随着研究的发展深入，从国际"自由"视角来检视，发现"独立性"是一个不能轻易妄言的词。当代艺术机构在中国设立的时间并不长，整体还处于发展的初级阶段。华侨城企业投资艺术机构的目的，一方面是出于企业领导者和决策者的文化理想与情怀，另一方面是为了塑造企业文化品牌形象以赚取更多的利润。虽然两方面很难彼此区分，但是对艺术文化和社会责任的担当是毋庸置疑的。

首先，OCAT 的设立与何香凝美术馆、华侨城集团有着不可分割的关系。它起初作为何香凝美术馆的一个分支存在，之后随着华侨城地产在全国的扩张而扩张，与此同时也将当代艺术传播范围扩大。其次，OCAT 创始人黄专先生在这个过程中起到了关键性作用。黄专时代的 OCAT 有着清晰可见的学术研究目标与定位，即使是面对华侨城集团要求馆群的做法，也找到了解决的方法。后黄专时代的 OCAT 深圳馆尽管依然遵循之前的艺术实践模式，但是明显缺乏主导性。馆群中的其他分馆由于各位执行馆长的稳定性，学术特点依然具有独特性。最后，OCAT 馆群透过全面性、系统化的运营机制，建构出一套以学术为导向的运营策略，研究与展演并重的当代艺术生产系统。这个系统在开放的同时，也突出了当代艺术机制的封闭性。例如，它在考虑不同、多元观众的介入与参与方面仍有明显不足。

（一）践行建构当代艺术史的方法

一个优秀的展览，始于研究，但不会止于研究。古根海姆美术馆群和泰特美术馆群都是先有藏品再有美术馆，都有完善的基金会制度。尽管前者在馆长克伦斯上任之后实行市场导向的运营策略，但仍具有庞大的作品捐赠收藏量，也造成了轰动全球的古根海姆效应。后者也是随着时代的变迁而调整着运营策略，而且各个分馆定位和作品类型的差异性极强。OCAT 馆群在这一点上以当代艺术定位为范畴，使各个分馆的差异性并不是那么明显。与国内的民营美术馆（群）相比，OCAT 馆群具有明显的学术价值，各个分馆在执行馆长的带领下形成了独特的运营机制。最重要的是，OCAT 馆群始终践行建构当代艺术史的方法，在与国际当代艺术界广泛交流过程中，为公众带来优质的展演活动。

（二）注重出版物、档案与文献的累积

具体而言，华侨城企业成立于 1985 年，自 1988 年开始确定文化观光的定位。1997 年，何香凝美术馆成立，由国侨办委托给华侨城代管，任克雷任馆长，乐正维任副馆长，黄专被聘为研究员。何香凝美术馆属于国家级美术馆，除收藏和陈列何香凝先生的作品外，还收藏、展示、研究海外华人的当代艺术，重视对外交流和推广中外当代艺术。黄专在何香凝美术馆任职期间，不仅策划了数百场"人文之声"讲座和出版同名文集，而且筹办了 6 届"当代雕塑艺术年度展"（现更名为"OCAT 双年展"）。此后，借华侨城创意文化园区的开发与改造之机，于 2005 年成立 OCAT，在行政和专业关系上隶属于何香凝美术馆，资金由华侨城企业赞助。黄专确立了 OCAT 的学术性、独立性定位，理念是"做中国当代艺术的航空港"。"航空港"喻义如机场的航空站和港口，具有学术的开放性、包容性。2012 年，设立 OCAT 馆群，伴随着各地企业的需求开始扩张。

OCAT 自成立之初，即非常注重出版物、档案与文献的累积。2005-2012 年的 OCAT 深圳馆，还处于 OCT 当代艺术中心阶段，在黄专的主导之下，经历了一段黄金时期，对学术性的坚持，和对艺术家的"追随法"策略，加上所形成的展览、研究、出版"三位一体"的方法，使 OCAT 在国内声名远扬，至少在业界的认可度是非常高的。2012 年，OCAT 馆群成立之后，黄专开始将工作重心挪向北京，试图完成多年的"瓦尔堡图书馆"理想。OCAT 深圳馆接续由卢迎华和刘秀仪做艺术总监，负责运营，这两位的策展理念与黄专有着较大的不同。

总之，OCAT 馆群有着清晰的定位，持续透过自身设定的理念与独特的实践，不仅为中国当代艺术的生产与传播拓展了深度，而且扩展了广度。

二、OCAT 馆群的影响与作用：中国当代艺术"晴雨表"与示范作用

在国际博物馆界，对于美术馆与艺术中心的定义是非常清晰的，而且两者界限分明，即是否具有典藏品，以及良性的收藏渠道与预算。很明显，OCAT 馆群在收藏方面投入的精力与预算明显不足。它更具有艺术中心的功能，在 2012 年成立馆群之后，场馆数量显著增多，但美术馆功能角色并无改变。换句话说，OCAT 馆群既没有建立真正的典藏系统，又没有庞大的库房和保存维护，以及文

保人员资源需求。所以，它既可以专心做展览，也可以专心建立和发展文献库。简而言之，它的功能更偏向新类型艺术机构或研究中心，而非真正意义上的美术馆。

（一）OCAT 馆群是中国当代艺术的"晴雨表"

在机构的永续性上，OCAT 馆群与背后母集团关系紧密，但公司对它并没有过多期待，譬如，关键绩效指标（Key Performance Indicators，KPI）考核或协助企业做地产现场计划。但是，它的稳定度和持续性也是值得商榷的，原因在于企业掌握着它的经济命脉，在企业持续盈利的情况下，一切都显得特别稳定。然而，如果企业一旦遭遇经济危机，就势必首先发难于艺术机构 OCAT 馆群。

在展览理想性上，OCT 当代艺术中心时期践行的是黄专对于中国当代艺术的想象，可谓其学术思想彻底实现的场域。中国当代艺术语境与西方当代艺术语境有着很大的不同，尤其是对当代文化的认同与参与，当代艺术机构运营机制可谓体现出一个时代精神的象征。在中国语境中，OCAT 馆群作为公办民营美术馆，以当代艺术为依托，奔走在时代的前列，呈现先锋与实验的面貌，是毋庸置疑的。与此同时，OCAT 馆群企图将艺术家推进艺术史的做法，也是特立独行的。

首先，针对 OCAT 馆群的美术馆核心四大功能收藏、展示、研究、教育进行检视。研究发现，在收藏方面严重不足，特别注重研究与展示，愈来愈重公共教育。其次，OCAT 馆群作为文化资产保存的场域，是不太强调的，而是更强调知识生产。伴随着博物馆学理论对观众教育研究的关注，机构相关工作者不能停留在知识生产层面，而是要开始思辨知识共构的可能。最后，重点论述 OCAT 馆群在中国当代艺术语境下产生的多方面的影响与作用。

在 OCAT 馆群的核心功能方面，收藏了艺术家黄永砅、顾德新、林一林、王广义、张晓刚、方力钧、谷文达等一批作品，这是值得肯定的。当然，在收藏路线上，无须每个分馆来进行收藏，以 OCAT 馆群之名就是不错的选择。换句话说，谈及收藏，由 OCAT 馆群进行统一性收藏。在国际上泰特美术馆群各个分馆也是同一批收藏，即泰特收藏。然而，华侨城集团并没有给予美术馆收藏预算，是挺遗憾的事。但是，OCAT 馆群收藏还有两个特点，即着重于对文献的收藏和与华侨城公共空间相结合的公共艺术作品收藏。在研究上，OCAT 早期对中国艺术家逐个追随式的研究方法及进行的展览、出版，取得了有目共睹的成绩。在成立馆群之后，OCAT 研究中心开发和担负了更多的研究性工作，从展览到出版，处处体现着研究的痕迹与作用。另外，"小运动——当代艺术中的自我实践"指向一种自我教育的反思精神，是展示和研究相结合的方式。在公共教育上，每个场馆都根据展览内容推出了一定的公共教育活动，包括讲座、工作坊、导览、阅读角、课堂在美术馆等方式，都非常注重与观众的联结。

在中国，美术馆作为文化资产保存的场域这一说法提及的不多，更多提及的是其知识生产功能。而知识生产一方面需要回到研究与策展思路、机制的改变，不只是注重议题的新颖，更需要放低研究员与策展人的姿态和权威，扮演协助者或参与者角色，联结大众，以促进美术馆作为公共场域的影响和意义。另一方面针对机构内策展人的培养，OCAT 馆群中方立华、谢安宇、李荣蔚、陶寒辰等年轻世代逐步介入策展活动，不论是馆内的展览策划，还是展区与地方企业合作的展览设计，都为他们提供了成长的机会。重中之重的是，在文化治理与商业社会双重夹击的艺术生态中，民营美术馆不仅要保留艺术机构应有的功能——从在地经验生产出在地的知识与论述，而且要从"知识生产者"拓展至"知识共构者"，这是中国当代艺术机构迫切需要做的事情之一。

一家美术馆从设立之初如果定位不明确，就犹如失去"灵魂"一般的"躯壳"，很难有长远的发展。值得肯定的是，OCAT 馆群自成立之初就确立了以学术研究为主张。换句话说，黄专之于 OCAT 起到的是灵魂性核心人物的作用，表现在雕塑双年展、研究型艺术家个案展、上海浦江十年公共艺术计划，都由黄专一人策划，这既表明了他持之以恒的学术立场，又说明了华侨城集体领导者对他的信任、支持与尊重。在后黄专时代，各分馆政策和运营手法倾向于"去中心化"，越发趋于独立性，与独立策展人合作变得频繁。尤其是 OCAT 上海馆，好像游离于馆群之外，一方面由于上海华侨城资本的独立，另一方面由于执行馆长张培力工作方法的特殊。

OCAT 馆群坚持学术研究定位，抵制美术馆的商业做法，形成一种新类型的艺术机构。这在国际上也并不多见，在国内也是没有先例的，不多见的是它的资金来源于国有企业，这类连锁式、集团化的国有企业在世界范围少有，天时、地利、人和造就的 OCAT 馆群成为国内外一种新类型的公共艺术机构。即使背后企业以此作为谋利和软推广的手段，也不能抹杀馆群对中国当代艺术发展做出的学术贡献，成为当代艺术机构中独树一帜的亮点存在，可喻为中国当代艺术的"晴雨表"。

（二）新类型公共艺术与城市的关系

OCAT 馆群作为公办民营非营利艺术机构，可以说是华侨城地产开发、地方城市发展过程中位于精神层面的文化建设。艺术与文化的发展与都市语境有着密切的关系。扩展而言，OCAT 馆群对中国当代艺术语境具有一定的示范作用。从何香凝美术馆开始举办的数届雕塑艺术年度展，到深圳地铁华侨城三个站点的公共艺术，再至上海浦江十年公共艺术计划，强调参展或制作作品与在地环境空间的联结，这种因地制宜的创作发想思路为中国公共艺术的发展带来新类型，可谓在中国公共艺术发展中具有里程碑式意义。华侨城集团对 OCAT 馆群的无条件资金支持是值得肯定的，这也为企业带来文化艺术品位的良好形象。在未来，博物馆、美术馆不仅对企业，对城市营销也将扮演更重要的角色，透过艺术吸引更多人潮，以提升在地居民的生活质量和城市的竞争力，发挥艺术机构的正面与积极效应。OCAT 馆群成立之初，即获得了企业的信任与支持，也由于黄专对学术独立性的一贯立场，从当代艺术史建构视角出发，研究、展示和出版确立了中国独立艺术机构的形象和角色。

在国际交流方面，OCAT 研究中心的"年度讲座"、深圳馆的"国际工作室艺术驻地"和西安馆的艺术驻留计划，以及上海馆和华馆的国际性展览等，表明馆群扮演着与国际艺术学界交流的"窗口"角色。除此之外，OCAT 上海馆的影像艺术和建筑艺术定位展示，与其他各分馆的表演、放映等活动，为中国影像与新媒体艺术展示搭建了平台。

在国内，馆群包括五个场馆、七大展区的艺术场域规模，从 OCAT 设立之初"航空港"理念的设计出发，架构了辐射全国的当代艺术机构网络，为西安这座古城建立了第一家以当代艺术为定位的美术馆，为中国建立了第一家以设计定位的美术馆。

第二节　研究建议

本书在艺术社会学、当代艺术理论和博物馆学的跨领域研究框架下，以 OCAT 馆群作为个案，分析了它的运营理念与艺术实践，并得出以上研究结论。本节在研究结论的基础上试图从其他角度给出研究建议。

一、以展览史、机构史或策展史研究为主导

以往，艺术学界较关注以艺术家和艺术作品为主的艺术史研究；如今，愈来愈关注展览史、机构史或策展史研究。以艺术家个展、美展、官方展、学院展、主题展、双年展等各种各样的展示现象构建了清晰可见的光谱。此外，无论是以企业命名的美术馆，还是以藏家私人命名的艺术机构、独立艺术空间，都愈来愈受到研究者的关注。OCAT 馆群是独特且宝贵的独立艺术机构，能为当代艺术或艺术史研究带来新的可能性，有助于延续和记录中国的新艺术发展。除本书的研究取径外，可将 OCAT 馆群置入中国当代艺术史、展览史、机构史和策展史路径研究中，透过面对各种限制研究者思维和现实的"主义"对其进行研究，这种历史性的经典研究方法可纵向观察美术馆的角色。以展览或机构作为主导势必会囊括策展人与策展理念，由于策展是极其复杂又对综合性能力要求极高的专业工作，这也会丰富展览史、机构史和策展史的研究内容。

二、以观众研究为主题

在新博物馆学研究中，观众研究与博物馆、美术馆的运营发展密切相关。OCAT 馆群是社会教育机构，在艺术文化的可持续发展中扮演着重要角色。对实质观众和潜在观众的了解有助于 OCAT 馆群的知识生产，透过不同年龄段观众的不同需求，以及他们的背景知识结构或兴趣爱好，可评估和反思美术馆所做的展演实践。在未来，美术馆的参观者和观众越来越成为美术馆研究的核心。因此，以观众研究为主题对 OCAT 馆群进行评量性研究，有助于美术馆了解自己的过去、现在与未来，了解自己在观众心目中的价值比重。做美术馆观众研究，可以从扩大研究对象和变换研究方法角度来拓展，也可以与本书形成差异。本书是以 OCAT 馆群为个案研究对象，采用质性研究方法进行的研究分析。中国正迎来私立美术馆建设热潮，后续的研究可扩大研究对象范围，以区域研究如珠三角、长三角、京津冀等范围或以全国性、跨区域性民营美术馆为研究对象，抑或是采取问卷调查等量化研究方法对 OCAT 馆群进行研究，探索它与大众、社会的关系。

三、更多元的跨领域研究

本书着重从当代艺术、博物馆学、艺术社会学三个学科领域考察 OCAT 馆群，后续研究可从人类学、美学、心理学、文化创意产业、文化政策、艺术行

政管理等更多元化的学科视角进行研究。譬如，美术馆在城市美学发展中所起的作用，触及文化政策和文化资产议题等范畴。当代艺术作品有个典型的特征即涉及越来越多元的学科，而当代美术馆必然涵括跨领域统整性的研究。后续的研究者可从更多元的学科角度出发，对 OCAT 馆群乃至中国当代美术馆机构进行研究，以推动中国美术馆研究的发展，带来更多的研究成果。这对中国当代文化、视觉文化的建构有更多的积极作用。

参考文献

中文文献

专著

［1］比格尔.先锋派理论［M］.高建平,译.北京:商务印书馆,2002.

［2］并木诚士,等.日本现代美术馆学:来自日本美术馆现场的声音［M］.薛燕玲,等译.台北:五观艺术管理有限公司,2003.

［3］并木诚士,中川理.美术馆的可能性［M］.蔡世蓉,译.台北:典藏艺术家庭,2008.

［4］伯瑞奥德.关系美学［M］.黄建宏,译.北京:金城出版社,2013.

［5］布尔迪厄,哈克.自由交流［M］.桂裕芳,译.北京:生活·读书·新知三联书店,1996.

［6］布尔迪厄.实践感［M］.蒋梓骅,译.南京:译林出版社,2003.

［7］布赫洛.新前卫与文化工业:1955到1975年间欧美艺术评论集［M］.何卫华,等译.南京:江苏凤凰美术出版社,2014.

［8］蔡影茜,思瑞克.无为而为:机制批判的生与死［M］.陆思培,译.长春:吉林出版集团股份有限公司,2016.

［9］蔡昭仪.全球古根海姆效应［M］.台北:典藏艺术家庭,2004.

［10］曹意强.美术博物馆学导论［M］.杭州:中国美术学院出版社,2008.

［11］陈家刚,等.上河美术馆［M］.天津:天津社会科学院出版社,2000.

［12］丹尼尔.我们从未参与:第八届深圳雕塑双年展［M］.谢飞,等译.广州:岭南美术出版社,2018.

［13］德波.景观社会［M］.张新木,译.南京:南京大学出版社,2017.

［14］董冰峰.展览电影:中国当代艺术中的电影［M］.台北:阿桥社文化,2018.

［15］方立华.一种非舞蹈的表演:关于OCAT当代舞蹈剧场演出季·2010

[M] //OCT 当代艺术中心. OCAT 十年：理念、实践与文献. 北京：中国民族摄影艺术出版社，2010.

[16] 弗里克. 质性研究的设计 [M].张可婷，译. 台北：韦伯文化国际出版有限公司，2010.

[17] 福柯. 什么是批判 [M].汪民安，译. 北京：北京大学出版社，2016.

[18] 高名潞，等. 中国当代美术史：1985—1986 [M].上海：上海人民出版社，1991.

[19] 高名潞. 群体与运动：80 年代理想主义的社会化形式 [M] //黄专. 创造历史：中国 20 世纪 80 年代现代艺术纪念展. 广州：岭南美术出版社，2006.

[20] 高鹏，晏燕. 中国独立艺术的代名词：OCAT 馆群的学术塑形 [M] //中国民营美术馆运营及筹建研究. 成都：四川美术出版社，2020.

[21] 高鹏. 中国民营美术馆运营及筹建研究 [M].成都：四川美术出版社，2020.

[22] 高千惠. 当代艺术生产线：创作实践与社会介入的案例 [M].台北：典藏艺术家庭股份有限公司，2019.

[23] 高桥明也. 美术馆，原来如此！从日本到欧美，美术馆的工作现场及策展思考 [M].黄友玫，译. 台北：麦浩斯出版，2017.

[24] 高宣扬. 后现代论 [M].北京：中国人民大学出版社，2005.

[25] 格洛伊斯. 走向公众 [M].苏伟，李同良，等译. 北京：金城出版社，2012.

[26] 郭惠民. New Horizons：Art Presence in China（中国民营美术馆）[M].重庆：重庆大学出版社，2017.

[27] 哈伯马斯. 公共领域的结构转型 [M].曹卫东，等译. 台北：联经出版公司，2002.

[28] 福斯特. 实在的回归：世纪末的前卫艺术 [M].杨娟娟，译. 南京：江苏美术出版社，2015.

[29] 海因里希. 艺术为社会学带来什么 [M].何蒨，译. 上海：华东师范大学出版社，2016.

[30] 汉莫. 都市空间里的艺术：艺术家创作自由与委托人期望间的冲突 [M] //李静芳. 公众艺术国际学术研讨会论文集. 高雄：高雄市美术馆，1996.

[31] 豪泽尔. 艺术社会学 [M].居延安，译. 上海：学林出版社，1987.

[32] 何香凝美术馆 OCT 当代艺术中心，阿拉里奥（北京）艺术品经营有限公司 . 点穴：隋建国的艺术 [M]. 广州：岭南美术出版社，2007.

[33] 何香凝美术馆 OCT 当代艺术中心 . 剧场：汪建伟的艺术 [M]. 广州：岭南美术出版社，2008.

[34] 何香凝美术馆 OCT 当代艺术中心 . 视觉政治学：另一个王广义 [M]. 广州：岭南美术出版社，2008.

[35] 何香凝美术馆 OCT 当代艺术中心 . 张培力艺术工作手册 [M]. 广州：岭南美术出版社，2008.

[36] 贺万里 . 中国当代装置艺术史 [M]. 上海：上海书画出版社，2008.

[37] 胡斌 . 创作、展览与出版物的缠绕：由《词语、意识与艺术：徐坦"关键词"视觉语言实验项目档案》引起的话题 [M] //OCT 当代艺术中心 . OCAT 十年：理念、实践与文献 . 北京：中国民族摄影艺术出版社，2015.

[38] 黄专 . 艺术世界中的思想与行动 [M]. 北京：北京大学出版社，2010.

[39] 基德 . 新媒体环境中的博物馆：跨媒体、参与及伦理 [M]. 胡芳，译 . 上海：上海科技教育出版社，2017.

[40] 贾方舟 . 批评的时代：20 世纪末中国美术批评文萃 [M]. 南宁：广西美术出版社，2007.

[41] 姜节泓 . 中国当代艺术研究：中国的美术馆世界 [M]. 上海：上海人民美术出版社，2018.

[42] 卡里尔 . 博物馆怀疑论 [M]. 丁宁，译 . 南京：江苏美术出版社，2014.

[43] 寇克蓝 . 法国当代艺术 [M]. 张婉真，译 . 台北：麦田出版社，2002.

[44] 拉什 . 新媒体艺术 [M]. 俞青，译 . 上海：上海人民美术出版社，2015.

[45] 蓝庆伟 . 美术馆的秘密 [M]. 杭州：浙江大学出版社，2019.

[46] 蓝庆伟 . 美术馆的秩序 [M]. 桂林：广西师范大学出版社，2016.

[47] 李建盛 . 公共艺术与城市文化 [M]. 北京：北京大学出版社，2012.

[48] 李万万 . 美术馆的历史 [M]. 南昌：江西美术馆出版社，2016.

[49] 里德 . 艺术与社会 [M]. 陈方明，王怡红，译 . 北京：工人出版社，1989.

[50] 廖仁义 . 艺术博物馆的理论与实践 [M]. 台北：艺术家出版社，2020.

［51］林志铭．台湾公共艺术学Ⅱ：蓝海·公共美学［M］．新北：暖暖书屋文化事业股份有限公司，2017．

［52］刘鼎，卢迎华，苏伟．偶然的信息：艺术不是一个体系，也不是一个世界［M］．广州：岭南美术出版社，2012．

［53］刘鼎，卢迎华，苏伟．小运动：当代艺术中的自我实践［M］．桂林：广西师范大学出版社，2011．

［54］鲁虹．中国当代艺术史：1978—1999［M］．上海：上海书画出版社，2013．

［55］鲁虹．中国当代艺术史：1978—2008［M］．石家庄：河北美术出版社，2014．

［56］鲁明军．艺术生产的知识系统：历史与理论的视角［M］//OCT 当代艺术中心．OCAT 十年：理念、实践与文献．北京：中国民族摄影艺术出版社，2015．

［57］吕澎．中国当代美术史［M］．杭州：中国美术学院出版社，2013．

［58］吕澎．中国当代艺术史：1990—1999［M］．长沙：湖南美术出版社，2000．

［59］吕澎．中国当代艺术史：2000—2010［M］．上海：上海人民出版社，2014．

［60］吕澎．中国现代艺术史［M］．上海：上海书画出版社，2019．

［61］马斯汀．新博物馆理论与实践导论［M］．钱春霞，等译．南京：江苏美术出版社，2008．

［62］玛歇尔，罗丝蔓．质性研究：设计与计划撰写［M］．李政贤，译．台北：五南图书出版股份有限公司，2014．

［63］暮泽刚巴．当代艺术关键词100［M］．蔡青雯，译．台北：麦田出版，2011．

［64］南条史生．为当下策展：南条史生的艺术现场1978—2011［M］．彭俊人，译．台北：典藏艺术家庭股份有限公司，2016．

［65］OCT 当代艺术中心．OCAT 十年：理念、实践与文献［M］．北京：中国民族摄影艺术出版社，2015．

［66］布尔迪厄．实践理论大纲［M］．高振华，李思宇，译．北京：中国人民大学出版社，2017．

［67］史密斯．文化理论面貌导览［M］．林宗德，译．台北：韦伯文化国际

出版有限公司，2008.

[68] 唐斌. 美术馆与知识生产 [M]. 长沙：湖南美术出版社，2011.

[69] 唐克扬. 美术馆十讲 [M]. 北京：商务印书馆，2016.

[70] 田戈兵. 独立剧场和《朗诵》 [M] //OCT 当代艺术中心. OCAT 十年：理念、实践与文献. 北京：中国民族摄影艺术出版社，2010.

[71] 王璜生. 大学美术馆：作为知识生产与文明体制的美术馆 [M]. 上海：上海书店出版社，2010.

[72] 王璜生. 美术馆：全球化语境中的博物馆经济 [M]. 上海：上海书店出版社，2008.

[73] 王璜生. 作为知识生产的美术馆 [M]. 北京：中央编译出版社，2012.

[74] 威廉姆斯. 研究方法的第一本书 [M]. 王盈智，译. 台北：韦伯文化国际出版有限公司，2005.

[75] 魏莱，罗兰舟. 私人美术馆 [M]. 上海：上海人民出版社，2019.

[76] 文崇一，杨国枢. 访问调查法 [M] //社会及行为科学研究法：下册. 台北：东华书局股份有限公司，2000.

[77] 巫鸿. 当代已然成史：我（们）与黄专 [M]. 广州：岭南美术出版社，2018.

[78] 巫鸿. 关于展览的展览：90 年代的实验艺术展示 [M]. 北京：中国民族摄影艺术出版社，2016.

[79] 巫鸿. 美术史十议 [M]. 北京：生活·读书·新知三联书店，2008/2016.

[80] 巫鸿. 作品与展场：巫鸿论中国当代艺术 [M]. 广州：岭南美术出版社，2005.

[81] 巫鸿. 走自己的路：巫鸿论中国当代艺术家 [M]. 广州：岭南美术出版社，2008.

[82] 吴文光. 从身体开始记忆：深圳 OCAT 当代剧场演出季 2010 策划随笔 [M] //OCT 当代艺术中心. OCAT 十年：理念、实践与文献. 北京：中国民族摄影艺术出版社，2010.

[83] 西蒙. 参与式博物馆：迈入博物馆 2.0 时代 [M]. 喻翔，译. 杭州：浙江大学出版社，2018.

[84] 徐翠耘，杨蓉，段佳莉，等. 数读中国私人美术馆运营之维 [M] //

高鹏．中国民营美术馆运营及筹建研究．成都：四川美术出版社，2020．

［85］叶至诚．社会科学概论［M］．台北：扬智出版社，2000．

［86］张婉真．论博物馆学［M］．台北：典藏艺术家庭股份有限公司，2005．

［87］张誉腾．生态博物馆：一个文化运动的兴起［M］．台北：五观艺术管理有限公司，2004．

［88］张子康，罗怡．艺术博物馆：理论与实务［M］．北京：文化艺术出版社，2017．

［89］朱朱．灰色的狂欢节：2000年以来的中国当代艺术［M］．台北：典藏艺术家庭股份有限公司，2016．

［90］竹内弘高，野中郁次郎．知识创造的螺旋：知识管理理论与案例研究［M］．李萌，译．北京：智慧财产权出版社，2006．

［91］佐尔伯格．建构艺术社会学［M］．原百玲，译．南京：译林出版社，2018．

期刊

［1］费大为．1991年栗宪庭与费大为的通信：关于流亡文化，关于民族性［J］．艺术当代，2018，17（8）．

［2］何蒨．法国艺术社会学批判［J］．文化研究，2016（4）．

［3］何蒨．个人主义的第三种途径：当代艺术在中国的问题［J］．绝对艺术，2017（6）．

［4］洪仪真．法国艺术社会学的发展脉络与研究特色［J］．台湾社会学刊，2012（51）．

［5］黄贞燕．博物馆、知识生产与市民参加：日本地域博物馆论与市民参加型调查［J］．博物馆与文化，2011（1）．

［6］黄专．我的艺术政治观［J］．当代艺术与投资，2011（9）．

［7］蒋涛，方立华．作品背后的展览史［J］．艺术当代，2017（6）．

［8］李璠．探索之路［J］．颂雅风（艺术月刊），2015（6）．

［9］栗宪庭．关于"星星"美展［J］．美术，1980（3）．

［10］鲁明军．中国当代艺术的"后现代批判"质疑［J］．二十一世纪，2010（120）．

［11］吕佩怡．当代艺术展览在都市开发与更新里的角色［J］．艺术观点，2011（45）．

[12] 吕佩怡. 美术馆与机制批判：迈向一个在地机制批判可能性之探讨 [J]. 博物馆与文化, 2011, 12（2）.

[13] 宋晓霞. 全球视野下的当代艺术 [J]. 二十一世纪, 2018（168）.

[14] 王春辰. "艺术介入社会"：新敏感与再肯定 [J]. 美术研究, 2012（4）.

[15] 袁运甫. 公共艺术纵论 [J]. 装饰, 2003（10）.

[16] 张婉真. 当代艺术·展览·策展人 [J]. 历史文物, 2000（87）.

其他

[1] 黄才郎. 公众艺术的象限：大会引言 [C] //李静芳. 公众艺术国际学术研讨会论文集. 高雄：高雄市美术馆, 1996.

外文文献

专著

[1] ALBERRO A, STIMSON B. Institutional Critique：an anthology of artists' writings [M]. Cambridge, Mass：MIT Press, 2009.

[2] ALEXANDER V D. Sociology of the Arts：Exploring Fine and Popular Forms [M]. Oxford：Blackwell Publishing Ltd, 2003.

[3] AMES M. Museums, the Public and Anthropology [M]. New Delhi：Concept Publishing Company；Vancouver：UBC Press, 1986.

[4] BARRETT J. Museums and the Public Sphere [M]. London：Wiley-Blackwell, 2011.

[5] BAUMAN Z. Modernity and Ambivalence [M]. Cornell：Cornell University Press, 1991.

[6] BAUMAN Z. Postmodern Ethics [M]. New Jersey：Wiley - Blackwell, 1993.

[7] BECKER H S. Art Worlds [M]. Berkeley：University of California Press, 1982.

[8] BEREITER C, SCARDAMALIA M. Learning to work creatively with knowledge [M] //CORTE E D VERSCHAFFEL L, ENTWISTLE N, et al. Unravelling basic components and dimensions of powerful learning environments. Oxford, UK：Elsevier Science, 2003.

[9] BIRKEN J. "Is the Contemporary Already Too Late?"（Re-）producing

Criticality within the Art Museum [M] //MURAWSKA - MUTHESIUS K, PI-OTROWSKIP P. From museum critique to the critical museum. Farnham Surrey, England Burlington, VT: Ashgate Publishing, 2015.

[10] BLUMER H. Critiques of Research in the Social Sciences: An Appraisal of Thomas and Znaniecki's The Polish Peasant in Europe and America [M]. New Jersey: Transaction Press, 1979.

[11] BOLTANSKI L, CHIAPELLO È. The New Spirit of Capitalism [M]. ELLIOTT G . London: Verso, 2005.

[12] BOURDIEU P. The Forms of Capital [M] //RICHARDSON J G. Handbook of Theory and Research for the Sociology of Education. New York: Greenwood Press, 1986.

[13] BOURDIEU P. Distinction: A Social Critique of the Judgement of Taste [M]. Cambridge, MA: Harvard University Press, 1984.

[14] BOURDIEU P. Outline of a Theory of Practice [M]. Cambridge: Cambridge University Press, 1977 / 1972.

[15] BOWNESS A. The Conditions of Success: How the modern Artist rises to Fame [M]. London: Thames and Hudson, 1989.

[16] BUTLER S R. Reflexive Museology: Lost and Found [M] //WITCOMB A, MESSAGE K. The International Handbooks of Museum Studies. Chichester, West Sussex: John Wiley & Sons Ltd, 2015.

[17] BÜRGER P. Theory of the Avant-Garde [M]. SHAW M . Minneapolis: University of Minnesota, 1984.

[18] CLIGNET R. The Structure of Artistic Revolutions [M]. Philadelphia: University of Pennsylvania Press, 1985.

[19] CURTIS P. From the Inside Looking Out: The Possibility of a Critical Establishment [M] //Murawska-Muthesius K, Piotrowski P. From museum critique to the critical museum. Farnham: Ashgate Publishing, 2015.

[20] DANTO A C. After the End of Art : Contemporary Art and the Pale of History [M]. Princeton, N. J. : Princeton University Press, 1997.

[21] DANTO A C. The Philosophical Disenfranchisement of Art [M]. New York: Columbia University Press, 1986.

[22] DENZIN N K, LINCOLN Y S. Introduction: the discipline and practice of

qualitative research［M］//DENZIN N K，Lincoln Y S. The Sage Handbook of Qualitative Research . 3rd ed. Thousand Oaks，CA：Sage，2005.

［23］DICKIE G. The Art Circle：A Theory of Art［M］. New York：Haven Publishing Corporation，1984.

［24］DICKIE G. Art and the Aesthetic：An Institutional Analysis［M］. Ithaca：Cornell University Press，1975.

［25］DONOGHUE D. The Arts Without Mystery［M］. Boston：Little Brown and Company，1983.

［26］FLICK U. Managing Quality in Qualitative Research［M］. London：Sage，2007.

［27］FRASER A. What is Institutional Critique?［M］//WELCHMAN J C. Institutional Critique and After. Zurich：JRP / Ringier，2006.

［28］GARFINKEL H. Studies in Ethnomethodology［M］. Englewood Cliffs. NJ：Prentice Hall，1967.

［29］GOFFMAN E. Frame Analysis：an Essay on the Organization of Experience［M］. New York：Harper & Row，1974.

［30］JEAN MARIE S HEINICH N. Art，création，fiction. Entre sociologie et philosophie［M］. Paris：Jacqueline Chambon，2004.

［31］HEINICH N. Ce que l'art fait à la sociologie［M］. Paris：Minuit，1998.

［32］HEINICH N. La Fabrique du patrimoine：De la cathédrale à la petite cuillère［M］. Paris：Maison des sciences de l'homme，2009.

［33］HEINICH N. La Sociologie de l'Art［M］. Paris：La Découverte，2001.

［34］HEINICH N. Le Triple Jeu de l'art contemporain. Sociologie des arts plastiques［M］. Paris：Minuit，1998.

［35］HEINICHN. The Pompidou Center and its Public：The Limits of an Utopian Site［M］//LUMLEY R. The Museum Time Machine. London and New York：Routledge，1988.

［36］HOOPER-GREENHILL E. Museums and the Shaping of Knowledge［M］. London：Routledge，1992.

［37］KARP I，KREAMER C M，LAVINE S D. Museums and Communities：The Politics of Public Culture［M］. Washington DC：Smithsonian Institution Press，1992.

［38］KARP I，LAVINE S D. Exhibiting Cultures：The Poetics and Politics of

Museum Display [M]. Washington, DC: Smithsonian Institution, 1991.

[39] KIDD J. Museums in the New Mediascape: Transmedia, Participation, Ethics [M]. London: Routledge, 2014.

[40] KRAUSS R. A Voyage on the North Sea: Art in the Age of the Post-medium Condition [M]. New York: Thames & Hudson, 1999.

[41] LU T L D. Museums in China: Power, Politics and Identities [M]. New York: Routledge, 2014.

[42] MACEY D. Dictionary of Critical Theory [M]. London: Penguin, 2000.

[43] MEYER R. What Was Contemporary Art? [M]. Cambridge, MA: MIT Press, 2013.

[44] PARRY R. Recoding the Museum: Digital Heritage and the Technologies of Change [M]. London and New York: Routledge, 2007.

[45] PEARCE S. Museums, Objects, and Collections: A Cultural Study [M]. Leicester: Leicester University Press, 1992.

[46] PUTNAM J. Art and Artifact: the Museum as Medium [M]. New York: Thams & Hudson Inc, 2001.

[47] READ H. Art and Society [M]. London: Windmill Press, 1937.

[48] RORTY R. Contingency, Irony, Solidarity [M]. Cambridge: Cambridge University Press, 1989.

[49] SMITH P. Cultural Theory: An Introduction [M]. New York: Blackwell, 2001.

[50] SMITH T. Thinking Contemporary Curating [M]. New York: Independent Curators International, 2012.

[51] SMITH T. What is Contemporary Art? [M]. Chicago, IL: University of Chicago Press, 2009.

[52] VAN MENSCH P, & MEIJER-VAN MENSCH L. New Trends in Museology [M]. Celje: Muzej novejše zgodovine, 2011. Second edition, 2015.

[53] VERGO P. The New Museology [M]. London: Reaktin Books, 1989.

[54] WALSH K. The Representation of the Past: Museums and Heritage in the Postmodern World [M]. London: Routledge, 1992.

[55] WALSH V. The Context and Practice of Post-critical Museology [M] // Murawska-Muthesius K, Piotrowski P. From museum critique to the critical museum.

Farnham：Ashgate Publishing，2015.

　　［56］WELCHMAN J C. Institutional Critique and after［M］. Zürich：JRP/Ring-
ier，2006.

　　［57］WENGRAF T. Qualitative Research Interviewing：Biographic Narrative and
Semi-structured Methods［M］. London：Sage Publications，2001.

　　［58］ZOLBERG V L. Constructing a sociology of the arts［M］. Cambridge：
Cambridge University Press，1990.

期刊

　　［1］BUCHLOH B H D. Allegorical Procedures：Appropriation and Montage in
Contemporary Art［J］. Artforum，1982，1（21）.

　　［2］BUCHLOH B H D. Conceptual Art 1962-1969：From the Aesthetic of Ad-
ministration to the Critique of Institutions［J］. October，1990（55）.

　　［3］DANTO A C. The Artworld［J］. Journal of Philosophy，1964（61）.

　　［4］DUCLOS R. Postmodern/Postmuseum：New Directions in Contemporary
Museological Critique［J］. Museological Review，1994，1（1）.

　　［5］FRASER A. From the Critique of Institutions to an Institution of Critique
［J］. Artforum，2005，44（1）.

　　［6］HARRISON J D. Ideas of Museums in 1990's［J］. Museum Management
and Curatorship，1994，13（2）.

　　［7］HEINICH N. Mapping intermediaries in contemporary art according to prag-
matic sociology［J］. European Journal of Cultural Studies，2012，15（6）.

　　［8］HEINICH N. The Sociology of Vocational Prizes：Recognition as Esteem
［J］. Theory，Culture and Society，2009，26（5）.

　　［9］LIPPARD L. The Art Workers' Coalition：Not a History［J］. Studio Inter-
national，1970.

　　［10］LIVINGSTONE S. The Participation Paradigm in Audience Research［J］.
The Communication Review，2013，16（1-2）.

　　［11］PLUMMER K. Herbert Blumer and the Life History Tradition［J］.Symbolic
Interaction，1990，13（2）.

　　［12］SHELTON A. Critical Museology：A Manifesto［J］. Museum Worlds：Ad-
vances in Research，2013，1（1）.

　　［13］SONG X G. The Development of Private Museums in China［J］. Museum

International, 2008, 60（1-2）.

［14］VARINE-BOHAN H DE. A "Fragmented" Museum：the Museum of Man and Industry, Le Creusot-Montceau-les-Mines［J］. Museum, 1973, 25（4）.

其他

［1］CHEN B Q. Active Contemplation：30 Years of Huang Zhuan and Chinese Contemporary Art［D］. Chicago：School of the Art Institute of Chicago, 2019.

［2］FALK J. H. Understanding Museum Visitors' Motivations and Learning［D］. Motivations and Learning Styles. ARKEN Museum of Modern Art, 2013.

网络参考资源

［1］2007 年总策划人黄专谈公共艺术计划［R/OL］. 搜狐网, 2021-04 -04.

［2］OCAT 研究中心官网, 2021-03-01.

［3］OCAT 西安馆. 西安角［EB/OL］. OCAT 西安馆官网, 2021-03-27.

［4］OCAT 西安馆. 出—土［EB/OL］. OCAT 西安馆官网, 2021-03-26.

［5］郭雯.【雅昌带你看展览第 59 期】断章取义：杨福东影像艺术［EB/OL］. 雅昌艺术网, 2012-10-01.

［6］关于华侨城［EB/OL］. 华侨城网, 2021-03-04.

［7］k11 Art Foundation 官网, 2021-03-26.

［8］Transmedia Art［R/OL］. Discovering Art, 2019-12-04.

［9］何香凝美术馆［EB/OL］. 何香凝美术馆官网, 2021-03-21.

［10］洪仪真.《艺术的社会实践与社会创新》课程介绍［EB/OL］. 东海大学社会学系, 2020-12-01.

［11］黄心蓉. 如何"惠他"又"利己"，谈博物馆的开放共享[EB/OL].AR-Touth, 2020-12-12.

［12］苏伟. 对话巫鸿｜实验艺术：全球视野与主体性［N/OL］. 信睿周报, 2019-10-29.

［13］张婉真. 什么是 critical museology?［R/OL］. Sustainable Heritage Studies, 2017-06-23.

附录：OCAT 馆群相关历史机构成立时间

时间	名称	备注
1997 年	何香凝美术馆	中国首个以个人命名的国家级美术馆
2005 年	何香凝美术馆 OCT 当代艺术中心	深圳首家隶属国家级美术馆的非营利性当代艺术机构
2008 年	OCT 当代艺术中心	与何香凝美术馆脱钩，更独立
2012 年	OCAT 馆群	注册为民营美术馆

后 记

    本书由博士毕业论文改写而来，而博士论文的完成，得到了很多师长的支持与帮助，请允许我在此致上最真诚的谢意。最感谢张婉真指导教授，每次在我的研究遇到瓶颈之时，她总能为我及时指点迷津、厘清思路。不只如此，从她身上，我还见识到了作为一名学者的睿智和宽容，以及对待学问持之以恒的严谨与认真态度。感谢曲德益教授和师母，他们带我出席了台湾地区大大小小的展览开幕式，介绍了不计其数的艺术家、策展人等艺术业界人士给我认识，使我对台湾地区艺术界有了更深入的体认。感谢我的论文口试委员陈贶怡教授、曲德益教授、黄心蓉教授、吕佩怡教授、廖仁义教授、吴岱融教授、张婉真教授。他们为我的论文提出了宝贵的建议，使我受益匪浅。感谢林劭仁教授，他的专业修养与乐观的人生态度，时刻启发着我，没有他的鼎力支持，我无法这么顺利毕业。感谢冯博一老师、方立华副馆长和汪海女士，他们给我提供了很多OCAT早期的原始资料，为我的研究带来很大帮助。感谢陈俊文教授和于国华教授，和他们经常在楼道里偶遇随即畅聊一番，提点我的论文写作。感谢林承纬教授、黄士娟教授、容淑华教授、刘惠玲教授、邱博舜教授、陈佳利教授、江明亲教授、许胜发教授等，他们的课程无比精彩。感谢助教秀梅姐和负责陆生业务的依卿姐，协助处理很多琐碎的行政事务，可让我专注于学业。感谢文新博班的同学们，个个都是青年才俊，身怀绝技，在与他们的讨论中学到很多不同专业的知识。

    感谢华·美术馆执行馆长冯峰教授、OCAT深圳馆副馆长方立华女士和OCAT研究中心学术总监郭伟其教授，他们在我论文的田野调查过程中给予了很多协助，为我联系OCAT学术委员、各位馆长和理事会成员，让我的访谈得以顺利进行。感谢受访者巫鸿、冯博一、张培力、隋建国、凯伦·史密斯（Karen Smith）、王广义、展望、刘庆元、樊林、郭伟其、胡斌、董冰峰、栾倩、王晓松、蓝庆伟、刘鼎、陈柏麒、秦晋、刘钢、张璐、陶寒辰、刘阳、谢安宇、李荣蔚、魏娜、杨双庆、石靖、余欣雅、栾志超、李丹、杨思嘉、周婉京、孙松荣、吴达坤、马可昕等，他们在百忙之中抽时间为我的提问给予了详细的回应，从不同的视角解读了 OCAT 馆群的理念与实践。感谢两名大学生石润涛和王世伦，以及研究生赵颖，他们协助我整理访谈录音逐字稿工作，没有他们的辛苦付出，我的录音稿不可能在这么短的时间内高质量完成。

最后，感谢我的父母、妻子和弟弟对我读博的倾力支持，使我无后顾之忧，没有他们做坚强的后盾，我无法全力以赴、全神贯注地安心读书与写作，这么快速地毕业。